오산에서 온 편지

정홍규 칼럼
오산에서 온 편지

초판 1쇄 발행 | 2012 년 1월 20일

지은이 | 정홍규
기 획 | (주)경산신문사
펴낸이 | 신중현
펴낸곳 | 도서출판 학이사
　　　　출판등록 : 제25100-2005-28호
　　　　주소 : 대구광역시 중구 동산동 7번지
　　　　전화 : (053) 554~3431,3432
　　　　팩스 : (053) 554~3433
　　　　홈페이지 : http : // www.학이사.kr
ISBN | 978-89-93280-38-8 03040

정홍규 칼럼

오산에서 온 편지

■ 서 문

우리 동네신부님

저에게 붙인 직함이나 호칭이 여러 개 있지만 제가 제일 좋아하고 소중하게 생각하는 호칭은 저를 두고 "우리 동네신부님"이라고 불러주는 것입니다. 이렇게 저를 '고산 본당신부님'이나 '경산 본당신부님'이라고 부르지 않고 그냥 그 지역의 동네 신부라고 호칭한 것을 보아서 신도가 아닌 모양입니다. 왜냐하면 천주교 신도라면 절대 우리 동네 신부님이라고 부르지 않기 때문입니다. 보통의 경우 신도라면 그 성당의 신부로만 생각합니다. 신부님들도 그 성당 안에서만 신도들 중심으로 사목을 합니다.

저는 늘 종교는 그 지역을 '통섭'해야 된다고 생각하고 종교와 지역의 경계를 무너뜨리고 마치 꽃과 꿀벌처럼 해를 끼치지 않고 서로 나누는 벌꿀의 축복이 종교의 역할이라고 생각합니다. 지역이 종교를 위해서 있는 것이 아니라 종교가 지역을 위해서 있다고 생각합니다.

종교는, 삼투압이 높은 곳에서 낮은 곳으로 작동하듯이 바로 그 지역에서 사회적 공감력의 발전소 또는 활력소로써 작동되어야만 하는 것입니다. 그래서 저는 제가 가는 성당마다 실제로 성당 담장을 허물고, 유기농마켓을 만들고, 재활용센터를 건립하는 것은 종교와 지역을 하나의 소통의 장을 만들기 위한 것입니다. 성당을 신도에게만 국한하지 않고 누구나 들어올 수 있는 곳으로 자리매김하려고 노력하였습니다. 실제로 제 자신의 사목활동도 단순히 이미지를 좋게하여 종교세력을 넓히려는 포교적인 애티튜드는 아니었습니다. 저는 제 자신의 역할도 흙에 숨구멍을 내주는 '지렁이'라고 생각하였습니다. 그 지역의 생태 청소부인 지렁이처럼 지역의 삶을 기름지게 하는 것이 '종교의 콘텐츠'라고 확신하고 경산에서 활동하였습니다.

이번에 경산신문이 발행한 '오산에서 온 편지'도 그런 맥락에서 출산된 것입니다. 저는 '글쓰기'로써 지역의 현실참여에 동행하였고 늘 두근거리는 시작 앞에서 현실 속에 한 발 더 깊이 마주하였습니다. 저는 종교가 현실을 도피하도록 하는 덫이 아니라 오히려 현실의 바닥이 되어주고 더 깊이 아래로 내려가서 줄기와 가지가 위로 자라게 하는 뿌리의 역할이 종교라고 확신합니다. 이러한 자각의 경산 여정은 축복이었고 저에게 선물이고 도전이고 기회였습니다. 경산과의 인연, 깊이 감사드립니다.

불교와의 동행은 어쩌다 이루어지는 이벤트가 아니었습니다. 그 동행은 우리가 잃어버린 종교의 참의미를 찾아가는 여정이었습니다. 대한 불교 조계종 제 10교구 교구장이자 은해사 주지 돈관 스님, 반룡사 주지 혜해 스님, 선웅 스님, 대웅 스님, 하종 스님 , 그리고 대한불교 조계종 제 9본사 동화사 선지식법회에 초대해 주신 동화사 주지이며 교구장이신 성문 스님께 감사드립니다.

경산신문 공동체에게 감사를 드리지 않을 수 없습니다. 제 글을 현실참여의 도구로 활용해 주고 과감하게 다듬어주고 때론 첨삭처리로 절제하도록 저를 세워주고 격려해 주신 독자들에게 감사드립니다. 그리고 모자라는 부분을 채워주면서 글의 방향을 잡아주고 멘토해 준 경산신문 대표 최승호님과 편집부장 박선영님에게도 감사드립니다.

아름다운 경산을 누리면서 참 좋은 인연을 만나 은혜와 도움을 많이 받았습니다. 저의 무지를 깨달으며 한없이 겸허해졌고, 그럼에도 불구하고 더없는 삶의 의미와 충만감을 느꼈습니다. 저는 전생에 교육자였나 봅니다. 늘 참교육에 마음을 쓰다보니까 자나깨나 교육현장에 나다녔습니다. 지난 20여 년 환경을 주제로 거의 2000번이나 넘는 강연을 하였습니다. 강연을 한 대로 살려고 하니까 산자연학교를 2007년에 설립하였습니다. 기적은 기적처럼 오지 않는다는 말이 있듯이, 종파를 넘어서 참으로 많은 분들의 기대와 성원에 힘입어 이 산자연학교는 지금도 진화 중에 있습니다. 너무나 과분한 은혜를 받았습니다.

생태유아학교에 남다른 관심을 둔 저는 그 당시 차종렬 교육장님과 천태오 교육장님 그리고 임종성 학무과장님, 김종후 선생님 덕분에 오늘의 경산성당 유치원이 탄생하게 되었습니다. 설립취지에 서명해 주신 경산지역의 교우들에게도 감사드립니다. 지역구는 달랐지만 대안교육을 하는 저에게 힘이 되도록 산자연학교 새 기숙사 지열난방을 지원해 주신 최경환 국회의원께도 감사드립니다. 매번 줄에서 떨어지지 않으려고 갖은 애를 다 썼던 피에로같은 신부와 함께 동반했던 경산성당의 교우들에게도 감사드립니다. 제 책에 캐리캐쳐를 선물하신 이영철 화가님, 감사드립니다. 다문화에 투신하는 김명현 신부님, 지역의 지킴이 엄정애님, 김용주님에게도 감사드립니다.

매주 꾸준히 수련하듯이 글쓰기에 임했으며 제가 가진 이성적 능력을 한계까지 밀고 나갔습니다. 저는 지금 종교적인 사회적인 그리고 정치적인, 특별히 경산지역의 해법은 '공감'(Compassion)이라고 생각합니다. 타인과 그리고 동식물까지 포함하여 같이 느낄 줄 알며 자기가 원하지 않는 일을 남에게 하지 않는 실천적 공감이야말로 주요 종교의 전통에서 최고 덕목이며 참된 종교의 시금석이라고 확신합니다. 종교는 말씀도, 교리도, 예수 천국, 믿음도 아닌 '단순한 실천'이 이 행성지구를 구할 수 있는 영적 깨달음이라고 생각합니다. 감사드립니다.

2012년 1월 영천 화북면 오산리
산자연학교에서
정홍규 신부

● 일러두기

1. 이 책에 실린 글은 2007년 3월부터 2011년 12월까지 〈경산신문〉에 연재
   된 '정홍규 칼럼' 과 '오산에서 온 편지'를 엄선해 추렸다.
2. 본문의 '고산시지' 는 경산시와 경계에 있는 대구시 수성구의 고산동과
   시지동을 말한다.

하느님의 놀라운 피조물

전헌호 신부

정홍규 신부님은 일반 사람들이나 가톨릭 신자들에게만이 아니라 동기생들에게도 대단히 놀라운 하느님의 피조물입니다. 하느님께서 모르시는 것이 이 세상에는 세 가지가 있다고 하는데, 그분과 함께 신학대학에 입학하여 동고동락한 우리들은 하느님께서 과연 정홍규 신부 머릿속에 어떤 생각이 들어 있는지, 내일은 무엇을 할지 아실는지 궁금합니다. 물론 이 말에는 농담이 섞여 있지만, 이렇게 생각을 할 만큼 정홍규 신부님의 상상력의 범위와 활동범위가 큰 것은 그분을 아는 사람이라면 누구나 알고 있는 객관적 사실입니다.

그동안 꾸준히 경산신문에 칼럼을 써온 것이 쌓여 이제 한 권의 책으로 세상에 나오게 되었습니다. 이 책에 실린 칼럼들의 다양한 주제들과 깊고 넓은 내용들은 하느님께서 신부님에게 주신 풍부한 상상력의 세계에서 나온 것으로서 세상에 또 하나의 등불이 될 보석입니다. 가톨릭 신부로서 자신의 길을 충실히 살아가면서도 종파를 초월하여 모든 생명을 사랑하는 신부님의 삶은 경산지역에서 살고 있는 사람들에게만이 아니라 우리말을 이해하는 사람 누구에게나 영적 힘을 불러

일으킬 것입니다. 이 땅에서 살아가고 있는 많은 사람이 이미 정신부님의 삶과 말씀으로부터 많은 영양분과 큰 힘을 길어 올려 왔습니다. 그렇게 하여 정신부님이 사목했던 성당 신자들의 가슴속에, 푸른평화운동에 함께 했던 사람들의 마음속에, 그분의 수많은 책을 읽거나 매스미디어를 통해 그분을 호흡한 헤아릴 수 없이 많은 사람의 마음속에, 현재 산자연학교에서 함께 하고 있는 많은 수의 학생과 부모님 그리고 선생님들의 마음속에 큰 작용을 하고 있습니다.

　우리는 신부님의 이러한 삶과 말씀에 감사드리고 함께할 것을 굳게 다짐해 봅니다. 아울러 신부님에게 이러한 지면을 할애하신 경산신문 관계자 모든 분에게도 감사드리고 하느님의 축복을 빌어드립니다.

〈 대구가톨릭대학교 신학대학 학장 〉

생에 참다운 힘을 부여하는 이

혜해 스님 (반룡사 주지)

"내 모양을 보는 이나 내 이름을 듣는 이는 보리菩提 마음 모두 내어 윤회고輪廻苦를 벗어나고..."

아침 예불마다 발원하는 문구인데 나는 요사이 정홍규 신부님 생각만 해도 가슴이 훈훈해지고 기분이 좋아진다. 아마도 그는 인연되는 모든 이를 감성적으로 대하고 현실을 직관적으로 판단할 수 있는 분, 복과 은혜를 입고 실천하며 살아가는 분이기 때문이리라. 온화한 미소와 어린 아이 같은 밝은 얼굴을 간직한 분, 신부님은 환경을 생각하고 서로를 배려하며 살아가라며 소통하는 법을 알려주시는 이 시대에 꼭 필요한 분이시다.

'힘을 빼라' 하시며 경쟁적 공교육의 폐해와 과잉교육에 열을 올리고 있는 학부모에게 충고를 주시고, 청소년들이 자유롭게 상상하며 감수성을 키우고, 자연과 공유할 수 있게 하는 교육, 스토리텔링과 큰 그림을 그리게 하는 능력을 키우는 교육을 추구하시며 산자연학교를 어울리게 운영하고 계신 분이다.

푸른평화운동에 투신하여 교육과 경제, 문화와 정치, 미래 문제를 생태적 관점으로 역설하시는 정홍규 신부님의 삶에 매료되지 않을 수 없다. 자연과 인간의 공존, 108배 운동의 장려, 불교계와 소통 실현, 이 모든 것이 이 시대를 같이 살아가면서 존재의 가치를 크게 부각시키고 계시다.

경산신문에 실린 정홍규 칼럼 '오산에서 온 편지'를 읽어보면 경산의 문제가 우리나라의 문제이고, 지구와 우주를 생각하게 하는 글임을 알 수 있다. 한 알의 씨앗을 보면서, 그것이 자라는 과정 즉 꽃을 피우고, 열매 맺고, 수확하여 활용하고, 미래를 위해 비축까지 계산할 수 있는 신부님의 놀라운 통찰력과 예지력에 감탄을 금할 수가 없다. 정홍규 신부님의 말씀과 같이 우리 모두의 현재와 미래에 경각심과 희망을 주는 금강석과도 같이 단단한 초석이 되리라.

경산은 원효성사가 태어나신 축복의 땅이 아닌가? 원효성사의 화쟁 사상을 본받아야할 이 땅에서 서로가 대립하고 불신하며, 자연을 파괴하고 오염시켜 현재와 미래에 씻을 수 없는 상처를 주는 이들에게 정홍규 신부님의 말씀과 글은 경각을 울릴 소중한 방망이요, 경쟁 속에서 대화와 소통이 단절된 젊은이들에겐 사색과 명상을 할 수 있는 감로수와 같은 지침서이며, 자라나는 어린이들에겐 희망과 안식의 새 싹이다.

천만다행으로 이 글들이 모여져서 한권의 책으로 발간된다 하니 가뭄에 단비를 만남과 같이 통쾌하고 반갑다. 주옥같이 소중한 글들이 한낱 이상에 그치지 않고 모두가 공감하고, 신부님의 바램이 실현되는 날이 하루빨리 다가오기를 열망하는 마음에서, 그리고 이 책을 읽는 모든 분들의 가슴 가슴마다 빛나는 별빛으로 받아들여져 실천되기를 바라는 간절한 심정으로 추천의 글을 드린다.

요즘은 정홍규 신부님과 같이 한 여인을 사랑하고 있다. 얼마 전 반룡사 대재회 행사 때 신부님이 학술발표를 하셨던 '요석궁주 아유다'를, 1300여년 전 신라 왕실과 원효·설총과의 인연을 조화롭게 승화시킨 공주이자 비련의 삶을 살았던 여인 아유다를…. 그녀를 설화 속 인물이 아닌 역사 속의 인물로, 우리들의 이야기와 삶 속으로 이끌어 내 오신 정홍규 신부님의 예리한 레이더에 포착되었으니 그의 통찰에 힘입어 그녀의 위상이 한국의 대표적인 어머니상으로 자리매김하는 날을 기대해 본다.

생에 참다운 힘을 부여하는 것은 산은 산으로, 물은 물로 바르게 받아들이고, 그것을 보존하고 자연스럽게 흐르게 만들고 표현할 수 있는 사람만이 누릴 수 있는 특권이다. 그 감성을 우리에게 바로 전달해 주시는 정홍규 신부님과 이 시대에 공존함에 나는 무한한 행복을 느낀다.

구만리 장천 푸른 하늘에 해 뜨고 달 가듯
텅빈 산중에 아무도 없는데 물은 흐르고 꽃은 핀다네

어느 고승의 싯귀를 정홍규 신부님께 바칩니다.

〈 대한불교조계종 제10교구 경산사암연합회장 〉

자연 속에 새겨진 은총

최경환 (국회의원)

대한민국이 원조를 받다가 원조를 주는 나라가 된 것은 전 세계적으로 유일한 우리만의 자긍심입니다. 하지만 가난의 한을 극복하고자 오로지 앞만 보고 달려오는 과정에서 화합과 나눔 같은 상생의 가치들을 소홀히 한 것은 안타까운 일입니다.

최근 공감, 소통, 위로 같은 메시지가 새삼 부각되는 시점에 정홍규 신부님의 사회적 실천이 녹아있는 이 책은 현대인이 살아가면서 겪는 소외와 갈등의 원인을 깨닫게 하고, 화합과 상생의 공동체 정신을 함양케 하는 지혜가 담겨 있습니다.

신부님께서는 이기주의로 갈라지는 우리 사회를 향해 때로는 통렬한 질책으로 화합을 촉구하시고, 때로는 격려와 갈채로 나아갈 방향을 얘기하고 계십니다.
아울러 인간과 자연, 지구 생태계 등의 푸른평화운동의 경험부터 대안학교, 재래시장, 다문화가정, 새터민, 도시개발 등 일상의 담론까지 현대인의 메마른 영혼을 살찌웁니다.

불교적 가풍에서 자라고, 서양신학과 현대철학으로 영혼의 지평을 넓혀나간 이력처럼 신부님의 철학에는 종교에 대한 편견이 없습니다. 허 운 스님과 종교의 벽을 넘어 평화를 기원한 '사랑과 자비의 108배'는 유교의 거봉인 심산의 유택에서 절을 올렸던 김수환 추기경님의 화합과 관용의 정신을 떠올리게 합니다.

평범한 일상도 환경, 생태, 우주 분야의 권위자이신 신부님의 눈으로 보면 새롭습니다. 성암산, 백자산, 삼성산 등 경산慶山을 둘러싼 산천의 수려함을 수시로 자랑하시며, 많은 사람이 지역 산천과 더 많은 교감을 나눌 것을 독려하십니다. 카톨릭 환경운동가이신 신부님의 노력을 통해 소외된 자연과 잃어버린 고향의 소리들이 지역민의 가슴속으로 잔잔히 번져가기 바랍니다.

저는 정홍규 신부님을 우리 지역 주임 신부님으로 뵈었던 것을 영광스럽게 생각합니다. 지역사회의 멘토로서 신부님의 가르침 덕분에 우리 지역이 화합하고 더 발전해 나갈 수 있었기 때문입니다. 토마스 아퀴나스 성인의 말처럼 '자연 속에 새겨진 은총'의 삶을 살고 계신 분이 신부님입니다. 이 책을 통해 많은 사람들이 사람을 귀하게 여기고, 자연을 소중히 여기며, 사람을 제대로 키우는 가르침을 마음 깊이 새기는 기회가 되었으면 하는 바람입니다.

한 알의 밀알

유진선 (대경대학교 총장)

먼저 정홍규 신부님의 칼럼집 발간을 진심으로 축하드립니다.

저 개인적으로 경산이 고향이고 경산에 대학을 설립하고 반세기 넘게 살아오고 있습니다만 칼럼집을 보면서 경주가 고향인 신부님의 경산지역사회에 대한 사랑과 관심의 정도를 느낄 수 있었고 토박이 경산사람인 저를 비롯하여 지역사회의 많은 분이 이 책을 읽고 심기일전 해야겠다는 생각을 부지불식중 하게 됩니다.

거기다가 칼럼집 곳곳에 서민의 애환과 삶을 생각하는 '재래시장 살리기' 부터 '세대 간의 지속가능한 발전방안에 대한 제안', '유전자 조작식품', '친환경 우주와 지구를 살리는 분야' 까지 철학, 과학, 종교를 넘나드는 다양하고 폭넓고 세심한 신부님의 인간사랑, 우주사랑, 하느님 사랑에 존경의 마음을 금할 수 없습니다.

공식적인 학교 업무 등으로 자주 만나 뵙지는 못하지만 가끔 정홍규 신부님을 만나 대화를 하게 되면 참으로 시대를 앞서가는 분이라는 생각이 듭니다. 신부님의 시대를 앞서가는 정신은 여러 부분에서 그 결과가 설명되어 있기도 합니다. 20여년 전부터 시작하신 '푸른평화운동'은 오늘날 유기농 또는 웰빙이라는 테마로 이미 우리사회에 깊이 다가와 있고 대기업과 유통업에서는 이미 큰 사업으로까지 성장해 가고 있습니다. 신부님의 '우리밀 살리기 운동'이 아니었다면 오늘날 우리밀 빵은 아마 설자리가 없었을 수도 있습니다. 교육에 있어서도 '산자연학교'를 설립하여 대안교육의 새로운 좌표를 제시하시는 등 앞서가는 사고와 진취적 양심은 오늘날 종교를 떠나 우리사회의 진정한 멘토로서 충분히 존경을 받을 자격이 있다고 생각합니다.

최근 우리 대학교에서는 요석궁주에 대한 뮤지컬을 만들기 위한 준비 작업에 들어갔습니다. 물론 여기에는 신부님의 역할도 크게 작용하였습니다. 신부님께서는 늘 불교와 천주교가 연대하여 우리식의 영성이 마치 한류처럼 서방세계에 퍼져 '새로운 지구통일'에 전파되기를 바라시고 서방은 이제 불교의 영성으로 치유될 때라고 말씀하실 정도로 종교적 신념에 있어서도 열린 마음을 가지고 계시는 데 대해 종교를 떠나 늘 감동의 마음을 갖습니다.

끝으로 정홍규 신부님의 칼럼집 발산을 다시 한 번 축하드리며 몇 해 전 경산성당에서 저를 위해서 같이 미사를 올려주시며 기도해주신 기억은 영원히 잊을 수가 없습니다. 그때의 감사의 마음을 글로서나마 다시 한 번 전해드리며 이 칼럼집이 혼돈의 우리사회를 새롭게 바라보고 하느님의 진정한 사랑을 전할 수 있고 사회를 변화시킬 수 있는 한 알의 밀알이 될 것으로 확신합니다.

정홍규 칼럼

환경위기는 가치의 위기

작년부터 경산에서 시작한 지구의 날은 올해도 역시 남천 둔치에서 소박하게 열릴 예정이다. 1970년 미국에서 시작한 지구의 날은 한국에서는 1990년에 비로소 시민운동의 한 축으로 자리 잡게 되었다. 필자는 1990년부터 지구의 날을 푸른평화의 이름으로 경축하였다.

달이 지구를 떠날 수 없는 것은 지구 안에 달맞이꽃이 피어 있기 때문이라고 어느 시인이 말하였다. 우리의 집으로서 지구를 처음 보게 된 것은 1968년 아폴로 우주선 덕분이다. 달에서 지구로 돌아오는 길에 지구를 가만히 응시하면서 우주인 에드가 밋셀은 '절정의 경험 혹은 神感'을 체험하였다고 말했다. 그는 우주가 영과 물질로 만들어졌으나, 이 둘은 서로 분리되어 있지 않고 하나임을 깨닫게 된 것이다.

지구와 우리는 공동체이다. 지구온난화와 기후변화는 발등의 불이다. 기후변화는 21세기의 세계가 직면한 가장 위급한 도전의 하나이다.

산업혁명이 시작된 이래로 대기 중에 이산화탄소는 거의 30%, 메탄은 2배 이상이, 산화질소는 약 15% 증가하였다. 이것들의 증가는

24

지구대기의 열 방출 차단 기능을 강화시켜 왔다. 지진, 쓰나미, 가뭄과 홍수, 태풍과 폭우 등과 같은, 보다 심각하고 발생이 빈번해지는 자연재앙이 증가하고 있다. 1960년 이래로 큰 기상재앙이 4배 증가하였다. 북극의 얼음 두께는 이미 심각하게 얇아져 있다.

환경위기는 근원적으로 가치의 위기이다. 우리는 세상을 보는 태도를 바꿔야 한다. '생태적 삶으로 방향전환' 이 이 위기를 극복해 나가는 첫 걸음이다.

지구살림의 원동력은 나로부터 나온다. 개인의 관심이 모여 큰 결실을 만든다. 경산에 공단을 많이 짓는 것만 능사가 아니다. 도시와 생태가 어우러지는 모형이 필요하다. 그런 모형은 사람의 마음을 움직일 것이다.

경산에는 볼만한 건축물이 거의 없는 실정이다. 아파트 일색이며 사동단지는 황량하기 그지없다. 성암산에 올라가서 경산을 바라보면 아쉬운 생각이 든다. 경산의 그 아름다운 녹색벨트가 자꾸 남용되기 때문이다. 내년 지구의 날에는 경산에도 '차 없는 도로'를 소망해 본다.

2007. 4. 23.

5월, 아이들의 운명을 생각해 본다

　남천에서 데이트하는 고등학생들을 보면 우리시대와는 전혀 다른 모습이다. 손을 잡고 가는 그네들은 자기들끼리 당당하다. 누가 볼까 봐 골목에 숨거나 도피하지 않는다. 만약에 우리시대에 그렇게 했다가 걸리면 정학감이었다.

　요사이 우리 아이들이 외계인처럼 느껴질 때가 많다. 도무지 무슨 말인지 알아들을 수가 없다. 거칠고 타자에 대한 예의가 없고 종종 공격적이면서 아주 소비적이다. 학교 교실 바닥을 보면 아무도 떨어진 물건을 줍지 않는다. 그렇다고 과거방식으로 밀어붙이거나 매로 다스릴 수가 없다. 더 이상 약발이 받지 않는다. 일상의 삶을 보면 공부 외에는 제대로 하는 것이 없다. 휴대폰 메시지 외에는.

　경산에는 적지 않은 대학들이 있지만 정작 가야 할 고등학생들이 없다. 다들 대구로 나가버린다. 위장전입을 할 수 밖에 없는 경산과 학원 많은 고산시지의 딜레마를 보라.

　초등학교 고학년들이 경산에 전혀 없는 것은 아니지만 고산시지지역의 초등학교에는 6학년 아이들이 미어터진다. 공부 때문에 어쩔 수 없다고 다들 말한다. 경산 사람들도 좀 살만하면 대구로 이사 간다. 교육 때문에 그렇다고 하지만 우리 모두는 '노숙문명' 이다.

영어교습 때문에 해외로 나가는 우리 아이들! 부모들도 돈벌이 때문에 자꾸 여기저기로 떠나지 않을 수 없다. 부모와 자식 간의 세대 전승에도 경제적인 것 외에는 물려줄 것이 없다. 자녀의 성적에 목숨을 걸어야 하니 아이들의 인간적인 면에 신경을 꺼야 한다. 더불어 함께하는 아이들의 고운 심성들이 온데간데없이 사라졌다.

학생들 가운데 집에 손님이 오면 나가서 인사를 하거나 '소통하는 방법' 을 아는 아이가 드물다. 개인의 자유가 몰라보게 달라진 세상임에 틀림이 없다. 이렇게 좋아진 세상에 영 퇴보한 신 인간들은 우리의 아이들이다. 이구동성으로 지적하는 두드러진 사실이다. 우리 아이들은 날 때부터 무려 20년간 인생을 경쟁의 감옥에서 수인처럼 산다. 취업준비까지 더하면 20년이 넘는다.

성적 외에는 모든 것을 눈감아야 하는 전 사회적 합의 아래 저질러지는 이 범죄 속에 아이들이 행복할 리가 없다. 돈이면 다 된다는 세상에서 우리 아이들이 무엇을 배우며 어떻게 행복을 알 수 있겠는가? 우리 아이들은 경쟁의 바다에서 놀 수밖에 없으니 자연히 자연결핍장애에 걸릴 수밖에. 그것도 20년간이나.

교육이 근본적으로 변하지 않는 한 우리 아이에게 미래는 이미 도둑맞은 미래이다.

2007. 5. 7.

소도 웃고 사람도 웃고 그리고 돼지도 웃고

아침에 좌변기를 볼 때마다 똥장군이 생각난다. 내가 가장 힘들었던 일은 똥장군을 지게로 지고 밭에 뿌리는 일이었다. 그 당시 우리 변소는 외양간의 소들도 같이 사용하는 병합식이었다. 이것뿐이 아니다. 나는 동네를 돌아다니면서 소똥이나 개똥을 망태기에 주워 담았다. 지금도 가끔 발견되는 시골 비석 중에 '기회자 장삼십, 기분자 장오십棄灰者 丈三十 棄糞者 丈五十' 즉 재를 버리는 자는 곤장 30대, 똥을 버리는 자는 곤장 50대' 라는 글귀가 있다. 곤장이 50대면 사람은 거의 죽는다. 똥과 재도 그만큼 소중한 거름 자원이니 버려서는 안 된다는 것이다.

현대의 좌변기문화는 먹는 것과 나가는 것이 분리되어 있지만 적어도 똥장군 시절에는 들어가는 것과 나가는 것 그리고 다시 들어가는 것이 철저하게 리사이클이 되어 있었다. 우리 식구의(소나 개를 포함) 똥물을 호박 구덩이에 붓고 우리는 다시 그 호박을 따먹고, 그야말로 소도 웃고 사람도 웃고. 그러나 광우병 때문에 웃는 소가 사라졌다. 축산 농가는 각종 분과 악취로 웃는 농가가 없다. 역발상이 필요하다.

이를테면 분뇨가 공해의 요인이 아니라 공해문제를 해결할 수 있는 대안임을 말이다. 황금을 돌같이 보라는 최영 장군과 달리 분뇨를 황금 같이 볼 수는 없을까? '현대판 똥구덩이의 부활'을 시도하려 한다.

우리는 북제주군 한림면과 이시돌 목장 플랜트를 하나 만들었는데, 두 농장에서는 소와 돼지의 분뇨를 화강암의 미네랄로 정화시켜 다시 소와 돼지에게 먹이거나 뿌리는 방법을 통해, 공해는 거뜬히 해결되고 소도 웃고 사람도 웃는 생태적 기술을 실현하고 있다. 제주도는 바람이 심하게 불기 때문에 악취문제가 보통 심각한 정도가 아니다. 악취문제를 해결할 방법은 전혀 없는 것일까? 경산종말처리장에 가까이 가면 늘 악취가 난다.

우리는 이 문제를 해결할 수 있는 생태기술을 B(박테리아)·M(미네랄)·W(물), BMW농법이라고 부른다. 돈분, 우분, 계분 등을 다시 정화시켜 활성수를 만들어서 밭에도, 논에도, 축사에도, 음식쓰레기에도, 화분에도 뿌리면 생물이 건강해지고 악취나 파리도 사라지게 된다. 동물의 장이 건강하면 냄새문제도 자연히 해결할 수 있지 않는가.

좋은 박테리아를 통하여 나쁜 박테리아를 통제하고 사람에게 좋은 박테리아를 몸에 붙이려는 기술인데, 서서히 효과를 보고 있다. 왜 우리는 아름다운 돈사와 우사를 만들 수 없는가? 화장실도 이제 발상의 전환이 필요하다. 모든 똥을 자원으로 보는 인식의 전환 말이다.

홍성풀무학교에 가면 인분을 이용한 생태화장실, 실상사에는 인뇨를 활용한 생태화장실, 오산자연학교에는 부엌폐수를 활용하는 생태

연못 등을 볼 수 있다. 이 BMW 기술은 환경공학에서 나온 것이 아니라 자연의 순리를 과학적으로 이용한 것이다. 새벽부터 밤늦게까지 경산시민의 몸과 마음의 오솔길인 남천을 지속가능한 생태천으로 만들기 위해서는 지금 대구의 신천처럼 만들어서는 안 된다. 물과 암석과의 관계를 주목하고, 남천의 물이 좋은 것은 암석이 좋기 때문이다. 그것은 바로 맥반석이다. 그리고 남천을 따라 형성된 마을을 생태 도시로 계획하면서 시민들이 합성세제를 사용하지 않는 강의 시민운동이 필요한 시점이다.

2007. 5. 28.

몸과 마음을 치료하는 수행법 109배

109배 절하기가 조용하게 사람들의 마음을 움직이고 있다. 물론 SBS 방송을 탄 이유로 더욱 그러하다. 이미 앞산 살리기 108배, 지구의 날 108배, 생명공경 초 종교 108배 그리고 최근에는 수요일과 금요일에는 함께 109배를 하고 있다. 숫자는 그렇게 중요하지 않다. 자신의 눈높이로 맞추면 된다.

108배로 건강을 회복한 사례도 많다. 몸의 건강을 불러오고 마음의 평화를 가져오는 109배이다. 인도의 요가보다도 중국의 타이치보다도 쉽고 단순하고 돈이 들지 않고 누구나 할 수 있는 멋진 운동이며 수련법이다. 한 곳에 침을 놓는 것보다 109배는 다른 어떤 운동보다도 기혈의 순환을 원활하게 하는데 탁월한 효과를 발휘한다. 왜 사람들은 비싼 요가레슨비를 내면서 배우면서도 우리의 절을 우습게 아는 걸까?

사람들은 그 절은 사찰에서 하는 것이지 하고 반문한다. 스님이나 불교신도들이나 하는 것이지 냉소적인 태도를 취하는 사람이 있다. 이것은 절에 대한 고정관념이나 편견이다. 불가에서 우리 민족의 고유한 절 풍습을 아주 문화적으로 잘 토착화 시켰다고 본다. 천주교에서 성가를 국악가락으로 하는 것도 그 한 예이다. 요가를 세계화시킬 수 있는 것처럼 우리 109배도 세계평화에 기여할 수 있는 수행법이라고 생각한다. 일부 개신교에서 극단적으로 반대한다 하더라도 그들은 성경을 외국어로 읽는가? 우리말, 우리글, 우리문화, 우리 영성으로 수행하는 것은 우주의 다양성을 드러낸다.

요즈음 많은 사람들이 나에게 절에 대해 문의해온다. 심지어 목사님까지.

사람을 살리고 치유하는 일이라면 무엇이든지 배울 수 있어야 한다. 좋은 것이라면 서로 나누어야 한다. 배타성, 폐쇄성 그리고 획일성이야말로 무서운 질병이다. 그 병은 자신도 망치고 주위 사람도 다치게 한다.

109배는 해 본 사람이 그 효과를 잘 안다. 유산소운동이며 전신운동이며 복식호흡이며 성인병 예방운동이며 무엇보다도 평생 벗할 수 있는 운동이다.

2007. 6. 4.

초등과정 대안학교 산자연학교

올해 3월 6일 길게는 3년, 짧게는 1년만에 영천 화북면 한 폐교를 다시 수리하여 초등대안학교를 시작하였다. 이제 한 학기를 마치고 다시 숨고르기를 하고 있다. 18명의 어린이가 기숙사생활을 원칙으로 하면서 자연과의 새로운 관계를 모색하고 있는 중이다. 자연이야말로 시인을 키워낸 무한한 공간이다. 자연에서 영감을 얻은 위인들이 얼마나 많은가. 위인이 아니더라도 누구나 자연에 있으면 자연이 하나로 이어졌다는 것과 순환한다는 것을 깨닫는다. 이 깨달음이 창의성의 원천이다.

사람들은 대안학교하면 즉시 문제학교, 부적응아학교, 귀족학교, 낙오자학교, 특수학교 등등 갖가지 편견과 고정관념을 가지고 바라본다. 그런 문제가 없지 않다. 성공한 학교도 많지만 실패한 대안학교도 적지 않다. 한마디로 대안학교는 획일화된 공장식 경쟁교육에 대하여 자율성, 창의성 그리고 스스로 하는 주체적인 교육을 바탕으로 하고 있다.

특히 산자연학교는 자연과의 관계를 아주 중요하게 생각한다. 사실

자연보다 게임에 더 친숙한 아이들이다. 드디어는 문화적 자폐증이 출현하고, 자연결핍장애를 앓는 아이들이 늘어간다. 인공 자연물에 잠식된 도시를 보라!

한 학기를 지내고 나니, 기숙사생활을 하면 아이들이 부모와의 관계에서 떨어져서 정서적인 문제가 더 발생하지 않겠나하는 우려를 말끔히 씻어 주었다. 아이들에게 필요한 것은 시간의 양보다 부모와 함께 지내는 질적인 시간의 관계이다. 월요일부터 금요일까지는 마치 한 가족처럼 아이들이 기숙사에서 다양한 세대체험을 하면서 다양성과 차이를 통해 배려와 사회성을 몸으로 배운다.

핵가족시대에 아이들은 친구나 형제가 없어 정서적으로 외롭다. 기숙사생활은 아이들로 하여금 정서적으로 건강하게 성장할 수 있도록 도와줌을 확신한다. 전인적인 건강이야말로 미래세대의 지도자의 덕목이 아닌가.

대학이 아주 많은 경산, 중고등학교는 적은 반면에 특히 초등 5학년, 6학년은 고산시지에 전학을 하거나 위장전입을 하고 있는 실정이다. 이런 불균형을 어떻게 극복할 것인가? 경산이야말로 대안학교의 논의가 필요한 시점이다.

2007. 6. 18.

이제 그들에게 영원한 안식을

 이번 비가 그나마 이렇게 오니 얼마나 좋은지 모르겠다. 지금 일본 남부에는 너무 가뭄이 심해서 군대까지 출동하여 식수해결에 나섰다고 한다. 이제 빗물이라도 받아야 할 판이다. 물 문제는 강 건너 불이 아니라 지금 내 발등에 불이다. 남천에 흐르는 물을 보면 마음이 넉넉해진다.

 경산에 온 지도 일 년 하고도 5개월이다. 이곳에 와서 좀 놀란 것이 있다면 경산코발트광산 민간인학살 현장을 사람들이 모른다는 것이다. 그 뿐만 아니라 학살현장의 유해가 방치되어 있다는 사실도 의외로 모르는 사람이 많고, 그 사실을 놀라워한다. 한쪽에서는 진상규명을 외치고, 한쪽은 외면하는 것이 우리 사회 도덕성의 현 주소이다. 바로 옆 골프장은 올 가을에 개장을 앞두고 있다. 일사천리로 짓고 있는 현장에 가보면 27홀짜리 골프장과 학살현장이 묘하게 보이는데 우리 사회의 이중성을 잘 드러내고 있다. 필자는 대구 고산에 있을 때 종교인으로서 위령제에 참여하고 유족회를 초대하여 강연을 열기도 하였다.

정말 다행이도 올 7월에는 한국전쟁 전후 민간인 집단희생관련 유해발굴을 추진한다는 소식이다. 유해발굴만큼 유족들의 피해의식을 치유하는 것도 아주 중요하다고 생각한다. 한 50년 동안 유족들은 얼마나 마음고생이 심했을까? 골프장 조성 때문에 현장일부가 영원히 묻혀버렸다니 참으로 가슴 아픈 일이다. 진상규명은 그렇게 늦더니 골프장 건설은 속전속결이다.

　통합이란 어두움을 그냥 덮어 버리는 것이 아니다. 진정 통합이란 어두움을 햇살 속에 드러내어 우리의 역사를 만들어 가는 여정이라고 생각한다.

2007. 7. 9.

산처럼 생각하기

철학자 하이데거는 철학을 '고향을 그리는 아픈 마음' 이라고 말한다. 그러나 현대인은 아무도 고향을 그리워하지 않는다. 고향 상실이다. 그래서 하이데거는 이 고향 상실증을 존재 망각 즉 본래적인 주거 궁핍으로 표현한다. 이 고향은 모든 살아 있는 유기체들, 즉 중생들의 처소인 고향, 즉 대지이다.

고향을 떠나면 고향이 그리워진다. 한 번씩 나에게 묻는다. 고향의 무엇이 가장 그리운가? 그것은 바로 산이다. 우리나라만큼 산이 많은 나라도 드물 것이다. 산에 산을 포개는 우리나라의 산이 그리워진다. 유럽의 아름다운 곳을 다녀도 우리나라 같은 산을 볼 수가 없었다. 록키 산도 나에게는 정답지 않다. 그렇게 웅장하고 선이 굵은 산은 처음 보지만 마음에 닿아 오지 않는다. 그런 산은 산신령이 살 것 같지 않다. 모골 골짜기와 동학산 얼마나 자연스러운가!

아기자기하고 선이 너무도 고운 우리 산이 더욱 보고 싶다. 캘리포니아의 끝없이 펼쳐진 언덕이나 라인 강과 모젤 강 사이에 보이는 구릉을 볼 때에도 자꾸만 우리 산이 생각나는 것은 내가 산과 더불어 살았기 때문이다. 벤쿠버에서 방을 정할 때에도 산이 조금 보이는 곳을 정한 것은 산을 보지 않으면 어딘가 허전해서이다. 산을 보면 마음이 든든하고 내가 본래적으로 존재함을 느낀다.

나는 어릴 때 산에 산신령이 사는 줄 알았다. 그리스 신화에서 말하는 그런 무섭거나 엄숙한 신은 아니었다. 산은 우리 모두의 성사이고 동네 친구이다. 정복해야 할 대상인 산이 아니었다. 정월 대보름 산꼭대기에서 달집을 짓고 산에 나무하러 가고 산에 소 먹이러 갔다. 그리고 우리가 놀고 나무하러 갔던 산은 한 인간의 마지막 처소로서, 죽으면 그 산에 묻히는 것이었다. 산은 산 자와 죽은 자를 이어 주는 추억의 자리이다.

강가에서 태어난 사람은 늘 강과 더불어 살면서, 어느 세월에선가 강의 삶을 살고 있음을 추억하고, 산에서 놀고 살아온 사람은 산의 삶을 살고 있음을 알게 되면서 산처럼 생각한다. 그것도 문득 자신도 모르는 사이에 내가 산의 삶을 사는 것이 아니라 산이 자신의 삶을 사는 것임을 깨닫게 된다. 내가 산 안에 있는가 했더니 산이 내 안에 있다.

산처럼 생각하는 마음이 고향을 그리워하는 마음이다. 탄생과 기원 그리고 뿌리를 생각하는 마음이다. 그 마음은 유기체 전체를 생각하는 마음이다. 서로서로 고향에 소속되는 마음이다. 그리고 산처럼 생각하는 마음은 나무는 나무의 이야기로, 새는 새의 이야기로, 강은 강의 이야기로, 인간은 인간의 이야기로 한 고향에 서로 존재하는 우주 영성이다.

인간은 이 우주에 지나가는 나그네에 불과하다. 어쩌면 이 우주의 주인은 인간이 아니라 우주이고 인간은 불청객인지도 모른다. 인간의 비전이나 생각은 짧을 수밖에 없다. 인간은 이 우주가 살아온 과거들을 망각하지만 이 우주는 자신의 과거를 망각하지 않는다. 산처럼 생각하는 마음은 천 개의 얼굴을 가진 산을 볼 수 있는 마음, 이 우주 전체를 생각하는 마음, 지나온 우주 이야기를 듣는 마음, 생태시스템 전체를 생각하는 마음이다. 내 세대만 생각하는 것이 아니라 우리 아이들의 아이들을 생각하는 마음, 비전을 멀리 두는 마음, 단기적인 이익에서부터 거리를 두는 마음, 조급하지 않는 마음, 결과의 열매를 당장 거두지 못한다 하더라도 오늘 씨를 뿌려 그 다음 세대에게 줄 수 있는 마음이 산처럼 생각하는 마음이다. 중국의 왕양명은 "산처럼 침묵하고 큰 강처럼 움직여라."고 말하였다.

남산지역의 매립장이나 새로 지을 대형 소각로 문제를 보면서, 그리고 입지선정위원으로서 님비가 아닌 '경산지역 전체의 공동선'을 생각하는 마음에서 이 문제가 해결되었으면 하는 바람이다.

2007. 8. 20.

골짜기도 부처다

지난 주말에 모처럼 팔공산 동화사에 갔다.

우리나라처럼 골짜기가 아름다운 데가 또 어디 있을까? 골짜기의 바람과 물소리는 마하반야바라밀을 노래하고 있었다. 그날 설법전에서 환경운동에 대한 나의 경험과 환경문제에 있어서 불교의 역할에 대하여 이야기를 하였다.

절에 부처도 부처지만 나무와 숲, 물, 골짜기도 부처다. '지심귀명례'(至心歸命禮:지극한 마음으로 귀의하다)라는 한 스님의 염불소리에 나도 어느새 누구에겐가 귀의하고 싶어진다. 귀의하고 싶은 것이 어디 사람뿐이랴. 해탈꽃이라 불리는 옥잠화도, 참나무도, 저 채마밭의 배추도, 바위도, 바람 속의 나무들도 지심귀명례를 하고 있는 듯하다. 이 삼라만상의 창조물도 하느님께 구원받고 싶지 않을까?

한 스님이 나를 점심공양에 초대하였는데 그 날은 마침 메밀국수였다(메밀은 다이어트 식품이지만 자주 먹으면 장이 얇아진다). 채식이 참 맛있었다. 현대인들이 육식을 좀 줄이고 채식으로 나아간다면 환경운동은 밥상에서 쉽게 할 수 있을 텐데.

그 스님이 귀한 차를 나에게 대접하였는데 두고두고 향이 그리워진다. 연봉차. 스님이 직접 만든 차였다. 이른 아침 연꽃이 필 때 차를 그 꽃에 9번 빼고 넣어서 만든 차였는데 맛과 향이 맑은 영혼을 자극한다. 직접 만들어서 먹는 것은 수행의 한 방법이라고 생각하면서 나는 불자들에게 이런 말을 하였다.

　"성지가 어디 따로 있습니까? 저 아름다운 골짜기를 보전하지 않는다면 지심귀명례는 서서히 줄어들 것입니다."

　백자산 골짜기에 골프장을 만들었는데, 또 용성에 골프장을 만들 필요가 있는가? 누구를 위해 종을 울리나?

2007. 8. 27.

지구적 사고 생태적 식생활

이제는 세계 어딜 가든지 한국식품을 살 수 있게 되었고 한국식품을 마음껏 먹을 수 있다. 이제는 더 이상 김치나 고추장을 한국에서 가져갈 필요가 없다. 그리고 어딜 가든지 햄버거를 먹을 수 있는 '원거리 급식사회'에 우리는 살고 있다.

미국에서는 1파운드의 식품이 식탁에 올려지기까지 평균 약 2000㎞를 여행한다. 대부분의 한국식품을 한국에서 가져온다면 적어도 수천 ㎞를 날아온 셈이다. 그러나 수송비를 계산해보면 문제는 달라진다. 가장 좋은 식품은 그것이 생산된 지역을 떠나지 않는다.

불과 20년 전만 하더라도 내가 먹는 90% 정도는 내가 심고 가꾸었다. 물론 시대가 바뀌었다. 요리를 하는 주부들이 점점 사라진다. 과연 요사이 사람들 중에 자기가 먹는 먹거리가 자라는 것을 보는 사람이 얼마나 있겠는가?

사람마다 여행의 즐거움이 다르겠지만 내 경우엔 런던, 밴쿠버, 오클랜드, 뉴욕 등지에 가면 한국 식품가게에 꼭 들리는 것이 여행의 맛이다. 이곳에 있는 한국 식품가게도 한국의 가게나 별 다른 차이가 없을 정도로 음식이 푸짐하게 많다. 그 지역에서 생산되는 것도 적지 않다. 미국식으로 완제품이나 반요리된 음식을 집으로 가져가 먹게끔 하는 '테이크 아웃take-out' 식품도 많이 늘었다. 조리방법-된장국을 어떻게 만드는 지를 알 필요가 없다. 지불할 돈만 있으면 손 하나 까딱하지 않고 전 세계로 이동하는 식품을 먹어 치울 수 있는 세상이 된 것이다.

한국 사람들은 열심히 일하고, 한국 식당에서는 이른바 민족식품을 개발하여 장사를 잘 하는 것 같다. 좋은 일이고 식품가게를 많이 하는 것도 비전이 있는 사업이다. 구태여 광우병이나 구제역 그리고 환경 문제를 들먹이지 않아도 21세기는 식생활에 엄청난 변화가 올 것이라고 본다. 이제 식품은 단순히 배를 채우는 먹거리가 아니다. 식품은 치료 그 자체이다. 칼로리나 양보다도 생태학적인 면이나 건강과 환경에 더 많은 관심을 두게 될 것이다. 사람들이 식품에 대한 정보를 파악하려 할 것이다.

이런 점에서 한국 식품가게나 식당은 이제는 중국이나 일본보다 먼저 한 차원 더 수준을 높여야 할 시점에 왔다. 벌써 35개 국가에서 슬로우푸드 운동에 참가하고 있다. 그저 싼 것만을 갖다 놓거나, 농약에 절인 것이거나, 지역성이나 계절성을 무시한 식품이거나, 환경이나 땅을 전혀 생각하지 않는 식품만을 취급해서는 안 될 것이라고 본다. 아직은 북미에서 천연식품이나 무공해식품을 판매하는 식품약국은 없는 것 같다.

한국 소비자들도 이젠 변해야 한다. 한국 소비자들은 슈퍼마켓에서 어떤 종류의 토마토를 파는지 알고 있을까? 애국심만으로 식품이 통하지 않는다. 식품의 정체성과 개성, 지역성이 중요한 것이다. 한국식 음식을 먹는다고 생각하여 맨해튼에서 먹는 한국 메뉴는 마치 동물원에 가서 아프리카에서 사파리 여행을 하는 것으로 착각하는 것과 마찬가지다.

2007. 9. 10.

또 경산에 홈플러스가 들어온다니?

올 여름 특히 남천에 흐르는 많은 물을 보면 누구나 느끼는 바이지만 저 정도 물이 늘 흘러가면 참 좋겠다는 생각이다. '남천 자연형 하천정화사업'도 저기 흐르는 강물처럼 아름답고 건강한 도시를 만들 수 있는 대안이 될까? 자연이 모델이어야 한다. 무슨 공학으로 재주를 부려봐야 예산만 낭비한다.

바람결에 듣는 소문 중에는 또 경산에 홈플러스가 들어오거나 골프장이 들어온다는데 마치 죽어가는 말에 또 채찍질을 하는 격이다. 이미 우리는 최근에 경산지역에 들어온 이마트가 우리 재래시장을 얼마나 초토화했는지를 톡톡히 경험하였다. 그런데도 누가 다시 그런 월마트같은 괴물을 끌어들이고 있나?

우선 경산에는 맛있게 그리고 안심하고 먹을 수 있는 식당이 몇 개나 있을까? 수입농산물이 아닌 우리 농산물을 먹을 수 있는 믿을 수 있고 전통적이면서 생태적인 식당이 과연 얼마나 될까? 대구시민이 찾을 수 있는 경산 지역의 맛거리 멋거리 밥상을 개발할 필요가 있다. 사람들은 이제 진짜 미각을 갈망하고, 사람들은 배만 부르는 것보다도 맛과 멋을 찾는다. 경산에 한 식당에 갔었는데 전신만신 중국산 재료로 싸게 음식을 만들었다.

경산역-남천-경산시장을 연계하는 문화코스가 필요하다. 경산역을 가보면 얼마나 썰렁한가? 임대가게뿐이다. 경산역 근방이 죽어 있다. 독일의 경우 모든 상가가 역을 중심으로 얼마나 개성적으로 지역적인 특징을 드러내고 있는지! 경산역은 층층대를 올라가는데 사람들의 힘을 다 뺀다. 연세 드신 분이 올라가는 데만 죽을 지경이다. 여행짐이 있으면 더욱 몇 번이고 쉬어가지 않을 수 없다. 역내에 지하도를 만들어서 그 안에 상가도 만들고, 드나드는 사람들이 편해야 사람이 북적댄다. 역이 붐비면 지역경제가 올라간다. 택시도 쌩쌩 돌아가고 말이다.

저렇게 경산시내에 감시카메라를 꼭 여러 개 달아야 하나? 청와대 대변인의 입에 다는 것이 더 좋겠다. 도쿄 우에노 공원의 재래시장과 뉴욕 할렘가를 보라. 북미의 차이나타운을 가면 개판 오분 전이다. 그런데도 사람들이 붐빈다. 마닐라의 재래시장을 가보면 그렇게 인간적이고 소탈할 수가 없다. 참으로 역동적인 사회는 감시카메라가 없어도 잘 돌아가는 사회. 새벽에 남천길을 가면 신호등을 지키는 사람이 거의 없다. 신호등이 있든지 말든지 막 달린다. 그쪽에나 감시카메라를 달면 어떨까?

군사도로처럼 말끔한 도로보다는 사람이 북적대고 사람냄새가 나는 그런 길, 거리경제와 거리카페 그리고 골목경제가 경산을 역동적이게 만든다.

2007. 10. 8.

내가 버리는 쓰레기양부터 줄이자

고봉으로 밥을 퍼서 손님에게 대접하고, 손님은 밥을 좀 남기며 체면을 차리던 시절이 있었다. 수저 한 번 제대로 가지 않더라도 반찬 가지 수가 많아야 된다고 여긴다. 장보러 가서 싸다고 필요한 양보다 더 많이 사와서 버리는 경우도 있다. 천연자원이 부족한 나라에서 살면서 종이, 휴지, 나무는 얼마나 쓰고 있는지. 집집마다 비닐봉지가 엄청나게 쌓인다.

우리나라 국민 한 사람이 1년에 버리는 쓰레기의 양이 1.08kg이라고 한다. 한 사람이 태어나서 죽을 때까지 버리는 쓰레기의 양을 생각해보자. 이 많은 쓰레기는 노대체 어디로 가는가? 우리 집에서 내다 버리고 보이지 않으면 그만이라고 할 수 있을까? 갈수록 쓰레기 매립장, 소각장으로 인한 입지 선정이나 주변 환경문제가 제기된다. 내가 사는 주변에 이런 시설이 들어서는 게 싫다면 남도 싫은 게다. 아무리 환경적으로 문제가 없다 해도 쓰레기 처리 시설로 가득한 세상이 싫다면 내가 버리는 쓰레기의 양부터 줄여야 한다.

대부분의 주부들이 장바구니를 들고 장을 보러 간다. 하지만 아직

생선이나 야채를 사면서 비닐봉지에 담는 것은 여전하다. 비닐봉지 대신 방수가 되는 주머니나, 통을 준비해서 담아오는 불편함을 즐겁게 여겨보면 어떨까?

먹을 양만큼 음식을 준비해서 남기지 않도록 하고, 먹을 만큼 담아서 먹는 습관을 들이자. '양껏, 푸짐하게' 이런 말은 이제 버리자. 몸이 필요한 양보다 더 많이 먹어서 비만으로 성인병이 늘어가고, 돈을 들여 살을 뺀다는 사람이 있는 반면 굶주려 죽어가는 사람이 있는 세상이다. 습관이란 어려서부터 시작되어야 한다.

공기, 물, 땅, 나무, 음식은 퍼내도 끝이 없는 화수분 같은 존재가 아니라 유한한 존재이며, 망가지면 되돌릴 수 없는 존재이다. 나만, 우리 집만, 우리 동네만, 우리나라만… 동떨어져 살수도 없는 세상이다. 나도, 우리 집도, 우리 동네도, 우리나라도, 온 세상도 함께 살아야 한다.

불교정토회에서 벌이는 '빈그릇 운동'이나 천주교의 '즐거운 불편'이 모두 한 가지다. 모두가 함께 살기 위함이다. 줄여야 할 것은 쓰레기요, 늘려야 할 것은 함께하는 마음이다.

2007. 11. 5.

경산! 임파워먼트

우리 문화에서 가장 결핍된 태도 중의 하나는 윈윈 파트너십이다. 우리도 예외가 아니다. 배가 고프면 참아도 배 아프면 못 참는다는 말이 있다. 남이 잘 되는 꼴을 보지 못하는 사람이 있다. 이런 사람은 어느 정도 성공할 지는 모르지만 더 이상 성공하지 못한다. 성공하기 위한 자질이 하나 필요하다. 그것은 임파워먼트다.

우리 경산은 끼리끼리를 넘어 승승의 사고와 서로 깎아내리기에서 상생의 원리가 참으로 필요하다. 승승의 사고와 상생의 원리를 제시하기 위해 가장 적절한 예로 전통민속놀이를 들 수 있다. 내가 높이 올라가기 위해서는 먼저 상대방을 높이 올려주어야 한다. 상대방이 높이 올라간 만큼 나도 높이 올라갈 수 있다. 댕기를 휘날리며 담 위로 올라갈 있도록 누군가는 먼저 받쳐주어야 되지 않겠는가? 경산은 널뛰기 영성을 심화하고 좀 더 자주 뛰어야 할 성 싶다. 성암산과 백자산 단풍이 아름다운 것은 자신을 낮추어 떨어뜨리기 때문이다.

리더십 용어에서 '상대방을 신뢰하고 그의 잠재능력을 최대한 발휘하도록 도아주는 것' 을 임파워먼트Empowerment라고 한다. 그렇다. 경산! 임파워먼트이다. "칭찬은 고래도 춤추게 한다"는 캔 블랜차드의 리더십의 근본은 긍정성에 관심을 두고 질책을 하지 말고 시간을 주라는 것이다. 긍정적인 에너지를 해방시키면 부정적인 에너지가 절로 제지된다. 조금만 비켜서면 소나무 참나무 풀도 이끼도 공존할 수 있지 않겠는가?

마음이 무너지면 가정의 제대가 무너지고 사회가 무너진다. IMF 이후에 특히 남성들은 마음이 다 무너졌다. 패배감! 못 해먹겠다, 안 되겠구나, 형편이 이 모양이다, 도저히 못 올라가겠다는 것이다. 문제는 이것이다. 생각이 문제다. 못 올라갈 나무는 쳐다보지 말라! 그 생각이 있는 한 영원히 올라가지 못한다.

쳐다는 보아야 한다. 자꾸 쳐다보면 올라간다. 우리가 원하는 생각에 집중하고 그 집중력을 유지하면 그 순간 우주에서 가장 강력한 힘으로 그 대상을 불러들이고 있는 것이다. 가장 많이 생각하면 그것이 나타나게 되어 있다. 끌어당겨라. 아픈 사람은 건강을 생각하고 어려운 사람은 풍요로움을 생각하라! 양자물리학에서는 전 우주가 생각에서 비롯되었다고 이야기한다. 긍정적인 생각이 우리의 긍정적인 삶을 만들어낸다. 인생은 기대하는 만큼 이루어진다. 기대하지도 않는데 일어날 확률은 제로다. 임파워먼트!

2007. 11. 19.

신뢰의 인프라

최근에 왜 이렇게 사기사건이 많은가? 사기사건에 대한 국제비교 통계가 있다면 한국사회는 그 유형이나 건수로 보아 금메달감이다. 내일모레 대통령이 되겠다는 사람들이 시시때때로 말을 바꾸고 거짓 말을 하니, 국민들의 마음이 참담하다. 누가 까마귀이며 백로인지 알 길조차 없다. 이런 거짓말을 잘 하는 정치인들이 한국을 책임질 수 있 겠는가? 금융사기꾼의 입에 대통령이 좌지우지될 지경이니 나라꼴이 말이 아니다.

가짜 박사들, 부동산 분양사기, 청와대 등의 고위직을 사칭한 사기, 국정원 사칭, 가짜 한우, 가짜 만두 사건들이 늘 끊이지 않는다. 지난 연말 단군이래 최대 규모의 사기사건으로 지목된 다단계업체 제이유 그룹 관련 피해자만 34만명이고 피해규모가 4조 6000억원이라고 알 려졌다. 이런 다단계와 사채사기들이 여전히 성업 중이다. 정치가들 의 신용등급은 제로다. 정치가들이 식언을 일삼고 내일이 멀다하고 당 간판이 바뀌고, 사람이 획획 바뀐다.

피해액이 600억이고 피해자가 5200명의 사기사건인 이른바 BBK

투자대행 사기사건도 마찬가지다. 이런 Lke에 돈을 투자하는 사람 (김경준과 이명박)이 머리가 나쁜 사람이 아니다. 단돈 백만 원도 아니고 이명박은 30억을 투자하고, 그 형은 190억을 투자하면서 BBK 하고 전혀 관련이 없다고 말하면 삼척동자도 웃는다. BBK의 김경준은 당시 34살이었다. 이런 새파란 젊은이에게 돈을 투자하는 것은 보통 인연이 아닌게 분명하다. 불특정다수의 돈을 사기한 이 금융사건은 정말 파렴치한 사건이 아닐 수 없다.

투자한 돈을 몽땅 사기당한 사람을 경제전문가로 말한다면 정말 웃기지 않는가? 그런 사람을 경제살리기 전문가로 말한다면 사기꾼 정당이 아닌가? 그 마누라의 기자회견에 한숨을 돌리는 정당에게 우리 아이들의 미래를 맡길 수 있는가? 무엇이 구리기에 저렇게 정당과 정치가들이 쩔쩔매는가? 그들은 서민의 한숨소리는 아랑곳하지 않고 정권에만 혈안이 되어있다. 이명박의 미국법률대리인은 김경준의 송환을 막았다. 왜 무엇 때문에?

왜 우리는 사기에 잘 걸려들까? 조급증과 한탕 대박주의 때문이 아닌가?

트러스트(신용)라는 책을 낸 프랜시스 후쿠야마는 "이제 중요한 것은 관습 도덕 협동심과 같은 사회적 자본이며, 이 사회적 자본의 핵심은 사회 구성 간의 트러스트"라고 강조한다. 신뢰의 인프라의 구축이 지금 우리 한국의 핵심과제이다.

2007. 11. 26.

우리들의 '삼성'이 맞습니까?

빨강 머리의 여인이 행복한 눈물을 흘리고 있다. 대한민국이란 나라에서 '행복한 눈물' '로이 리히텐슈타인' '팝 아트'라고 날마다 신문과 TV를 통해서 떠들썩하게 알려주니 행복한 눈물이 흐를 수도 있겠다. 삼성 덕분에 대한민국 국민 전체가 현대미술에 대한 공부를 하고 있다. 과연 대한민국 국민은 행복한 눈물을 흘리고 있는가?

우리는 가전제품, 옷, 식품, 자동차, 핸드폰, 집, 금융, 놀이공원, 쇼핑센터, 의료기관에 이르기까지 대한민국 국민으로 태어나 삼성의 물결 속에 살고 있다. 외국에서 벌어지는 운동 경기를 중계하는 장면에서 Samsung이라는 로고가 보이면 그 얼마나 뿌듯했는가? 외국 영화에서 소품으로 등장하는 컴퓨터에, 핸드폰에 보이는 작은 Samsung이라는 글씨를 보면서도 그랬을 게다. 대한민국의 삼성이라고 생각했다.

대한민국 국민은 삼성에게 어떤 존재일까? 500만원, 1000만원, 2000만원씩의 뇌물을 규칙적으로 받았다던 그 사람들은 과연 삼성의 제품을 얼마나 사용했을까? 삼성으로부터 1원 하나 받은 것 없이 열심히 삼성제품을 사용해준 대한민국 국민이 없었더라도 오늘의 삼성이 존재할 수 있었을까?

이렇게 말할 수도 있을 것이다. 이 나라에서 기업하는 게 쉬운 일이냐고? 기업을 운영하려면 비자금도 운영해야 하고, 뇌물도 필요하다고. 하지만 준엄하고 바른 법을 수호할 의무를 직업으로 가진 사람들이 비자금을 눈감아 주고, 받은 뇌물로 거리낌 없이 살아도 되는 것일까?

대한민국 국민은 삼성이 망하기를 바라지는 않는다. 적어도 지금까지는 세계 속의 삼성이 된 데에는 기업의 노력이 중요하지만, 우리의 삼성이라는 국민의 마음도 큰 힘이 되었을 것이다. 잘못된 것은 고쳐야 한다. 대한민국에서 외면당하는 삼성이 세계 속의 삼성으로 남아 있을 수는 없다.

대한민국 국민은 묻는다. 정녕 우리들의 삼성이 맞습니까? 삼성의 총수가 고백성사를 하는 길이 서로 윈윈하는 길이다.

2007. 12. 3.

있는 사람들이 더 무섭더라

90년대 초에 상인성당을 지은 경험이 있다. 건축비를 마련하기 위해서 우유팩도 모아서 팔았고 폐식용유를 모아 저공해 비누를 만들어서 판매하기도 하였다. 그 당시 저층 아파트에 사는 신자들이 솔선수범하여 성당 짓기에 신바람을 내었다. 고층 아파트의 잘 사는 신자들이 오히려 단결도 안 되고 건축비도 적게 내는 등 협조가 부족했다. 없는 사람들은 직접 봉사활동을 해서라도 무엇인가 보탬이 되려고 노력하건만, 있는 사람은 미꾸라지처럼 빠져나가는 것이 아닌가? 정말 있는 사람이 더 무섭다는 것을 체험하였다.

국민들이 개인적인 비리와 약점에도 불구하고 모든 것을 다 덮어주고 경제 대통령으로 찍어 주었다. 이번 대통령은 과연 있는 사람이 무섭다는 통념을 깨어줄 수 있는지? 과연 없는 사람들의 마음을 따뜻한 이불로 덮어주고 비정규직 문제도 해결해 주고 빈부의 격차를 줄여줄 수 있을지 기대 반에 걱정이 반이다. 가난한 집안 출신이라지만 워낙 가진 자 즉 재벌위주의 경제정책인지라 어떻게 일자리를 창출할 수 있는지 의문이지만 자신의 입으로 서민경제를 살린다고 하니 일단은 믿고 지켜보자.

벌써부터 사람들은 경부대운하를 들먹거리고, 언론도 슬그머니 부추기는 양상이다. 상식적으로 이것은 정말 아니라고 본다. 사람의 얼굴도 성형수술을 하면 부작용이 따르고 나이가 들면 문제가 생긴다. 하물며 아닌 것을 억지로 운하를 만들면 어떻게 되겠는가? 국토도 사람의 얼굴과 같다.

지금 이 순간에도 우리가 만들어 낸 이산화탄소가 북극의 빙하를 녹아내리게 하지 않는가. 태안 기름 유출사건에도 누구 하나 사죄하는 사람이 없고 잘못했다는 기업도 없다. 성장과 개발에도 한계가 있다. 사람도 또한 자연 속에서 살아가는 존재다. 기업을 위한 정책보다 환경을 위한 정책이 더 절실한 시대다.

2007. 12. 24.

더 많이 가지고자 하는 사람은 가난하다

경산시 옥곡동에는 놀랍게도 아파트 단지 속에 작은 박물관이 하나 있다. 아파트에 가려진 박물관이지만 청동기시대의 아기자기한 우리 조상들의 삶의 모습을 볼 수 있다. 아! 우리 선조들이 저렇게 소박하게 살았구나! 흙을 소중히 여겼던 우리 겨레를 만날 수 있다. 그냥 맨몸으로 하늘과 땅과 사람이 자연스럽게 더불어 살았음을 느낄 수가 있다. 청동기시대 우리 선조들은 물질적으로는 넉넉하지 않지만 서로 도우면서 살았고, 요즘처럼 많이 교육을 받은 것도 아니었다. 청동기시대 사람들은 머리로 살지 않고 온 몸으로 살았고, 발로 땅을 밟으면서 대지와 소통하고 살았다. 서로를 아끼고 도와주는 관계 속에서 아름답게 살았다. 그들이 살던 거주지에 쓰레기 한 점이 없이 무공해로 살았던 점이다.

우리가 살고 있는 주변을 돌아보자. 물가에 모래도 사라지고, 명아주 · 비름나물도 시들고, 논가에 우렁이, 물방개, 소금쟁이도 사라지고 제비와 기러기를 본 지도 오래다. 겨울의 얼음과 눈발도 보기 어려워진 지금, 원초적인 동경으로 우리의 지나온 흔적을 바라보게 된다.

중국의 격언이 떠오른다. '바라는 것이 없는 사람은 가난하지 않다. 더 많이 소유하고자 하는 사람은 가난하다.'

청동기시대에 비해서 물질적으로는 풍요롭게 사는 듯이 보인다. 하지만 인간성과 인간관계라는 측면으로 본다면 너무나 황폐해졌고 더 할 수 없는 빈곤을 경험하고 있다는 사실이다. 조사에 의하면, 가난한 나라의 국민이 부자나라의 국민보다 대부분 더 행복을 느낀다고 한다. 선거철마다 되풀이 되는 일이지만, 한국의 정치가들이 하나같이 경제성장의 논리에 사로잡혀 헤어나오지 못하는 모습을 봐야 하는 것은 참으로 씁쓸하다.

우린 청동기시대의 사람보다 정말 더 많이 소유하고 누리고 있다. 없는 것이 없다. 참으로 청동기시대의 사람보다 우리는 부유한가? 누가 진짜로 가난한가? 왕궁에 살면서도 허기진 사람도 있고, 오두막에 살면서도 행복한 사람이 있지 않은가? 인생의 성패를 좌우하는 것은 마음에 달려 있다. 마음 그 자체는 아무런 힘이 없지만 믿음과 희망과 꿈이란 중성자와 결합하면 무한대의 에너지가 창출돼 삶에 혁명을 일으킨다.

2008. 1. 1.

원효학교의 꿈
— 다시 우리 교육의 비전은?

지난 2007년 한해의 교육을 되돌아보게 된다.

우리의 훌륭한 자산은 바로 사람인데 우리 교육은 사람을 키우지는 못하고 있다. 행동은 빠른데 생각의 속도는 느리고 창의력을 못 키우는 교육이 오히려 망치고 있다. 그렇게 경쟁이니 국가 경쟁력이니 하면서도 대학교육평가에서 싱가포르 1위, 중국 28위, 그리고 한국은 40위이다. 도대체 어쨌길래?

해가 거듭할수록 학교에서는 충격적인 일들이 많이 생긴다.

교사는 교사가 아니고, 학생들은 더 이상 학생이 아닌 아이들이 기하급수적으로 늘어나고 있다. 아이들에게는 끈기뿐만이 아니라 꿈과 희망조차 보이지 않는다. 아무 생각이 없다.

학교에 오기를 아예 거부하는 아이들이 있지만 학교는 속수무책이다. 그렇다고 실제로 학교에 적응하지 못하는 학생들, 학교 밖 아이들을 제대로 교육을 해주는 곳이 경산과 대구에는 없는 실정이다.

겉모양은 대안학교이지만 아이들이 제대로 그 학교에서조차 적응을 할 수 없는 곳이다. 오히려 그 학교(도시형 대안학교)가 싫다고 학교로 다시 돌아온다. 겉모양만 대안학교가 아니라 정말 제대로 된, 아이들의 마음을 치유해 줄 수 있고, 아이들이 꿈과 희망을 가질 수 있는 대안학교가 필요하다.

대안학교 경영에는 대안교육에 정말로, 얼마나 진심으로 관심(mind)을 가진 사람들(교사)이 함께 하느냐가 제일 중요하다. 물론 예산도 필요하고 특히 제대로 된 교육프로그램이 필요하다. 전문적인 카운슬러의 상주인력도 필요하다.

우리 아이들의 마음이 어디로 어떻게 흘러가는지 정부는 모른다. 새정부는 교육을 경쟁의 논리로 밀어붙이고 있다. 물론 경쟁은 필요하다. 그러나 교육 현장을 전혀 모르는 처사다. 얼마나 많은 아이들이 행복해 하지 않고 있는지 전혀 모르는 것이다. 아이들이 꿈과 희망을 잃어버리고 있음을 모른다. 우리의 아이들이 무엇을 원하는지에는 관심이 없다. 교사들이 학교에서 무엇을 어떻게 해야 하는지 교육부는 모른다.

이제 아이들은 점점 학원을 더 많이 다닐 것이고 아이들의 영혼은 점점 황폐해지리라 본다. 국가 선진화의 도구로 교육을, 아이들을 희생시키고 있다. 물론 능력 있는 사람을 길러야 함은 필요하지만, 대한민국 모든 학생을 대상으로 경쟁의 논리를 펼 필요는 없지 않은가?

2008. 1. 7.

나는 늘 두 부류의 사람을 만난다

 자동차로 치면 한 부류는 '브레이크' 같은 사람이다. 이런 사람들이 더 많다.

 안 된다! 하지 마라! 불가능하다! 지레 걱정만 한다.

 별나다! 좀 튀지 말라! 좋은 것이 좋다!

 정말 부정적인 사람이 너무 많다. 노다지 브레이크만 밟는다. 그렇게 브레이크만 밟으면 차가 나갈 수 있는가? 스스로에게 브레이크를 거는 사람은 결코 앞으로 나갈 수도 없고, 축구선수로 치면 자살골을 넣은 사람과 다를 바가 없다. 경산 사람들, 생각의 속도가 너무 느리다. 새해의 쥐처럼 생각의 속도를 민첩하게 할 필요가 있다. 지금은 학력의 시대가 아니다. 학력의 시대, 끝났다. 새로운 학력 즉 자신 안에 무한한 가능성을 발견하고 개발하는 시대이다. 존재의 혁명이란 자신 내면의 무한한 자원을 깨닫는 것이다.

 나의 뼈저린 경험을 하나 소개하면, 90년대 초반에 신자 수 삼사백 명으로 상인성당을 짓다가 대구교구에서 지정한 업자가 부도를 내었다. 황당하대요! 성당에서 이런 일이?

사업에는 부도가 있지만 우리 신앙에는 부도가 없다! 일어나자! 문제를 해결할 수 있다고 믿으면서 실패에도 나는 열정을 잃지 않았다. 다시! 그 당시 10억을 모았다. 그때 나는 실패의 고통보다도 최선을 다하지 못했다는 고통이 몇 배 더 컸다. 문제없는 인생은 없다. 문제 중심으로 보지 말고 해결책 중심으로 보라. 문제보다는 대안과 해결책을 생각하라!

또 한 부류는 긍정적인 사람이다. 자동차로 치면 '엑셀' 같은 사람이다. 좋아. 해보자. 못 먹어도 고우. 불가능은 없다. 내 인생은 내가 몰고 내 인생은 내가 디자인한다. 어떤 고난과 좌절, 나는 간다. 밟아라! 엑셀을 더 밟아라! 사오정과 오륙도 웃기지 말라! 지금 실직해 있고, 사업에 실패해, 나이가 많아, 방콕 신세! 핑계야 핑계. 블루오션에 새로운 그물을 던지겠다! 땅은 이모작 삼모작 할 수밖에 없지만 인생은 사모작 오모작, 마음만 먹으면 된다. 부끄러운 일은 학력이나 실업이 아니다. 가장 부끄러운 일은 자신 안에 가능성을 알지 못한 채 무덤에 묻히는 것이다. 과거는 과거다. 놓아버리라는 것이다.

아이고마 저는 명문대 출신이고 연봉이 얼마인데요? 연봉이나 명문대니 다 버리고 내려놓아야 된다. 껍데기는 저리 가라!

내가 아는 그 분은 명문대 떼고 연봉에 연연해하지 않고, 지금 화장실 청소 대행업자 한다. 마음만 먹으면 못할 것이 없다. 된다고 생각하면 되고 안 된다고 생각하면 안 되는 것이다. 우주의 법칙 즉 만유인력의 법칙, 중력의 법칙을 활용하면 된다. 댕기라, 끌어 댕기라는 것이다. 자기암시나 심리학이 아니다. 우주의 법칙이다. 무엇이든지 법칙만 알면 쉽다. 여러분이 원하는 것을 제대로 끌어 댕기라는 것이다.

우리에게 필요한 것은 더 좋은 두뇌가 아니다. 우리의 두뇌를 개발하고 일깨우고, 내면의 자원을 동력화하는 것이다. 난 내 인생에서 늘 긍정을 믿고 긍정을 선택하고 그 긍정 위에서 인생을 살았다. 해보자! 된다는 삶의 무한한 가능성을 믿었다. 생각이 물질을 만들어내고 현실을 만들어낸다.

새해다. 아주 역한 생각 — 부정적인 생각에서 긍정적인 생각으로 나를 바꾸어 보자.

2008. 1. 21.

경산 아줌마들이여 CEO마인드를 가져라!

　대구를 컬러풀이라고 선전하는데 전혀 컬러풀하지 않다. 오히려 답답하다.

　소통이 안 된다. 젊은이들이 대구를 떠난다. 도시건축도 다양하거나 개성적이지 않다.

　패션의 도시, 문화의 도시 대구라 하지만 도시 자체가 패셔너블하지 않다. 대구는 아파트공화국이라고 할 만큼 회색의 시멘트 도시다. 사고도 보수적이고 오히려 창조적인 것을 배척한다. 대구과 경북은 혈연과 지연 그리고 학연이 거미줄처럼 얼키설키 연결돼 있다. 이 문제는 대구 문제만이 아니다. 청도가 이런 문제로 풍비박산이 났다. 한마디로 대구는 늘어나는 아파트처럼 의식구조가 붕어빵처럼 똑같다는 점에서 무엇이 컬러풀한가?

　경산은 역동적인가? 역동적이라는 말을 영어로 표현하면 다이나믹하다는 말인데 과연 경산이 역동적인가? 경산은 잘 나가는 테마주가 없다. 희소성이 있는 경산브랜드나 이미지가 구체적으로 업그레이드되지 않는다. 경산하면 무엇이 연상되거나 떠오르지 않는다. 이태리의 슬로도시처럼 그런 생태도시도 아니고 농업도시도 아니고 공업도시도 아니고 대구시로 위장 전입하는 것을 보면 교육도시도 아니고 도무지 어느 것 하나 뚜렷하지가 않다.

경산역만 보더라도 하루에 7000명 정도가 다니는데 구미역에 비하면 게임도 되지 않는다. 역이 오히려 경산의 소통을 막고 있다. 위로 스카이다리를 하든지 밑으로 지하도를 만들든지 아니면 경산역과 시외버스터미널을 연계하든지 소통이 되어야 역동적이다. 특히 대화법도 부정적인 단어를 너무 사용한다. 경산사람들, 좀 플러스화법으로 따뜻하게 말하라!

이마트와 홈플러스 그리고 경산이 대구의 베드타운으로 전락한다면 역동적이긴 커녕 밤이 되면 쥐죽은 거리가 될 것이다. 동네 아줌마들이 찜질방만 갈 것이 아니라 CEO마인드를 가지고 지역을 바라보라는 것이다.

2008. 1. 28.

폐기물 처리시설보다 더 중요한 것

지금 경산시에서는 용성면 용산리 38번지 일원에 자원회수시설 입지타당성을 조사하고 있다. 이 소각로는 충분한 환경영향조사를 통하여 경산시 전역에서 만들어내는 생활폐기물을 하루에 200톤을 처리할 수 있다. 친환경적인 소각로를 만드는 것도 아주 중요하다. 그러나 이것보다 더 중요한 것이 하나 있다. 그것은 생활양식의 간소함이다. 간소하게 간소하게 더욱 간소하게! 이 말은 헨리 데이빗 소로우 (1817.7~1862.5)의 말이다. 비폭력을 위해 투쟁한 전사 간디 (1869.10~1948.1)는 사람들에게 매번 이렇게 촉구하곤 했다. "간소하게 사십시오. 그래야만 다른 이들도 소박하게 살 수 있을 것입니다."

간소함을 간디식의 극단적인 금욕주의로−맨발로 걸어 다니며 손으로 짠 도티를 걸치는 것−간주할 필요는 없으나 물질적인 생활필수품을 절제하도록 한다. 우리가 각자의 기본적인 욕구를 충족시키며 꼭 필요한 것만을 가진다면 이로 인해, 어쩌면 모든 사람들이 필요한 것을 채워줄 수 있게 될 것이다. 지구는 성장하는 인구를 부양할 능력은 있지만 결코 사치스럽거나 낭비적인 수준으로는 부양하기 어려울 것이다. 소각로를 많이 짓는 것만이 능사가 아니다.

간소함은 종교인들의 삶의 태도만이 아니다. 우리 모두 각자가 선택해야 할 삶의 방식이다. 다국적 기업의 전략과 대형마트에서 끊임없이 뱉어내는 욕망의 상품들에 저항하기 위한 도구는 기술이 아닌 영성 즉 간소, 청빈의 선택이다. 소비사회가 낳은 신세대들에게는 적이 없다. 그들은 결핍을 모른다. 패션과 소비재를 포함한 날라리 상품들이 그들 주위에 깔려 있지만 이 상품들에 대한 윤리적 태도를 누가 보여줄 것인가? 이른바 물건윤리다. 물건윤리야말로 소각로 문제를 해결하는 영적 처방이다.

또 다른 심리적 문제는 불황에도 불구하고 우울, 불안, 공유, 권태감에서부터 해방되기 위해서 자기 과시, 위세 소비로 치닫는 소비중독의 치유다. 대구의 경우 유독 이 깊은 불황에도 불구하고 백화점은 호황을 누리고 있다는 사실이다. 단순한 삶, 소박한 생활양식 그리고 간소한 선물은 우리들의 마음을 풍요롭게 하고 의미 있게 한다.

나는 우리가 새로운 방법으로 부를 인식하기를 제안한다. 이 부는 지구의 건깅과 지구와 상호의존적인 것들 ; 땅, 숲, 공기, 물, 식물, 동물 그리고 인간에 의해 측정될 것이다.

이제 더 이상 매체, 은행, 정상, 다국적 기업, 주식, 증권, 금, 은, 지폐, 돌, 부동산이 부가 아니다. 우리는 부가 무엇이고, 누가 소유하고 어떻게 분배할 것인가를 재정의할 필요가 있다. 만약 진정한 부가 지구의 건강에 있다면 아무도 그것을 소유할 수 없다.

2008. 2. 4.

불가사리

아침마다 해변을 산책하는 습관을 가진 한 노인이 있었다.

그날도 바닷가를 바라보며 모래밭을 걷고 있는데, 멀리 춤을 추는 듯한 사람의 모습이 보였다. 가까이 다가가서 보니, 그것은 춤을 추는 것이 아니라 모래밭으로 몸을 숙여 조심스럽게 불가사리를 주워 들고는 바다로 던져 넣는 한 젊은 여성이었다.

"아가씨, 왜 불가사리를 바다에 던져 넣고 있나요?"

"썰물 시간도 다 되었는데... 이제 곧 해까지 뜨면, 모래밭 위의 이 불가사리들은 다 말라 죽고 말게 되잖아요. 그래서 이렇게 바다로 던져 주고 있답니다."

"하지만, 아가씨. 이렇게 넓은 해변에...이렇게나 많은 불가사리들이 있는데, 그렇게 몇 마리 넣는다고 뭐가 달라지겠소...?"

그 아가씨는 노인의 말을 아주 공손하게 듣고는 잠시 멈춘 후, 다시 몸을 숙여 또 다른 불가사리를 주워 들고는 부서지는 파도 너머의 바다로 던지며 말했다.

"최소한 저 한 마리에겐 큰 차이를 만들어 줄 수 있겠지요."

우리에게 그런 차이를 만들 수 있는 방법은 무엇일까?

찾아보면 그런 차이를 만들 수 있는 길은 우리에게 멀리 떨어져 있지 않다. 좀 아껴 쓰고 나누고 바꾸어 사용하고 다시 사용하는 것이다. 기름 값이 벌써 백 달러 이상으로 올랐다. 곡물 생산량은 줄어든 반면에 그 소비는 더 늘어나니 라면 값이 오를 수밖에 없다. 자동차를 생산하는 것과 쌀을 생산하는 것과는 차원이 전혀 다르다. 식량의 위기, 내 발등에 떨어진 불이다. 우리 시대에 그런 차이를 만드는 사람이 있다면 농민이 아닌가?

기름은 서해안이 아니라 우리 생활 구석구석에 스며들어 있다. 석유에 의존한 현재의 삶을 돌아보고, 곧 석유고갈과 그 이후에 석유대란에 대비하여 대안을 마련해야 한다. 비싼 승용차를 몰고 다니는 사람보다 자전거를 타고 장보러 가는 어머니가 더 멋있고 아름다운 시대다.

2008. 2. 25.

유전자 변형이 아니라 유전자 조작이다

아무리 로비스트들이 말을 좋게 하여 문제의 핵심을 비켜가려고 해도 엄연한 조작이다.

유전공학 또는 유전자조작(genetic engineering)이란 한 종으로부터 유전자를 얻은 후에 이를 다른 종에 삽입하는 기술을 말한다.(예: 물고기의 유전자를 토마토에 삽입). 이것은 미친 짓이지 과학이 아니다. GMO 미확인 비행식품이 안전하다는 증거를 대보라! 유전자조작은 어디로 튈지 모른다. 유전자조작이야말로 생명매매이며 생명에 대한 절도이다.

한국생명공학연구원 바이오안전성정보센터가 펴낸 2007년 백서에 따르면 우리나라는 지난해 185만 3641t의 옥수수를 수입했으며 콩은 수입물량 113만t 가운데 78%가 GMO였다. 이미 식용유·카놀라유·면실유·간장 등에 폭넓게 GMO가 쓰이고 있다. 학교주위에 튀김가게나 많은 식당에서 사용하고 있어 우리 아이들이 이미 엄청 먹었다는 사실이다. 특히 국내에서 시판되고 있는 두부의 82%가 유전자 조작 콩이 섞인 원료로 만들어졌다고 한다. 러시아 과학자가 밝힌 것에 의하면 유전자조작 콩을 먹은 쥐는 성장장애를 일으켰다. 인도에서는 유전자조작 목화를 먹은 양이 다 죽었다. 양을 키운 농민이 자살을 하였다.

한국전분당협회가 오는 5월부터 미국산 GMO 옥수수를 수입해 전분용으로 사용하겠다는 계획을 발표하면서 GMO 문제가 또다시 도마에 오르고 있다. 전분이 과자·아이스크림·청량음료·햄 등 가공식품 대부분에 사용되기 때문에 어머니의 불안감이 커지고 있다. 우리나라는 의무표시제도 없다. 간식을 좋아하는 아이들에게는 치명적이다.

농업과 인플레이션의 합성어인 이 애그플레이션은 농산물 상품의 가격이 오르면 일반 물가도 덩달아 오르는 현상을 말한다. 밀가루 가격이 하루만에 22%가 올랐다는 얘기도 모두 애그플레이션의 조짐이다. 세계적으로 농산물 가격이 줄줄이 급등하고, 특히 우리나라 같은 경우에는 농산물 수입 의존도(식량 자급률)가 워낙 높기 때문에 지금 걱정이 이만저만이 아니다.

나는 거의 20년 전부터 우려했던 것들이 지구온난화의 가속화로 빨리 나타나고 해답이 보이지 않아 너 불안하나. 최근 보도를 보낸 밀가격 같은 것은 하루 사이에 과거에 볼 수 없었던, 10년 만에 최고 가격으로 올라간다든지 하루에 20~30%씩 올라가고, 옥수수의 경우 지난 3개월 사이에 40%가 오르고, 설탕은 1년 동안 36%가 올랐다. 2006년도 평균 가격과 비교해보면 옥수수는 일 년 남짓한 기간에 두 배 가까이 올랐고, 밀의 경우는 세 배가 올랐고 콩도 세 배가 올랐다. 예상했던 바이다. 食의 전쟁 즉 식량의 무기화이다.

문제해결책은 GMO식품이 아니다. 이것은 우리 모두 죽자는 것이다. GMO는 식량문제를 해결할 수 없고, 부익부 빈익빈 현상이 더 심해진다. 해마다 종자씨와 로얄티를 내야 되고 우리나라 종자나 농민은 뿌리째 뽑힌다. 방법은 농민과 도시소비자가 연대하는 길이다. 농업을 일으켜 다시 세우는 것이다.

2008. 3. 10.

경산 재래시장, 위기가 기회다!

바로 옆 500m 거리에 무서운 이마트가 있어도 하루 매출 1억 5천만 원인 서울 자양동 골목시장의 성공 비결은 무엇인가? 성공하는 이유가 있다. 뭔가 달라도 다르다. 의식적인 면에서 그리고 구조적인 면에서 다르다. 우선 상인들이 대형마트가 생기자 반대시위 대신에 벤치마킹에 나섰다. 시위 대신 「이마트에서 배우자」란 결론을 내렸다. 상인들은 이마트가 상품 진열과 포장, 고객 응대를 어떻게 하는지 꼼꼼하게 조사했다.

경산재래시장도 벤치마킹하여 배우자. 물건이 잘 팔리는 데에는 전략상품을 진열하고 무조건 이마트보다 싸게 판다. 지연과 학연 그리고 혈연이 어느 지역보다도 센 경산은 의식개혁이 요구된다. 역발상 말이다. 재래시장이 다 죽고 난 다음에 주차장을 만들면 무엇하나?

타이밍을 놓치면 소 잃고 외양간 고치기다. 위기가 기회다. 상인들이 돈을 갹출해서라도 천정에 유리돔을 설치해 눈과 비를 막아주고, 물건을 정리해 도로를 넓혀서 재래시장의 새로운 트랜드를 만들어라!

노점상을 철거하라고 하는 소리는 재래시장을 죽이자는 것이다. 재래시장은 본래 골목시장이다. 시끌벅적하고 떠들썩해야 한다. 상인들의 고함소리가 쩌렁쩌렁해야 한다. 너무 조용하면 재래시장이 아니다. 탁상행정 그만하라! 가게들 앞에 황색선을 긋고, 손님들의 통행을 방해하지 않도록 선 밖으로는 물건을 진열하지 못하도록 하면 되지 않는가? 대구사람이 경산시장에 오면 경산만이 가지는 시장의 분위기에 빠지게 해야 한다. 공동쿠폰제를 실시하고, 웃음치료를 배워서 상인들이 웃어야 한다. 웃음이 나와야 상가도 잘 된다. 사면 사고 말면 말아라는 식은 안 된다. 사도록 해야 한다. 미소기법과 대화기법! 상인대학을 만들어서 사고의 전환을 위한 연수를 해야 한다.

경산시에서 참으로 잘못한 것은 구 경찰서와 구 시청을 매각한 것이다. 비전이 얕다는 것이다. 남천과 연결하여 주차시설과 공원시설을 만들고 상방동과 연결하여 향수에 젖은 거리와 골목길을 재현했더라면 좋았을 텐데…. 상상력의 빈곤이다. 지금 짓는 체육관이나 재래시장의 하수구시설이 문제가 아니라 의식의 하수구를 정화하는 것이 더 큰 과제다.

2008. 3. 24.

지구 대재앙설에 이른 신생대

2012년 지구 대재앙설이 회자되고 있다.

많은 예언이 명멸했지만 2012년 대재앙설은 일부 과학자가 데이터를 가지고 가세하고 있다는 점이 예전에 없던 양상이다.

지구온난화, 지구 자기장의 변화, 자본주의 시스템 붕괴, AI같은 바이러스 창궐 등 생태적 위기가 치솟고 있다. 우리가 종말 신생대에 처해 있다는 것에 대해 많은 사람들이 인정하지 않고 있지만, 이를 뒷받침해주는 과학적인 증거가 늘어나고 있다. 지금과 같은 추세라면 상황은 더욱 심각할 것이며, 과거에 겪었던 그 어떤 전쟁이나 전염병에 의한 위기보다 끔찍한 결과가 될 것이다.

'대재앙에 이른 신생대'라는 용어는 위협하거나 선동하려는 것이 아니라 인간 공동체가 생태대를 이루기 위한 위대한 작업을 시작하라는 뜻을 담은 용어라고 할 수 있다. 다시 말해서 신생대라는 지질 시대의 끝에 있는 과도기라는 의미로 받아들여야 한다.

시생대(Archean Eon)에서 20억년 전의 원생대(Proterozoic Eon)로 바뀌던 과정을 예로 들어보자. 지구의 첫 번째 생명의 시기였던 시생대에는 박테리아와 같은 미생물이 살았는데, 대기 중에 산소가 없었으며, 박테리아는 산소가 있으면 살 수 없었다. 그런데 박테리아의 활동이 활발해지면서 산소가 증가되는 위기가 닥쳐왔다. 산소가 있으면 살 수 없던 박테리아는 산소를 사용하는 호흡기 체계를 갖추면서 이 위기를 극복했다.

시생대를 파괴한 원인이 바로 대기 중 산소의 증가였는데, 이를 극복하기 위한 방법이 필요했다. 그래서 새롭고 다양한 생존방식이 생기며 시생대를 능가하는 원생대가 시작된 것이다.

지금 우리가 처한 상황은 시생대 말기와 흡사하다. 생물과 지구와 대기에 유독한 물질을 쏟아내는 것은 다름 아닌 인간이며, 신생대 전체의 시간보다 지구 생명기능을 더욱 심하게 훼손하고 있는 것은 인간의 기술이다.

한 예를 들면, 한반도 대운하는 한마디로 환경재앙을 부르는 사업이다. 타당성과 정당성이 없다. 새만금사업이 그렇다. 미국의 플로리다와 세인트루이스운하를 보라! 그리고 국토는 대통령의 소유가 아니다.

2008. 4. 14.

제 38회 경산 지구의 날을 보내면서

제38회 지구의 날을 맞이하여 장산중학교 앞에서는 지렁이축제가 열렸다. 많은 학생과 아이들이 어울려 지렁이의 생태를 배우고 지렁이를 각자 자신의 집으로 입양을 하는 등 즐거운 시간을 보냈다. 지렁이라는 동물, 생명의 메이커다. 평생 지렁이는 땅 속에만 살아도 불평이 없다. 지렁이의 체액으로 우리의 땅을 기름지게 한다. 지렁이가 없으면 표토가 없고 텃밭이 없고 상추가 없다. 세계적인 미인 클레오파트라는 목욕을 할 때 지렁이를 넣었다고 한다. '징그러운' 지렁이를 왜 넣었을까? 지렁이의 체액은 천연 보습제이기 때문이다. 또한 가정에서 나오는 다량의 음식물쓰레기도 지렁이가 해결한다. 지렁이야말로 우리의 길이요, 진리이며 생명이다.

4월 22일은 지구의 날이다. 지구의 나이는 46억 살이다. 지구는 우리의 모태이며 어머니이며 내비게이션이다. 지구가 없으면 우리의 미래가 없다. 우리는 지구의 자식들이며 지구가 없으면 지수화풍이 없다. 지구가 없으면 종교도 없다. 지구는 대상이 아니라 주체이다. 어머니가 아프면 자식이 아픈 것처럼 지구가 이렇게 아픈데 인간이 어떻게 안 아플 수가 있는가?

우리의 130억 년의 역사가 하나의 달력으로 압축된다고 상상해 본다면 은하수 은하는 2월 말경에 스스로 조직을 하게 되었고, 우리의 태양계는 9월 초순경에 폭발하는 초신성이 남긴 요소들의 우주진(Stardust)으로부터 등장하게 되었다. 지구상의 대양은 9월 말경에, 지구는 10월 초순경에 생명으로 깨어났고, 성性은 11월 말경에 창안되었으며, 공룡들은 12월 초순경 단 며칠 동안만 살았다. 꽃씨 식물들은 12월 중순경에 현란하게 알록달록한 색채로 풍경 속에서 꽃망울을 터뜨렸으며, 12월 31일 자정이 되기까지 10분도 채 남기지 않은 시각에 우주는 선택과 자유 의지를 지닌 인간을 통해 의식적으로 반성적 사고를 하기 시작했다. 얼마나 놀라운 생명의 여정이며 대 서사시인가?

우리 인간은 5만 년 전에 아프리카 사람으로부터 진화되어 왔다. 인간은 제일 젊은 종인 것이다. 인종이란 개념도 잘못된 것이다. 우리 모두 하나이다. 기원이 같다. 태어난 것은 축복이며 거룩한 여정이며 백만 번 감사해도 모자랄 것이다. 내가 가지고 있는 모든 것은 정말 내 것이 아니다. 살아 있는 동안 잠시 빌려 쓸 뿐이다. 내년 지구의 날에는 우리 경산에도 차 없는 거리를 만들자! 단 하루만이라도.

2008. 4. 28.

우리 아이들 어떻게 지킬 것인가?
– 어른들이 파 놓은 함정에 빠지는 아이들

    한 초등학교에서 일어난 집단성폭력 사건은 우리를 큰 슬픔과 충격으로 몰아넣었다. 안타까운 일은 작년에 피해자였던 2학년 아이가 겨울방학을 지나고 가해자가 되었고 피해 아이들이 점점 늘어나고 있다는 것이다. "형들이 오라고 해서 갔는데… 나한테 그걸 하라고 했어요. 싫다고 했더니 나를 때렸어요."하는 말을 전해 들으며 선생님은 통곡을 한다. 피해 아이들의 숫자가 피라미드식으로 늘어나고 피해 여자 아이들도 여럿 생겨났다.

    작년에 처음 알게 되었을 때 선생님은 무엇보다 어린 아이들이기 때문에 상처를 치유해야 한다고 생각을 했다. 그래서 학교와 해바라기센터와 교육청에 이 사실을 알리고 대책을 요구했다. 하지만 아이들의 현실을 제대로 이해하지 못했다. 대책도 미흡했을 뿐만 아니라, 학교장과 학부모, 동료 교사들의 일부까지 '왜 사건을 만드느냐' 며 선생님을 곱지 않은 시선으로 보며 힘들게 했다. 어른들이 현실을 외면하고 '한 번 그러다 말겠지' 하고 막연히 생각하는 사이, 자신의 이익을 위해 사건을 덮으려는 사이, 그 사이로 아이들의 병이 깊어져간

것이다.

이 사건의 시작은 음란물이었다. 남자 아이들끼리 음란물을 보고 그 행위를 따라하며 놀아보았고, 그러다 그것을 강제로 해보게 하는 정도에 이르렀다. 지금은 학교 폭력과 고리가 연결되어 집단 성폭력으로 나아가게 된 것이다.

피해와 가해 경험을 동시에 겪은 어린 아이들, 이 아이들에게 필요한 것은 몸의 이해와 성적 자기결정권을 알려주는 것이다. 이런 성교육을 통해 자기존재와 생명의 소중함을 다시 일깨우는 것이고, 관계 속에서 성에 대한 예절을 가르치고 연습하도록 해야 한다. 관계 속에서의 성에 대한 이해는 젠더관점, 성인지적 관점이 필요하다. 젠더관점으로 바라봐야지 성폭력과 포르노에 대한 이해가 여성, 소수자, 약자의 입장을 사회 안에서 이해할 수 있기 때문이다.

성교육과 함께 아이들에 대한 심리치유는 시급하다. 없었던 일로 덮어두면 그 상처는 곪아서 인생 전체를 병들게 한다. 〈유진과 유진〉, 〈우리들의 행복한 시간〉 같은 작품은 그것을 잘 보여준다.

노골적인 포르노가 날마다 안방에서 방영되고 있고, 〈친구〉와 같은 욕설과 폭력 행위를 의리와 용기로 과장 왜곡하는 영화가 넘쳐난다. 이것은 비단 한 학교의 문제가 아니고 우리나라 아이들을 둘러싸고 있는 환경이다. 왜곡된 성의식, 어른들이 돈벌이를 위해 만들어놓은 포르노와 성 상품들이 연하고 순한 아이들의 영혼을 후벼 파고 들어가는 덫이 되고 있다. 이 환경을 바꾸지 않으면 제2, 3의 집단성폭력이 여기저기서 일어날 것이다.

지금은 당사자인 교사도 아이들도 학부모도 세상도 큰 고통의 소용돌이 속에 휘말려 있다. 당사자들뿐만 아니라 우리나라 전체가 놀라움과 고민으로 술렁이고 있다. 소용돌이에서 벗어나기 위해 우리가 지혜를 모아야 할 때이다. 어려움이 크면 클수록 더 많은 지혜들이 모여야 한다. 우리가 아무리 외면해봐야 있는 현실은 변하지 않는다. 주체들이 변하지 않으면 세상도 변하지 않는다. 아이들이 빠질 수 있는 함정을 없애버리는 일부터 해야 할 때이다.

2008. 5. 19.

국민이 무식하다고?

    일방적으로 혼자 독주하는 이명박 대통령의 지지율이 자꾸 떨어지고 있다. 이 정부는 일단 정책을 밀어붙여 놓고 나서 사람들이 반대하면 눈가리고 아웅하는 식으로 국정을 운영한다. 경산시를 이끄는 시장님도 대통령의 실정을 따라가선 안 된다. 노점상도 시민이다. 시장이 나서서 양측의 입장을 듣고 중재해서 화합하는 경산을 만들어야 한다. 노점상 문제는 법만 내세우면 해답이 없다. 공존의 가치를 지도자가 앞장서서 실현하는 것을 보여주길 기대한다.

    6월 5일 환경의 날을 맞이하여 우리 모두는 총체적 난국에 빠졌다. 대통령이 고개 숙여 사과를 해도 민심은 여전히 사납다. 아예 육류자체를 수입하지 말았으면 좋겠지만, 남의 나라도 아니고 정부가 저렇게 앞장서서 미친소를 먹으라고 하니 기가 찰 노릇이다. 광우병의 문제는 먹는 문제가 아니라 우리 문명의 문제다. 소의 진화과정을 무시하고 개조하면 이런 재앙이 오듯이 대운하도 마찬가지다. 광우병이나 조류 인플루엔자 그리고 대운하의 문제는 생명을 통으로 보지 않고,

하나로 보지 않고 치부의 대상으로 보는 것이다.

그렇다고 하여 가만히 주저앉아 있을 수는 없다. 방향을 전환해야 한다. 한꺼번에 모든 것을 바꿀 수는 없지만 생활양식을 바꿔야 한다. 환경부장관이 국민이 무식해서 대운하에 대해 혼란이 온다고 말하였다. 정말 무식한 사람이 누구인데? 장관이 지렁이는 아는지?

우리는 지렁이에 대해 배울 필요가 있다. 지렁이가 대단하지는 않지만 대운하보다는 지렁이가 훨씬 우리에게 지혜와 감동을 준다. 혹시 지렁이가 부패하지 않은 음식물이나 짜거나 매운 음식물을 먹어치운다는 사실을 아는가? 우리나라의 식탁에는 여러 가지 반찬들이 넉넉하게 등장하게 됨으로써, 자연적으로 음식쓰레기가 많이 나온다. 이 골치아픈 음식쓰레기들을 지렁이가 먹어준다니 얼마나 좋은가?

게다가 지렁이의 꽁무니로 배출되는 분변토는 자연퇴비로서 흙의 질을 높이는 데는 최고다. 그리고 지렁이가 흙 속을 구불거리며 다니는 가운데 지렁이의 길이 수없이 생김으로써 흙이 저절로 부드러워지고 공기투입이 많아져 활력을 다시 찾는다.

흙이 살아나면 흙을 통해서 태어나는 모든 생명체가 건강해진다. 그 생명체들이 엮어내는 관계적 생명체도 더불어 건강해짐으로써 결국은 이 지구의 모든 생명이 건강해지는 것이다. 몇몇 연구자들이 지렁이로 인해서 땅이 살고, 각 생명이 살고, 지구가 살게 된다는 이 희망 넘치는 사실을 증명하기 위하여 소신을 다하고 있다. 호주 멜번에 있는 지렁이 박물관은 어린이에게 인기가 아주 좋다.

마지막 벼랑 끝까지 와 있는 지구의 공해문제를 지렁이한테 한번 의지해보면 어떨까? 지렁이는 지구의 건강을 지킬 수 있는 마지막 지킴이로서 인정받을 것이다.

    대운하가 우리에게 천만금을 준다 하더라도 지렁이와 더불어 사는 행복이 더 나을지도 모른다.

2008. 6. 2.

아름다운 대안, 창포와 궁기

창포를 찾아서 용성 못가에 갔다. 창포를 뜯으면서 예전처럼 집집마다 창포를 심으면 얼마나 좋을까하고 생각을 해보았다. 특히 복합 공해가 심각한 요즈음 창포가 더욱 돋보인다. 아무리 좋은 샴푸나 린스가 나온다 하더라도 창포만 한 비누가 없다. 지난 6월 5일에 성당 미사에 온 사람들에게 창포 한 봉지씩 나누어 주었다. 창포를 받는 순간 모두들 행복해 했다. 서로 통한다는 것이다. 창포도 사람도 한 통이다. 통으로 보는 마음이 생태마음이며 우주마음이다. 사실 이 우주는 한 통이며 한솥밥이다. 대운하의 문제도 통으로 보면 해법이 나온다. 광우병 문제도 20개월짜리 소인가, 30개월짜리 소인가의 문제가 아니다. 소나 닭 그리고 돼지나 오리를 생명의 그물 안에서 통으로 보느냐 경제적 대상으로 보느냐의 문제다.

비누가 없었던 시절에 우리 선조들은 자연물을 이용하여 청결을 유지하였다. 지금은 세제를 너무 많이 사용한다. 합성세제도 석유에서 나온 부산물이다. 식당에 가보면 설거지 하는데 거품이 산을 이룬다. 왜 우리 선조들은 우물가나 못가에 창포를 심었을까? 창포가 물을 정화시켜주는 작용을 한다. 또 창포는 잡균과 잡내를 없애준다. 무조건 화학처리만을 능사로 아는 현대인들은 조상들의 지혜를 배워야 한다. 창포는 천연방향제이며 자연소독제다.

석유 값이 천정부지로 뛰어오른다면 석유 없이 사는 방법을 찾으면 된다. 석유와 서서히 이별하는 연습을 해야 한다. 하루아침에 모든 것을 바꿀 수는 없다. 창포도 그 한 가지 대안이다. 멋진 대안이고 아름다운 대안이다. 석유만큼 거창한 대안을 찾을 필요는 없다. 우리 지역 안에서 찾을 수 있는 작은 것부터 시작하면 된다. 환경운동의 모토는 '생각은 글로벌하게 행동은 지역에서' 이다. 탈석유 시대에 맞는 새로운 그리고 지속가능한 삶의 방식을 찾아야 한다.

단옷날에 궁기(천궁)를 머리에 꽂는다. 궁기에서 나오는 향이 벌레와 모기를 쫓고 두통을 없애주는 효과가 있다. 단옷날 창포에 머리를 감은 후 궁기를 머리에 꽂고 다녔던 풍습이 있다. 우리 조상들은 벌레를 죽이지 않고 쫓아내었다. 우리는 벌레를 독한 화학약품인 킬러로다 죽인다. 창포나 궁기는 킬러가 아니다. 자연과 더불어 살게 하는 것이 자연치료다. 궁기향을 맡으면서 미물들과 함께 더불어 살았던 옛사람들의 향기로운 마음을 떠올려본다.

2008. 6. 9.

녹색인생

일상의 삶 속에서 푸르름을 가꾸는 비결은 무엇일까?

우선 자신을 자연스럽게 받아들이고 5분간의 여유를 가지고 자신의 존재의 의미를 찾는 명상의 시간을 가져보자. 자신을 돌아볼 시간을 가지면 더 소박하고 맑은 눈을 지니게 될 것이다. 삶 속에 음악과 유머를 가져보자. 많이 웃고 심호흡을 하자. 심호흡은 마음을 편안하게 한다. 자연물과 일치하는 경험을 해보자. 아침에 뜨는 해, 밤하늘의 별, 숲과 나무, 새소리에 귀를 기울여보자. 하나가 되려는 감성은 선과 여백, 빈 공간의 여운을 보는 직관력을 키우는 것이다.

우리말을 사랑하시는 어느 할아버지의 글이 생각난다. 우리의 어머니들이 그토록 싫어하였다는 '계집'이라는 말 대신에 '꽃두레'라고 쓰면 어떠냐는 글이었다. 한 마디 언어부터 고쳐 나간다면 여성으로서 올바른 자리매김이 되지 않을까? 생명을 감지할 수 있는 말, 기氣를 살릴 수 있는 열린 말, 고운 말을 사용하라.

어린 왕자처럼 동심의 세계로 돌아가자. 텔레비전 끄기 운동도 해볼 만하다. 팝송이나 가요보다도 가족과 함께 우리 민요나 동요를 불러 보자. 인체에 유해한 전자파가 나오는 비디오나 전자오락은 이제 그만하자. 동화책 읽기, 맨손 체조, 제기차기 운동을 통하여 건강한 몸과 마음을 기르자. 집안 청소를 청소기에 맡기지 말고 자녀에게 직접 해보도록 분담시키자. 세차도 구두 닦기도 설거지도 청소도 직접 해봐야 되지 않겠는가? 일하는 즐거움, 노동의 가치가 우리 아이들에게 필요하다.

작은 쪽밭을 만들자. '아빠하고 나하고 만든 꽃밭에….' 노래를 부르며 씨앗도 뿌리고, 작은 공간에 수세미, 나팔꽃, 채소도 가꿔보자. 쪽밭 일구기, 감자 기르기, 동물을 기르는 것 등은 생명에 대한 감성과 탐지력, 관찰력을 길러 준다. 생일선물로 우리나라 꽃씨를 선사해 보자.

나도 생명이고 너도 생명이다. 지구도 생명이다. 생명을 살게 하고 도움을 주는 작은 마음과 행동이 필요하다. 문을 조심스럽게 닫기, 꽃을 보고 아! 하고 감탄하기, 나무 껴안기, 초인종을 조금만 누르기, 친구의 생일을 기억하고 작은 목소리로 얘기하기, 아기에게 모유 먹이기, 비싸고 화려한 장식보다 작은 소품으로 혹은 재활용으로 멋을 창출하는 솜씨 키우기, 새 옷보다는 헌 옷 기워 입기, 전통문화 공부하기, 스타킹보다는 얇은 양말 신기, 플라스틱보다는 유리나 질그릇, 단지, 대바구니 등을 사용해 보자.

녹색인생(green life)을 위한 또 다른 지혜는 독자들의 몫이다.

2008. 6. 16.

아이들을 산지 여정과 강의 순례를 보내라!

　농촌을 체험하는 여름캠프는 아이들에게 농업과 농민이 우리에게 어떤 의미로 존재하는지를 깨닫게 해줄 것이다. 농촌현장에서 체험을 통해 아이들은 식食의 생태적 확장을 배우게 된다. 생태주의 교육은 밥이 중심축에 있다. 밥은 하나의 급식일 뿐 아니라 농촌과 자연과 인간이 만나는 우주적인 사건이다. 그런 의미에서 산지야말로 성지이며 생명의 모태이며 우주적이다. 산지에서 이 유기농 성지를 지키려는 농민들이야말로 지구성인이며 생태적 희망을 만드는 사람들이다.

　인공물에 둘러싸인 도시 사이버 세계에 사는 우리 아이들은 구체적인 삶으로부터 소외되어 있다. 이른바 문화적 자폐증의 출현이다. 자신이 먹는 것이 어디에서 어떻게 생산되는지 모른다. 인터넷정보를 통해서 광우병의 실체를 알았을 때 아이들의 급식을 문제 삼기 시작하였다. 컴퓨터 의존도가 높아지는 교육현장에서 자연이 교육의 미래가 될 것이다. 생태학교 만들기 운동의 확산은 교육운동의 통합이다.

　강을 순례하면 대운하 발상이 얼마나 황당한 일인지 알 수 있다. 모든 생명의 어머니인 강을 바꾸는 일은 국토의 근간을 허무는 일이기 때문이다. 강은 뭇 생명의 요람이자 역사와 문화의 모태이다. 아직도 대운하 논란이 찬반 차원에 머물러 있다는 것은 자식이 어머니의 가슴을 헤집어 잇속을 따지는 것과 같다. 강의 순례는 한반도의 젖줄인 낙동강의 영적 사회적 환경, 미학과 생태적 환경, 문화적 환경에 대하여 청소년 자신의 언어로 기록하고 증언하여 역사의 증인이 되게 한다. 강을 경제적인 관점뿐만 아니라 인류 문명 발생지로서의 강, 생명의 터전으로서의 강으로 재인식하게 된다. 인간과 공존 공생하는 강을 체험하는 기회를 제공하여 청소년의 생태적 감성을 고양한다. 그리고 강을 통해 식수뿐만 아니라 정화수 즉 물의 영적 재생적 의미까지 배운다.

생태주의 교육은 주입식이 아닌 스스로 깨달아가는 과정이다. 생태학교의 식사는 절대채식을 원칙으로 하고 간식이나 과일도 유기농으로 한다. 학생들이 산지 여정을 통해 내가 먹는 것이 어디에서 생산되는지를 알게 하는 것이 진정한 교육이라고 본다. 유기농 생산자들과의 만남과 체험을 통해 우리 농업이 처해 있는 현실과 지속가능한 삶을 위한 조건, 대지 그리고 실제 삶, 먹을거리의 소중함을 일깨우게 될 것이다.

2008. 7. 14.

역사의 교훈에서 무엇을 배우는가?

　역사의 교훈을 기억하지 못하는 사람은 운명을 되풀이할 것이라는 금언이 사실이라면, 우리는 역사를 통해서 환경론적인 기반을 혹사하여 붕괴한 문명을 회상하는 편이 현명할 것이다. 한 문명의 예가 수메르인데 알려진 가장 초기 문명의 하나로서 현재의 이라크인 메소포타미아에서 출현했다.

　수메르 문명은 기원전 3천 년경, 그 지역에서 융성하여 해체되기까지 천 년 이상 번창하였다. 오늘날 남아 있는 모든 것은 황량하고 나무가 없는 풍경이다. 수메르 문명의 성장과 쇠퇴를 이해하기 위해서 그 문명의 농업생산성이 수세기에 걸쳐 어떻게 변화하였는가를 조사하는 것이 중요하다.

　무덥고 건조한 기후에도 불구하고 수메르는 집중적인 관개수로를 통해 고도의 농업생산성과 식량 잉여를 이룩했다. 관개수로는 문명의 자극이었고, 수로를 파고 수리하고, 물을 분배하기 위해서는 협력적인 노동과 대규모의 조직이 필요했다. 관개수로는 또한 토양 염분의 함유량을 증가시켰는데, 이는 대지의 생산성을 결과적으로 손상시킨

과정이었다. 곡물생산은 염화鹽化가 최종적으로 결정적인 문지방에 도달하여 생산성이 극적으로 떨어지기 전까지 대략 600년 동안 높은 수준을 유지했다.

기원전 2세기부터 토양의 상단에 소금의 층을 명백히 보여주는 '땅이 하얗게 변했다'라는 기록이 있다. 기원전 1800년경이 되자 곡물생산은 원래수준의 3분의 1로 떨어졌고, 수메르 사회의 농업기반은 붕괴하였다. 이것은 도시국가들 사이에 파괴적인 전쟁을 낳았고, 외부의 공격에 수메르는 맥없이 무너졌다. 농업기반의 붕괴로 인해 수메르는 인구가 줄어들고 빈궁한 나라로 쇠퇴하였다.

결국은 수메르 농업의 붕괴가 수메르의 붕괴를 낳았다. 지금 우리는 어떤가? 탈근대로 가야할 우리가 오히려 근대의 환상에 빠져있지 않은가? 경제특구를 지정하고 공단를 유치하고, 공단을 조성하는 것은 기본 모체인 농업을 무너뜨리는 행위다.

식량의 자급률이 바닥인 우리나라, 식량위기가 문턱에 온 이 나라, 환경재앙을 초래하는 유전자조작 식품이 안방까지 범람하고 미국산 쇠고기의 테러 등 우리 농업을 양육시키기는 커녕 반대의 길을 걷고 있다. 산업주의적 생존방식에 중독된 생각이다. 석유생산량 한계정점으로 인하여 화석연료를 기반으로 둔 산업문명은 붕괴 직전이다. 쿠바를 보라. 소농중심의 유기농만이 대지와 공동체를 살리고 지구를 구한다.

2008. 7. 21.

찜통에서 죽어가는 개구리

이번 여름은 찜통더위다. 인간이 마치 찜통 속에서 죽는 개구리 신세처럼 느껴진다. 끓는 물에 개구리를 넣으면 바로 놀라 튀쳐나온다. 순간적으로 위험을 감지하기 때문이다. 그런데 서서히 물을 데우면 개구리는 물이 끓어 위기가 코앞에 닥쳐도 꼼짝하지 않고 앉아 있다. 지금 우리의 태도가 그렇다. 집에 대형화재가 나고, 배가 난파하면 그 땐 이미 늦었다. 과학자들은 해마다 2.6%의 탄소 배출량을 줄이지 않으면, 지구는 우주에서 영원히 퇴출되는 신세가 될 지도 모른다고 경고한다.

대구 욱수골에서 실종된 두꺼비도 지구의 위기가 벌써 오고 있다는 증거다. 갑자기 날씨가 더워진 것은 아니다. 물이 모자라고, 홍수가 나고, 빙하가 녹고, 북극곰이 익사하고, 강력한 태풍이 불어오는 등 여러 징후가 있었다. 다만 인간들이 무관심하게 방임했을 뿐이다. 2003년 8월에 프랑스는 너무 더워서 노인 1만5000명이 사망하였다. 해수면의 상승으로 태평양의 저지대 섬들이 사라질 지경이다. 전 행성의 위기 상황이다.

재앙의 속도가 빨라지고 있다. 지구는 태양에너지가 적당하게 데워 주었는데, 지금 지구는 고열을 앓고 있다. 몸살 정도가 아니라 중병에 걸렸다. 기후변화는 태양이 만든 것이 아니라 인간의 탐욕이 불러온 재앙이다. 과소비가 쏟아내는 이산화탄소가 얇은 대기층을 두텁게 만들어 복사에너지가 지구에 갇히게 된 것이다. 그래서 지구의 대기와 바다 온도가 높아져 빙하까지 녹아내리게 만든 것이다.

지구 전체가 사우나가 되어 버렸다. 사우나에 새가 살 수 없듯이 지구가 너무 더워지면 생명체들이 살 수 없다. 행성지구가 시한폭탄으로 전락하고 있다.

기후변화의 주범은 바로 인간이다. 바로 우리의 폭력적인 삶 때문에 자승자박의 결과를 낳고 있다. 새만금을 막는 것도, 강과 바다를 마구 파헤치는 것도, 나무를 괴롭히는 것도, 동물을 학살하는 것도 폭력이다. 광우병 때문에 소를 살해하고, 조류독감 때문에 닭을 죽인다. 농약으로 땅을 죽이고, 유전자를 조작하고, 음식에 해로운 첨가물을 넣는 등 이러한 일을 하는 주범이 인간이다. 차에 경고등이 켜졌는데도 마구 차를 몰고 있다. 인간이 자연과 생명체들에게 가하는 모든 폭력을 멈추어야 한다. 대안적인 삶은 비폭력적인 삶이다. 지금이 인류의 위기상황인데도 위기를 감지하지 못하는 것이 가장 무서운 위기다. 마치 자신에게 닥쳐오는 끓는 물을 감지하지 못하는 개구리처럼.

2008. 8. 4.

자연에서 치유와 교육을

1890년 미시간 대학의 심리학자 윌리엄 제임스는 집중을 지향적 집중과 매혹적인 집중(무의식적인 집중)으로 구분하였다. 의식적으로 집중을 오래하면 지향적 집중의 피로현상이 생겨서 충동적인 행위, 불안, 초조 증상이 생긴다고 한다. 대신에 저절로 매혹되는 자연환경을 찾아가면 심리적인 피로를 풀어주고 지향적 집중의 피로를 덜어준다. 이것이 자연의 매혹적인 요소라고 한다. 나무나 넓은 잔디밭이 보이는 사무실에서 근무하는 사람들이 그렇지 않은 사람들에 비해 좌절감을 훨씬 덜 느끼고 업무 의욕은 더 높다는 것이 1993년 미국 심리학회지의 연구결과다.

아직 과학적으로 완전히 증명된 단계는 아니지만, 주의력결핍과잉행동장애(ADHD)를 겪는 아이들이 등산을 하거나 자연에서 놀 때 증상이 완화되었다는 사례가 많다고 한다. 비행 청소년의 경우에도 자연 속에서 하는 교육과 치유를 통해 스트레스가 완화되고 자존감을 회복하여 교화에 도움이 된다고 한다.

자연 탐구 지능은 동식물·구름·바위 등 자연 요소를 식별하는 능력이다. 자연 요소를 식별하는 능력에서 출발해서 인공적인 사물을 구분하는 능력으로 진화한다. 어린이의 학습과 발달에서 자연의 경험이 중요하다. 야외에서 시간을 많이 보내는 아이들에게 친구가 많다는 연구 결과가 있는데, 모든 감각이 깨어나는 자연에서 경험을 나누면서 우정이 깊어진다고 한다. 아이들은 숲에서 훈련된 감각을 통해 자연을 재발견하며 집중력을 기른다.

　나무와 숲의 신기한 힘을 건강에 가장 먼저 활용하기 시작한 나라가 독일이다. 온천과 숲을 한데 묶은 자연 치유를 국가가 권장했다. 기운을 솟게 하는 물 치료, 자연에서 만들어낸 의약품, 균형 잡힌 영양식, 내면의 평온한 질서 유지하기 같은 프로그램이 주로 숲 속에서 실시된다. 삼림욕의 일종인 노르딕 워킹, 기공수련 등에 참가한 사람의 호응이 대단히 높으며 의료보험도 적용된다. 일본은 자폐아를 위한 숲치료 센터가 있으며, 숲에서 치료와 교육이 함께 이뤄진다. 일본의 다테시나 휴양학원, 스웨덴 남부의 님버스 가든과 같은 산림요육 센터가 우리나라에도 만들어질 날을 고대한다.

2008. 8. 11.

새로운 패러다임의 등장

패러다임이 변하고 있다. 과거의 낡은 세계관이 깨어지고 있다. 패러다임은 주변의 모든 것을 바라보고 생각하는 마음의 틀이다. 우리는 분명 위기의 시대에 살고 있다. 진화의 관점에서 볼 때 위기는 무언가가 잘못되었다는 신호이며, 과거의 방식이 이제는 효과가 없다는 신호이다. 위기는 낡은 사고방식을 버리고 새로운 관점을 선택하라는 암시이다. 현재 인류가 처한 위기는 경제적 위기나 환경적 위기만은 아니다. 그것은 의식의 위기, 우리 자신과 세계를 보는 관점의 위기이다.

역사적으로 지금까지 3번 정도 의식의 변화가 있었다. 첫 번째는 대략 3만5천 년 전에 자의식이 '깨어났을 때' 일어났다. 두 번째는 대략 1만 년 전이었는데, 농경시대로의 전환이다. 경산시 옥곡동 청동기 유적지와 지금의 아파트를 비교해 보라. 세 번째 변화는 대략 3천 년 전으로 과학의 발달로 인한 산업시대로의 진입이다. 인간중심주의가 우세한 패러다임이 변화하는 각 시기마다 생활의 모든 양식이 함께 변화해왔다. 농업혁명, 산업혁명, 정보혁명 등을 거치며 사람들이 하는 작업, 함께 살아가는 방식, 상호 관련되는 방법, 그리고 사회에서 역할과 우주에서 위치를 보는 방식 등이 변화했다.

웰빙이란 단어를 주목하면, 그전에는 유기 농산물이라든가 유전자조작식품에 그다지 관심을 주지 않았다. 식품공해 문제는 새로운 생명 먹거리의 장을 열고, 새로운 패러다임으로 전환을 촉발시키는 촉매가 되었다. 새로운 웰빙생명 패러다임으로 진입하였을 때 새로운 생활가치와 유통의 잠재력을 경험하였다.

과학기술의 발달로 인한 편리함은 많은 문제를 야기하고 있다. 특히 지구온난화와 광우병 그리고 에너지 고갈 등은 패러다임의 전환을 더 촉발시키고 있다.

새로운 패러다임의 중심에는 우주가 생명이 없는 기계가 아니라 살아있는 유기체라는 놀랄만한 개념이 있다. 우주가 살아 있다는 개념은 고대의 것이다. 우리가 어릴 때는 신이 없는 곳은 없었다. 우주가 살아있다는 과학의 메시지와 모든 것을 신령하게 생각했던 샤머니즘이 만나고 있다. 영성과 과학 그리고 명상과 양자물리학이 통하고 있다.

2008. 9. 8.

새로운 생태공동체

경산여중고 앞에 건설 중인 아파트는 정말 황당하다. 도시의 미관을 완전히 잡쳐 놓았다. 경산의 하늘을 막고 성암산 전경도 보이지 않는다. 생태도시의 꿈을 완전히 죽여 버렸다. 경산의 도시개발은 한마디로 엉망이다. 경산은 생태도시로 나아가야 한다.

미국은 이미 1907년에 자연구역개발의 네 가지 원칙을 내놓았다.

첫째, 원래 지형에 맞게 할 것. 둘째, 자연적으로 잘 맞는 장소를 이용할 것. 셋째, 자연의 자원과 미적자원, 상업적 자원을 보존하고 개발하고 활용할 것. 넷째, 장식적인 효과가 아니라 유기적인 배치와 조합으로 아름다움을 추구할 것. 이 네 가지 원칙은 바로 자연을 있는 그대로 보존하는 것이다.

생태 공동체는 소박한 문명의 근거를 제공한다. 가장 지역적인 규모에서 자급자족을 추구하며, 공동체 계획은 보금자리 형태의 살아가는 방식을 포함한다. 예를 들면, 한 가족은 '생태지역' 안의, '생태도시' 안의, '생태마을' 안의, '생태이웃' 안에 둥지를 튼다. 재택근무와 정원 가꾸기, 에너지의 효율성 같은 것을 고려한 '생태가정'에서 살아가게 된다. 생태마을은 재택근무센터, 육아가정, 공동정원, 재활용 지역 등을 포함한다. 잔디밭과 화단으로 사용되었던 도시의 땅은 야채밭으로, 과일과 견과류 나무를 심어 보조식량의 생산에 활용한다. 소규모의 공동체 마을은 작은 도시의 풍취와 응집력을 지닌다.

생태마을은 주민에게 일터를 제공하며 손 공예기술, 의료, 육아, 정원 가꾸기, 혹은 교육 등과 같은 특별한 종류의 일로 특성화 될 수 있다. 주민들은 이웃끼리 도우면서 생산품을 물물교환하고 근로시간을 함께 한다. 사람들은 지역 공동체를 위해서 그리고 세계를 위해서 일하면서 노동의 기쁨을 누린다.

마을의 인구는 대략 500명이 적당하다. 공동체 식구들은 이러한 삶에서 대단한 만족감을 느낀다. 새로운 공동체 의식은 오늘날의 거대 도시의 인간 소외를 대체할 수 있다. 이러한 삶의 혁신이 가능하려면 지역법, 건축코드, 재정방식, 그리고 소유권의 변화가 수반되어야 한다. 작은 규모의 마을은 일상의 생활 속에서 이웃끼리 얼굴을 맞대며 삶의 의미와 가치를 재발견하게 될 것이다.

2008. 9. 15.

장작불을 더 피우려면 장작을 서로 포개야

호랑이에게 물려가도 정신만 차리면 산다는 말이 있다. 여기에서 호랑이는 누구인가? 호랑이가 미국이든 중국이든 일본이든 정신을 바짝 차리지 않으면 우리나라는 잡아먹히고 만다. 장작불을 더 피우려면 장작을 서로 포개야 하듯이 우리 서로 손을 잡아야 할 때이다.

금융위기, 식량위기, 석유위기 등 귀가 에일 정도의 찬바람이 불어와도 사람들이 힘을 합치면 그만큼 따뜻해질 것이다. 지금이 그런 때라고 생각한다. 우리 삶이 얼마나 각박한가? 신보리고개 시대에 얼마나 고달프고 힘이 드는 우리의 삶인가. 너무 바빠 서로를 돌아볼 여유가 없다. 오죽하면 청소년 10명 중 5명이 자살충동을 느끼고, 이 가운데 1명은 실제 자살 시도를 해본 적이 있다는 통계에 가슴이 철렁 내려앉는다.

오늘날 우리 사회에는 돈이, 현금이 없으면 죽을 수밖에 없다는 두려움 속에 살아간다. 돈이면 다 된다? 우리의 모든 것이 화폐경제에 빠져 있으면 참으로 어려울 때 약육강식의 사회가 되어 버린다. 경제라는 덫에 걸려 우리의 사고가 정지되어 버린 것 같다.

지난 한 달은 멜라민과의 전쟁이었다. 중국의 우유생산업자가 돈을 더 벌기 위해 우유에 멜라민이라는 화학첨가물을 집어넣은 것이다. 아이들의 주식인 분유, 수많은 과자와 초콜릿에 멜라민 우유가 들어갔다. 우리가 마신 자판기 커피에도 들어갔다. 단백질 함유량을 올려 돈을 벌겠다는 얄팍한 상혼이 이런 결과를 몰고 왔다. 마찬가지로 지금 온 세계가 겪고 있는 금융위기도 너도 나도 쉽게 돈을 벌려고 하다가 이런 지경에 이르렀다. 혹시 우리도 돈 놓고 돈 먹기의 사고방식에 젖어 있는 것은 아닌지?

　더 두려운 것은 시시각각 다가오는 자연적 재앙이다. 비가 오지 않아 날이 너무 가물다. 우리가 미국에 팔아먹는 자동차, 선박, 반도체, 휴대폰 때문에 농업이 다 죽었다. 휴대폰은 없어도 살 수 있지만, 식량이 없으면 살 수가 없다. 석유는 대체할 수 있지만, 물은 대체할 수가 없다. 농업이 죽어서 살아난 문명은 없다. 수메르 문화, 마야문화, 남미 이스터섬이 식량이 없어 몰락하였다. 집에 어머니가 없으면 안 되는 것처럼 자연이 없으면 우리 미래는 없다.

2008. 10. 20.

문제가 동시에 선물이며 황금이다

청도에 가면 감을 전부 따버린 나무는 거의 없다. 새들을 위해 몇 개는 남겨 놓는다. 조상들은 아무리 가난해도 까치를 생각하는 여유가 있었다. 까치밥은 오늘날 우리가 처한 경제적 어려움을 해결할 수 있는 비결이다.

바닥 없는 증시, 천장 없는 환율에 희망이 없다고 말한다. 우리의 인생은 환율로 계산할 수 없으며, 주가로 매길 수도 없다. 메뚜기 잡아 밥반찬 하던 시절에도 들밥을 먹을 때 고수레를 했다. 들에 사는 벌레와 곤충에게도 먹이를 주었다. 미물에게도 그러했거늘, 하물며 동네에 굶는 사람은 없었다.

쓰나미같은 IMF가 백번 온다 해도 아직 인정이 남아 있다. 쥐를 잡아주고, 족제비를 잡아 주던 집지키미 구렁이가 사람 해치는 것을 보았는가? 인간과 구렁이도 공생하였던 그런 지혜로 살면 된다. 주식에 투자하기보다는 상상력을 불러오는 가슴에 투자하는 것이 미래를 내다보는 것이다.

차 없이도 살았고, 휴대폰 없이도 살았다. 너도 나도 거저먹으려고 투기하다가 전 세계가 이 지경이 되었다. 위기의 주범은 우리의 탐욕이다. 돈 때문에 절망하고 두려워하는 이때가 자연의 섭리로 돌아갈 때이다. 지금이야말로 가족이 일치할 수 있는 기회다. 더 나은 지역과 이웃을 만들 수 있는 기회이며, 생동감 있는 삶을 살 수 있는 기회다.

이 상황을 어떻게 새로운 기회로 만들 것인가? 바로 이것이다. 문제가 동시에 선물이며 황금이다. 석유 값이 올라가면 외출을 줄이고, 자전거를 타고, 오붓하게 가족끼리 즐기면 된다. 신문이나 TV가 겁을 주고 야단이지만 신경 쓰지 말자. 불확실하고 예측할 수 없는 경제 상황에 휘둘리지 말고, 내가 가는 길에 충실하면 된다.

이외수님이 이런 말을 하였다. "꽃이 피었을 때는 꽃을 즐길 줄 알고, 열매가 열렸을 때는 열매를 즐길 줄 알아야 합니다. 그러나 어떤 인간들은 꽃이 피었을 때는 열매가 열리지 않았다고 知랄을 하고, 열매가 열렸을 때는 꽃이 피지 않았다고 知랄을 합니다."

인생은 의외로 단순하다. 어렵다 어렵다하면 어려워지고, 좋다 좋다하면 좋아진다.

2008. 11. 3.

경제위기의 주범은 탐욕

많은 사람들이 우울증과 불면증을 호소하며, 죽겠다고 못살겠다고 말한다. 경제가 무너진다고 난리가 나고, 주식시장이 붕괴될까봐 두려워한다. 미국인이든 한국인이든 호황기일 때는 집값의 125%까지 빚을 내고, 주식투자하고, 놀러 다니고 펑펑 소비하였다. 덩달아 은행도 이자수익을 위해 아무에게나 큰돈을 빌려주고, 파생상품으로 고객을 유인하고, 사람들은 높은 수익률에 현혹돼 묻지마 투자를 하였다.

주식투자 인구가 1000만이 넘는다. 대한민국 가정치고 주식 때문에 속 끓이지 않는 집이 있을까 싶다. 증권사 직원은 고객의 돈을 날렸다고 자살하고, 대구 모 여고 선생님이 대출받은 돈으로 주식을 샀는데, 주가가 폭락하자 자살했다. 우리 모두 악마에게 영혼을 판 결과이다. 오늘 우리가 겪는 세계적 금융위기의 주범은 탐욕이다. 이 금융위기는 도덕적인 문제다.

완전한 시장이 어디에 있나? 부동산 가치가 하락할 수도 있고, 주식시장도 폭락할 수 있다. 세계 제일의 경제대국인 미국이 저 난리를 피우는데, 한국 경제가 온전하겠나? 글로벌 경제위기는 부채에서 시작되었다. 부채나 융자로 산 집값이 오르는 것을 기대하는 것은 도박이다. 도박이나 복권이 올바른 투자인가? IMF를 맞았을 땐 우리 논과 이웃의 몇몇 논만 말랐을 뿐 저수지엔 물이 가득했다. 하지만 지금은 저수지 자체가 말라버린 상황이다.

우리가 분수도 모르고 살지는 않았는지 반성해 보자. 삶의 목표를 물질적인 가치에 두고, 집값을 계산하며 물욕으로만 살았다. 아무리 공적자금을 쏟아 부어도 인간이 탐욕으로부터 회개하지 않는 한, 위기는 계속 되풀이된다. 참 행복은 감사의 문으로 들어가는 것이다. 감사하지 못하는 이유가 있다. 교만, 비교, 탐욕이다. 감사야말로 불행을 멈추고, 기적을 창조하는 은총의 도구다. 의외로 인생은 단순하다.

2008. 11. 17.

세대 간의 정의를 위한 지속 가능한 경제개발

지금까지 우리는 보릿고개를 넘는 것, 잘 먹고 잘 사는 것, 등 따시고 배부른 것 등 물질소비우선주의 추구해 왔다. (새마을운동, 새벽종이 울렸네! 잘 살아보세!) 이제는 패러다임의 변화다. change! 오바마, yes, we can too! 변화와는 다르다. 경제와 군사력에 의존하던 파워시대가 저물고 있다. 물질보다는 마음이다. 물질은 보이는 마음이고, 마음은 보이지 않는 물질이다. 진화는 물질에서 정신, 의식으로 나아간다. 양보다는 질이다. 외면보다는 내면이다. 남 눈치가 아니라 나의 내면으로부터 나오는 만족과 소박함을 가치있게 여기는 새로운 삶의 방식이 등장한다면, 그 물결은 조금씩 퍼져 나갈 것이다.

당대에 끝나는 부의 잔치가 아니라 우리 아이들의 아이가 잘 사는 지속 가능한 경제개발, 부패나 뇌물 비자금이 아닌 더 위대한 경제정의, 새로운 형태의 작은 공동체, 지역체계의 더 광범위한 참여, 외적인 화려함보다는 내적 잠재력의 개발, 그리고 우리 문화의 향상을 포함할 것이라고 믿는다. 강대국 시대와 200년 백인중심의 시대는 퇴조한다. 종교도 마찬가지다. 다양성의 시대와 토종의 시대가 도래한다. 전세계 3백개의 문화가 제 목소리를 낸다.

지구온난화와 금융위기의 주범은 7죄 중의 하나인 탐욕이다. 탐욕이 지속 가능한 행복과 경제를 망친다. 모든 것을 경제논리로 바라보는 부자되기 신드롬이 경제위기를 불렀다. 대박 신화, 자신이 노력해서 얻는 임금소득보다는 단기간의 높은 투자소득에 따른 부의 증식을 선호하도록 사람들의 의식과 가치를 부추겼다. 노동윤리의 실종, 돈이 돈을 벌어주는 한국 사회의 경제구조가 탐욕을 부추겼다. 그리고 정부의 실정이다. 타짜 드라마를 보라! 이명박 정부는 신자유주의의 종언, 시장만능 정책기조의 폐기라는 세계의 흐름과 정반대로 나가고 있다. 버블 경제시대에 나홀로 버블을 일으키고 있다.

자립경제다. 자급자족의 식량경제가 최우선이 아닌가?

2008. 11. 24.

대한민국은 산유국이 아니다

　기름 한 방울 나지 않는 우리나라가 잘 먹고 잘사는 것은 똑똑한 머리 때문이다. 5년 동안 만들 배 수주도 했고, 자동차도 잘 만든다. 유럽 가서 벤츠, 크라이슬러, BMW 택시 타보면 우리나라 그렌저보다 못하다. 우리 차가 외제차보다 좋은 점이 많다. 외제차는 고장이 나면 부속품 구하기가 너무 어렵다.

　핸드폰 하나로 연간 300억 달러를 벌어들인다. 이탈리아에 가면 포르노 광장이 있다. 시저가 "브루터스 너 마저도"하고 칼에 찔려 죽은 곳이다. 그곳에 관광객들을 상대로 수박을 파는 청년이 있는데, 한국 핸드폰이 너무 좋다고 했다. 내가 사용하는 국산 핸드폰을 보여 주었더니 몹시 부러워했다. 프랑스 아이들이 가장 받고 싶은 선물이 우리나라 핸드폰이란다.

　1984년 구소련의 체르노빌 원자력발전소가 터졌다. 그 사고로 30만 명이 죽고, 500만 명이 후유증으로 고통을 받고 있다. 원자력이 한번 터지면 반경 100㎞까지 모든 생명체는 죽는다. 우리나라처럼 석유자원이 없는 나라는 원자력이 매력 있다. 그러나 폐기물 처리가 문제다. 모두 전기는 사용하면서 우리 동네는 안 된다고 하지 않는가. 그렇다면 왜 위험한 원자력발전소를 계속 만드나? 여름 에어콘 때문이다. 여름에 선풍기를 틀면 되는데, 산유국으로 착각하고 전기를 마구 쓴다. 정말 걱정이다.

미래의 에너지는 풍력과 태양광 발전이다. 덴마크는 2030년까지 전체 전력 생산을 풍력 발전으로 대체할 계획이다. 이런 나라는 오래 전부터 석유자원의 고갈을 예측하고 있다. 우리 경제는 석유와 직결되어 있다. 독일의 프라이부르크는 모든 건물의 지붕에 태양광 설치를 한다. 태양광으로 움직이는 도시다. 우리나라는 일 년에 약 220일 정도 햇빛이 내리쬔다. 밤에 네온사인 켜놓는 돈만 아껴도 충분히 할 수 있다. 미래는 재생 가능한 에너지로 가야 한다. 그러나 설치비가 아직 비싸다.

국민의식이 올라가면 에너지 문제도 쉽게 해결할 수 있다. 우리나라는 산에 나무가 많고, 먹을 것이 풍부하다. 국민들이 조금만 정신을 차리면 정말 살기 좋은 나라가 바로 한국이다.

2008. 12. 1.

비전을 제시하는 통합의 리더십

경제위기는 이미 예견된 일이다. 이 위기는 전혀 놀랄 일이 아니다. 이제야 터진 것이 문제다. 현재 지구촌이 겪고 있는 글로벌 경제 위기의 원인은 변동환율제, 규제가 없는 국제금융이다. 1971년 브레턴 체제의 종말과 함께 도입된 변동환율제는 선진국으로 하여금 가난한 나라의 구조까지 바꿀 수 있는 권한을 부여했다. 82년 멕시코 파산과 97년 아시아 경제위기가 그 대표적인 사례다. 탈 금융규제에 대해서도 세금이 붙지 않다 보니 금융 천국을 초래했고, 이는 각종 채권 등 파생상품의 남발로 거품경제를 가져왔다.

그러나 더 큰 경제위기는 성장만을 추구하는 자본주의다. 성장주의자들에게 자본은 먹고 살기 위한 것이 아니라 투자를 통한 이윤, 즉 축적을 전제로 한다. 한계가 있는 자연자본에도 불구하고 끊임없이 성장하려다 보니까 결국은 사람도 죽이고 자연도 죽이게 된 것이다. 전 국토를 공사장으로 만들려고 마치 돌격대처럼 추진하고 있는 정부의 각종 정책이 그렇게 보인다.

지구를 유지 가능하게 하는 경제라야 진짜 경제다. 지금이야말로 경제에 대한 패러다임 시프트(구조변화)가 필요하다. 석유가 아닌 자연 자원을 활용해야 한다. 태양과 바람, 물과 지열 등의 자연 자원은 에너지뿐만 아니라 독립된 공동체를 형성한다. 자연 자원이 바닥나면 결국 도시의 역동성도 깨어지고 시민들은 난민처럼 흩어진다.

비전을 제시하는 지도자가 난세의 지도자다. 지도자는 긍정의 프로그램을 풀가동해야 한다. 지금 경산에는 부정의 바이러스가 맹활약하고 있다. 사람은 누구나 긍정적이고 싶어 한다. 물처럼 위에서 아래로 흐르는 긍정의 리더십이 모든 것의 핵심이다. 경산이 우선적으로 해야 하는 선결 과제가 긍정의 리더십이다. 어려울 때일수록 통합의 리더십이 참으로 필요하다.

정치는 치산치수이다. 경산의 호수를 잘 가꿀 필요가 있다. 경산의 명산과 호수, 맥반석과 물 그리고 에너지와 교통과 교육을 공유하여 튼튼한 대안도시 경산으로 자리 잡는 것이 어떨까?

2008. 12. 29.

적자생존, 적어야 산다

미국 발 금융위기로 촉발된 전 세계의 경제위기는 사람들을 끝 모를 불안에 빠뜨리고 있다. 경제적 풍요만이 평화를 가져올 것이라고 생각했던 사람들이 깊은 절망의 나락으로 떨어지고 있다. 사람들이 불안해하는 것도 경제위기 때문이고, 정치지도자들이 너도나도 강조하는 것도 경제문제다. 하지만 여기에 종교 간 갈등, 정치적 불안정이 심화되면서 불안의 종착점은 보이지 않는다. 유사 이래 올해만큼 종교 간 갈등이 두드러진 적은 없었다. 종교가 평화의 메이커가 아니라 불화의 원인제공자가 되었다는 점에서 성찰과 각성의 기회로 삼아야 할 것이다.

우리는 한때 절대적 군사력에 의한 평화를 생각해 왔다. 절대적 군사력이 평화를 보장할 수 있을까? 경제의 힘에 의해서 인간중심의 평화를 지향할 수 있을까? 군사력에 의한 평화 그리고 경제력에 의한 평화가 참된 평화일까? 돈과 권력만이 삶의 전부는 아니다. 그것만이 전부라고 생각하고 돌진하다시피 살아온 결과 생태위기와 양극화가 우리 시대의 가장 큰 문제가 됐다. 이제는 생명의 실상에 대한 깨달음의 문제다. 돈이 많다고 행복한 것은 아니다.

 지난날 경제적으로 어려울 때 '아버지'가 잘 먹고 잘 살려고 애를 썼다. 잘사는 법은 알았으나 나눔과 배려를 소홀히 하였다. 이제 '어머니'가 생명살림에 나설 때다. 최근에 어머니에 대한 소설이 읽히는 것은 우연한 일이 아니다. 아버지가 머리를 움직인다면 어머니는 마음 즉 연민의 정으로 나아간다. 마음이 무너지면 다 무너진다. 마음으로부터 다시 일어서야 한다. 마음은 생각대로 간다. 생각을 오른쪽, 하면 오른쪽으로 간다.

 이 위기는 과거의 틀에서 벗어날 수 있는 기회다. 이제 끝이다, 우리는 한계에 도달했다는 고정관념에 사로잡혀 있는 한 더 높은 단계로 나아갈 수 없다. 상상하지 않는 한, 자신이 원하는 일은 결코 일어나지 않는다. 기대수준과 예감수준을 높이자. 망년을 보내면서 감사하고, 신년을 기다리면서 좋은 일이 일어나겠지 기대하라! 새해에는 적자생존이다. 여기에 적자생존을 적어보자. 그러면 생존한다는 말이다. 새해에는 종이 위의 기적을 이루자! 쓰면 이루어진다. 자신이 이루고 싶은 일들을 종이에 쓰는 순간, 삶의 마법으로 빠져든다. 좋은 일은 일어나게 마련이다! 기대하시라!

2009. 1. 5.

경산 자연사박물관

필자가 경산에서 계속 강조한 것이 하나 있다. 그것은 바로 자연사박물관이다. 경산에 걸맞은 자연사박물관을 짓는다는 소식은 아주 좋은 소식이다. 국립자연사박물관이 우여곡절 끝에 다시 추진된다는 것도 늦었지만 바람직한 일이다. 과학기술의 토대 위에 경제기적을 이뤄낸 나라가 제대로 된 자연사박물관이 없다는 것은 국가적 수치다.

경산에서 이런 작업을 계획한다는 자체가 큰 도전이고 대사이다. 그렇다면 제대로 지어야 한다. 경산의 랜드마크 자연사박물관! 뉴욕의 자연사박물관, 프랑스 파리의 국립자연사박물관, 영국 런던의 대영자연사박물관, 미국 워싱턴 DC 한복판에 있는 스미스소니언 산하 국립자연사박물관 등 우선 해외에서 다양한 자료를 확보하여 계획을 세워야 하리라 본다. 현장에서 자연사 공부를 확실히 할 수 있도록 하라는 것이다.

얼마 전에 경산시 환경보전계획을 본적이 있는데 너무 사업적이었다. 환경보전이야말로 사상과 교육이 뒷받침되어야 한다. 지역의 대학을 활용하여 신선하고 창의적인 계획을 수립하는 것이 중요하다고 생각한다. 대학의 다양한 전문지식을 활용하는 방안이다. 필요하면 경산자연사박물관 기금 모금과 범시민 캠페인을 벌여도 좋을 듯하다.

건립 장소와 공사 기간 그리고 규모 등을 심사숙고한 다음 시민적 합의를 거칠 필요가 있다. 시민의 적극적 참여가 이뤄지면 자연사박물관에 대한 시민의 애착이 더 높아지기 때문이다. 아이와 어른 모두에게 재미와 희망을 주는 박물관이어야 함은 물론이다. 박물관 문턱을 낮게 해야 한다.

날이 갈수록 지구온난화가 심각해지고 있다. 그런 의미에서도 자연사박물관을 짓는 것은 참으로 중요하다.

2009. 1. 12.

하늘은 스스로 돕는 자를 돕는다

올해는 천문의 해다. 갈릴레오가 망원경를 발명한지 400년이 되는 해다. 그리고 2009년은 허블이 우주가 팽창한다는 사실을 발견한지 80년 되는 뜻 깊은 해다.

이전에는 우주가 영원히 고정된 것으로만 생각하였다. 이 발견은 매우 엄청난 것이다. 그동안 정지상태일 것이라고 생각했던 우주가 팽창하고 있으며, 더욱 놀라운 사실은 1929년에 역시 허블이 발견한 것으로서 우주는 은하의 거리와 속도의 비가 현재 허블 상수라고 불리는 일정한 값을 갖고 팽창하고 있다는 것이다.

우주 팽창과 우주빅뱅을 동시에 상상할 수 있는 좋은 방법은 풍선이다. 풍선을 불다가 놓아버리면 풍선이 쪼그라든다. 팽창을 거꾸로 하면 하나의 단일점으로 모인다. 그리고 허블은 외부은하의 존재를 발견한 뒤, 1926년부터 은하들을 모양에 따라 분류하고 은하를 구성하는 항성의 구성과 은하의 밝기형태를 조사하기 시작했다. 이렇게 은하를 연구하는 동안 허블은 1927년에 위대한 발견을 했다. 우주가 시작이 있으니까 팽창이 있다는 것이다. 우주의 시작을 빅뱅이라고 말한다. 20세기의 위대한 발견이다. 우주가 빠른 속도로 팽창하고 있는데 계속 팽창할 것인가는 누구도 모른다.

1969년 7월 아폴로 11호에 의해서 인간이 달에 도착하였다. 처음으로 인간은 지구의 모습을 달에서 보게 되었다. 자주 하늘을 바라보자. 멀리 내다보자. 그리고 걸음은 무소의 뿔처럼 황소걸음으로 나아가자. 경제불황에 직면하여 마냥 불안과 두려움 속에 갇혀있는 것은 어리석은 일이다. 스스로 도와야 하늘도 돕는다. 스스로 돕지 않으면 하늘도 우리를 버린다.

가뭄은 하늘의 경고다. 인간탐욕에 대한 하늘의 분노다. 지구온난화 범죄에 우리 인류에게 경고하는 가뭄은 예언자의 메시지다. 지구자원 기반 위에 경제가 있다. 석유소비에 제동이 걸린 것은 인류를 위한 절호의 기회다. 석유소비를 줄인다는 것만으로 기후변화의 속도를 늦출 수 있다. 이것으로 지구온난화 자체를 막을 수는 없지만 최악의 상황만은 면할 수 있다. 최악의 상황을 최선으로 만들 수 있지 않은가? 위기는 기회다.

2009. 1. 26.

尚有十二 微臣不死 상유십이 미신불사

임진, 정유 두 번에 걸친 왜란 7년여 동안 이순신 장군이 진중에서 기록한 '난중일기'를 읽어보면 고전문학 이상의 감동을 준다. 난중일기를 읽으면 이순신 장군의 조국애를 진하게 느낄 수 있다. 또한 이 책은 전술과 전황에 대한 보고서일 뿐만 아니라 인간 이순신의 내면과 가족에 대한 사랑이 담겨 있다.

'상유십이 미신불사'라는 절실한 표현이 바로 그것이다. 상유십이 미신불사 즉 '배 열두 척이 남아 있고 보잘 것 없는 신하(이순신)도 죽지 않고 살아 있습니다' 배 열두 척이 남아 있다! 나도 있다! 얼마나 긍정적인가. 배 열두 척도 낡은 배다. 그러나 이순신 장군의 기백을 보라! 이순신 장군은 9월 16일 원균의 패전으로 남겨진 12척의 폐선으로 왜적함대 133척을 격파했다. 바로 유명한 명량대첩이다.

그에 비해 우리는 얼마나 쉽게 포기하고 안주하는가. 한국인 특유의 기백과 역동성이 사라졌다. 젊은이들이 안정된 직업이란 이유로 공무원 시험 준비에 목을 매고 있다. 도전정신과 기백을 살려내는 것이 가장 큰 투자다. 오늘날 상유십이 정신이 필요하다. 긍정적인 마음과 상황에 굴복하지 않는 과감한 도전정신 말이다. 어떤 도전정신인가. 돌아가자는 것이다. 지금 우리가 가지고 있는 것에서부터 과감하게 유턴하여 돌아가자는 것이다.

우리나라는 천연자원이나 원자재가 거의 없다. 우리 경제는 사상누각이다. 식량자급률 26%, 에너지 97%를 수입한다. 신생에너지 비율은 2.4%인데, 1인당 석유소비는 7위다. 결국 원자재를 수입하여 상품을 만들어 수출하는 구조는 자본주의를 먹여 살리는 먹이가 고갈되면 왕창 무너져 버린다.

지금 우리가 가진 식량자급률 26%를 가지고, 산업중심사회를 과감하게 버리면 된다. 산업화를 포기하자고? 이제 선진화는 개발의 삽질이 아니다. 현재 벌이고 있는 정부의 정책들은 마치 자살테러범과 흡사하다. 해결책은 자립과 자치다. 식량자급률을 올리고 생태로 나아가지 않을 수 없다. 기후변화와 지구온난화가 이제 부메랑이 되어 우리에게 돌아오기 때문이다.

2009. 2. 9.

경산에서 비닐봉지 독립을 선언하자!

비닐봉지가 사라져버린 마을이 있다. 영국 남서쪽 데번주의 아름다운 바닷가 마을 '모드베리'다. 비닐봉지 대신에 옥수수 전분으로 만든 종이, 면 가방과 종이가방을 사용한다. 꽃가게는 생분해 아세테이트로 포장해 라피아 야자줄로 꽃다발을 묶어준다. 그리고 모드베리 사람들은 집집마다 유기농 공정무역 제품인 면 장바구니로 장을 본다. 2007년 5월 1일, 유럽 최초 '비닐봉지 없는 마을'이 태어난 날이다. 바로 이 모드베리 마을의 상인 43명이 비닐봉지로부터 독립을 선언한 것이다.

우리 경산도 비닐봉지 독립을 선언하자. 비닐봉지를 먹고 서서히 죽어가는 거북이, 플라스틱을 그냥 쉽게 던져버리는 우리의 일상생활에서 자연의 비극이 비롯됐다. 1000년 동안 치르는 비닐봉지 전쟁을 우리가 치른다. 월드워치에 따르면 해마다 버려지는 비닐봉지가 미국에서만 1000억장, 세계 전체로는 5000억장에 이른다. 이것은 원유 1200만 배럴을 쓰는 양과 맞먹는다. 비닐봉지 아홉 장에는 승용차 한 대가 1㎞를 달릴 수 있는 석유가 들어있다고 한다. 그 비닐봉지가 분해되는 데는 1000년 이상이라는 상상을 넘는 시간이 걸린다.

경산시가 벌이고 있는 '삶의 춤' 운동이 구체적이고 실제적이면서 지역사회를 변화시키고 생태도시에 걸맞은 운동을 하면 좋겠다. 세계 최초의 비닐봉지 없는 마을인 오스트레일리아 콜즈베이는 2002년 3월부터 열두 달 동안 35만장을 줄였다. 인도 뭄바이, 대만과 부탄도 비닐봉지를 전면 금지했으며, 날마다 30억장의 비닐봉지를 쓰는 중국은 올 6월부터 비닐봉지 무상 제공을 금지한다.

해마다 비닐봉지 2억장을 쓰는 우리나라에는 '봉파라치'가 있다. 비닐봉지 무상 제공을 신고하면 포상을 받는 제도다. 현재 94개 시군구에서 앞으로 200개 이상으로 확대될 것이라 한다. 시장바구니 사용고객 할인제도를 실시한 뒤 환경부가 조사한 바에 따르면 2002년 210만장이었던 비닐봉지는 2006년에는 167만장으로 줄었다고 한다. 비닐봉지 전성시대의 막을 내리게 하자. 지구는 슈퍼마켓이 아니다. 우리의 집이 지구다. 내 집에서만이라도, 나만이라도, '비닐봉지 안 쓰기'를 지키면 어떨까? 이것이 운동의 시작이다. 자발성과 연대성이 운동의 힘이다.

2009. 2. 23.

제 넘어지면 나도 넘어진다

사교육비만 21조원이다. 삽질하는 데, 즉 4대강 정비 예산이 18조 원이니까 사교육비 21조원 어떻게 생각해야 하나?

삽질하는데 투자를 할 것이 아니라, 콘크리트가 아닌 사람에게 투자하는 경제에 희망이 있다. 땅과 부동산이 아닌, 사람을 귀하게 여기고 자연을 소중히 여기며, 사람을 제대로 키우는 경제를 만들어야 한다. 이것은 자식세대 홀로, 또는 부모세대 홀로 만들 수 없다. 부모세대와 자식세대가 합심해서 힘과 지혜를 모아 이런 방향으로 나아가야 한다.

사교육비가 21조원이면? 결국 내 새끼만 잘 키우자는 것이다. 내 새끼만 잘되라는 이기주의가 세대끼리 경쟁을 부추기면 결국은 니죽고 내죽자는 공멸 상태가 된다. 참된 교육은 '남의 새끼도 잘 키우자는 것'이다. 즉 서로가 지켜주어야 한다. 서로 공생하며 합심하자는 것이다.

'니 춥제 나도 춥다, 니 외롭제 나도 외로워, 아프지? 나도 아파!' 그러나 우리는 힘을 경쟁하는데 다 쓴다. 이겼다는 것이 잘난 것인가? 힘을 경쟁하는 데 사용할 것이 아니라 관계하는 데 써야 한다. 교육은 서로 살려주고 소망을 주고 힘을 주는 것이다.

미국 보고서에 따르면 북한의 문제는 '인권탄압', 남한의 문제는 '약자차별' 이다. 교육이 약자차별로 가지 않나? 대구 시지 어느 유치원에는 경산아이들이 40%나 차지한다. 경산사람은 시지가고 시지사람은 강남가고 강남사람은 뉴욕가고 결국 올라가는 문제다.

수도꼭지에서 흙탕물이 나온다면 수도꼭지만 바꾸면 되겠는가? 안된다. 저수지의 물을 변화시켜야 한다. 교육에 관한 근본적인 사고의 전환이며 성찰이 필요한 지금이다. 특히 새 학기를 앞둔 우리 아이들의 교육에 대한 생각을 근본적으로 다시 해야 할 때이다.

21조원 사교육! 지금의 교육은 정말 이대론 안 된다. 지금의 교육은 경쟁과 두려움을 준다. 건강한 아이는 꽃을 본다. 그리고 꽃에 빠져들어 꽃에 몰입한다. 그래서 식물학자가 되는 것이다. 지금의 교육은 몰입이 불가능하다. 지금 교육은 망하자는 교육이다. 지금 교육은 따뜻한 가슴이 없다. 그리고 상상력이 중요하다.

미래교육은 사교육이 아니다. 스스로 인생의 주인이 되는 창조적 상상력이다. 누가 만들어 주지 않는다. 자신이 인생을 개척해 나가는 창조정신을 만들어야 한다.

2009. 3. 9.

발랄한 상상력

급등하는 유가 속에서 우리가 상상할 수 있는 미래는 어떤 모습인가? 석유 없는 삶은 가까이 있는 분명한 미래인데, 석유로부터 자유로운 미래를 위한 아이디어 보고서가 필요하다. 석유가 없다고 생각하면 확실히 우리의 생활양식은 달라질 것이다. 석유 없는 현실을 예상하고, 그 상황에서 우리가 어떠한 삶을 꾸려 나갈 수 있는지 내다보는 것이 참으로 중요하다. 그것은 발랄한 상상력이다. 앞으로 전개될 새로운 삶의 양식에 대한 상상력이다.

경산시가 추진하는 각종 정책의 문제는 석유가 무한정 쏟아진다는 허구 위에서 거꾸로 생각한다는 점이다. 경산시의 정책이 지속가능한 정책이냐의 관점으로 바라보자. 석유가 없다면 미래는 어떤 그림이 될까? 우선 농업은 저절로 유기농법으로 갈 것이다. 석유연료나 화학농법, 살충제 대신에 직접 손으로 일을 하게 된다.

모든 물자가 귀해지면서 넝마주의와 만물수리공이 대접받게 된다. 채소나 과일을 사기 위해서 자동차를 끌고 대형마켓을 가는 대신 지역의 동네 가게를 찾을 것이다. 자질구레한 직업과 손재주, 좋은 아이디어가 필수적이 되고 실업이 줄어들게 될 것이다. 사람들은 더 이상 고장났다고 물건을 버리지 않는다. 경산역 앞에는 택시가 아닌 멋진 수레꾼이나 마부가 서 있을 것이다. 주차장은 마구간으로 활용하고 도로는 승마도로로 재활용하면 좋을 것이다.

경산재래시장은 활기를 띨 것인데 여기에도 상상력이 필요하다. 경산시장과 만물수리공을 연결시키는 것이다. 그리고 리사이클 시장 즉 넝마주의와 자질구레한 직업과 손재주를 결합시킨다. 주차장보다는 마구간이나 우아한 승마도로, 자전거역을 통합시켜 멋진 교통망을 만드는 것이다.

경산시장 아케이드 안에 예술단지 혹은 아트특구, 번개 미술경매시장 등을 열어 경산의 예술인에게는 시장 안에 자리를 주고 그네들의 재능을 전시한다. 갤러리를 시장에 가져오는 것이다. 예술과 시장을 결합시키는 발상이다. 대구중구청과 방천시장이 만든 프로젝트인데, 경산에는 12개의 대학이 있지 않은가? 대학과 시장 그리고 예술을 결합시켜 경산시장을 새로운 물결을 창조하는 발전소로 만들어 보자. 문제는 공무원들의 집행의지와 발랄한 상상력이다.

2009. 3. 16.

느림의 의미

    왜 사람들은 KTX를 타면서도 제주 올레에 가서 걷고 싶어 할까? 왜 사람들은 걸으면서도 휴대폰을 놓을 수가 없을까? 우리는 무엇을 갈망하는가?

    우리가 술을 마시는 이유는 이룰 수 없는 꿈 때문이라고 앙드레 지드는 말한다. 중독 뒤에 숨어 있는 것은 무엇인가? 그것은 바로 '동경' 이 아닌가? 동경은 채워지지 않는 갈망에 대해서 나에게 말을 거는 것이다. 동경은 미래에서 온다. 미래의 어떤 것이 현재의 나에게 무언가를 이야기한다. 거기에 대한 어떤 경험도 없던 어떤 것… 아무런 경험이 없음에도 우리는 무엇인가 있다는 것을 알 수 있다.

    중독을 치유하기 위해서는 '전적으로 다른 것에 대한 동경' 이 요청된다. 영화 워낭소리에서 잔잔한 여운을 체험하는 것은 도시인의 대지나 자연에 대한 동경뿐만 아니라 나 자신을 만나고 싶은 간절한 동경, 바로 그것 때문이다. 자아가 되고자 하는 바를 묘사하는 도구가 동경이다. 우리가 우리의 경험세계를 계획하듯이 또 다른 영역인 동경의 세계를 계획할 수는 없다. 우리가 가진 동경이라는 현실은 상상의 세계에 존재하지 않는다. 동경이란 바로 우리가 되고자하는 어떤 것이다.

예컨대 교육이란 흔히 외부에서 오는 것이라고 생각한다. 실력 혹은 과거에 많은 경험을 가진 베테랑 선생이 아이들에게 가르치는 것을 교육이라고 믿고 있다. 여기에는 교사와 아이들 간에 만남이라든가 동경이라든가 현재가 이루어질 수 없다. 오히려 이런 교육은 권력 관계이며 내면적으로 현재 누리는 즐거움이란 전혀 없는 것이다. 지금의 우리교육 현실이 그러하다. 마치 공장시뮬레이션 같은 교육이다. 이 교육은 생산성과 효율성 그리고 빨리빨리와 경쟁이다. 이 몰아붙이는 교육은 자신을 증오하게 한다. 무엇보다도 지금 이 순간을 누릴 수가 없게 된다.

꽃을 즐길 때에만 꽃이다. 누리고는 싶은데 과거 때문에 미래 때문에 못 누리고 현재에 소외되어 있다. 구약성경 코헬렛의 저자는 '모든 것은 때가 있다'고 말하면서 느림과 현재를 누리라고 우리 현대인에게 래시피를 건네준다. 그 순간순간 리듬에 신중하고 몰입하라!

2009. 3. 30.

몸은 우주 역사의 박물관

'댄스 베리 핫 혹은 하드' 어디에서 나온 춤인지 아이들이 이런 노래를 부르면서 춤을 추는 것을 보았다. 발음상 춤이 어렵다는 말인지 춤이 뜨겁다는 말인지 알 수 없지만 문제가 있다. 아이들이 골반을 흔들면서 춘다는 것이다. 골반을 흔든다는 것은 아주 섹시하며 성적인 자극을 줄 수 있는 춤이다. 몸이 가는 곳에 마음이 가는 것이다. 아이들이 골반을 흔들면서 이런 춤을 추는 것은 신체발달상 맞지 않을뿐더러 정서적으로 혼란스럽다. 어느 에어컨 선전에 김연아 선수가 등장하는 것을 본 적이 있다. 꼭 저렇게 광고를 해야 하나, 라는 생각이 들었다. 요즈음 세상이 색정적으로 돌아가는 듯하다. 돈이면 다 된다는 세상이지만 돈으로 안 되는 것도 있어야 세상 살 맛이 나지 않는가?

무슨 무용 발표회마다 유행처럼 등장하는 밸리댄스는 골반을 흔들며 추는 춤이다. 주로 발표회에는 어린 아이들이 나온다. 밸리댄스가 나쁘다는 것이 아니다. 기성세대들이나 부부가 짝을 이루어 추면 보기에 좋지 않은가? 문제는 유아들이나 아이들이 그런 춤을 추는 것이 문제다. 춤 복장도 그렇다. 너도 나도 이런 춤을 추고 마치 그것만이 전부인 것처럼 획일적으로 따라 한다. 우리 어린 아이들이 골반 춤을 추는 것은 교육적이지 않다. 몸은 성형의 상품이 아니고 성적인 바디만이 아니다.

몸이야말로 우주 역사의 박물관이며 진화의 선물이다. 몸은 영성을 담은 거룩한 법전이며 성경이다. 우리 아이들에게 골반 춤보다는 몸 기도를 가르치는 게 어떤가? 절을 통한 수행과 명상수련의 큰 그릇으로써 몸을 표현하는 것이 훨씬 교육적이다.

2009. 5. 25.

정치 미덕 … 소통과 다양성

'정치의 타락은 그 사회 전체를 타락하게 한다' 고 소크라테스는 말했다. 참으로 우리 시대를 관통하는 명언이다.

무엇보다도 타락한 정치에 대한 우리의 무지와 무관심으로 말미암아 지금의 비극이 빚어졌지 않나 반성할 때이다. 보수언론이 전직 대통령을 시정잡배로 몰아갈 때도 우리는 정치에 깨어있지 못하고 확대 재생산되는 이야기에 한 몫을 하지 않았는지? 매스컴이 가져다주는 정보만이 아니라 스스로 찾고 공부하고 사고하고 비판하는 능력을 키울 필요가 있다.

경산의 문제도 정치의 문제다. 경산의 정치적 리더들은 삼삼오오 분열되어 있고 그 내분이 깊어 화해와 일치의 끈을 더 이상 만들 수가 없다. 시·도의원은 의원대로, 시정은 시정대로, 공무원은 공무원대로 제각각이다. 분열이 심화될수록 상대를 욕하는데 힘을 빼게 되고, 시민들은 줄을 서거나 눈치를 보거나 부정적인 담론에만 몰리게 된다. 여의도 정치상과 비슷하지 않은가? 내년 선거를 앞두고 벌어지는 갖가지 모습과 소문들은 누가 머슴이며 주인인지 도무지 알 수 없게 한다. '내 탓이오' 하는 정치인은 하나도 없고 전부 '너 때문' 이라고 말한다.

지금은 정치적 리더들이 공동 목표를 정하고, 힘을 집중하고, 참으로 밑에서 우러나오는 민생을 보살필 때이다. 시민들은 일상을 살아가는 데에도 피곤하여 지쳐 있고 앞으로 어떻게 살지 불안해한다.

시민들은 많은 일을 하는 시보다는 우리를 행복하게 해주는 시정을 기대한다. 삶의 춤 운동은 밑에서부터 자연스럽게 발동되어야 한다. 더 이상 예산낭비는 말아야 한다. 춤이야말로 절로 나오는 것이지, 시켜서 되는 것은 아니다.

또 하나, 정치와 시민의 일상을 묶어주고 소통하게 해주는 원로들이나 건강한 시민들의 참여 모임이 없다는 것이다.

두루두루 잘 살게 하는 것이 정치고 다양한 사람들을 아우르는 것이 정치의 아름다움 아닌가? 경산에 정치가들이 다 한나라당인데 여기에서 문제를 풀어가는 것이 순서라고 생각한다. 다른 당이나 의견도 공존할 수 있는 시민의식의 다양성 말이다.

2009. 6. 1.

우리 밀 예찬

　우리 밀 재배 면적이 지난해에 비해 3.7배(7100㏊) 늘어날 것이라고 한다. '밀 자급률 3%대' 기반이 만들어졌다는 데 의미가 크다. 눈물겨운 진전이다. 수입 밀과 가격 경쟁에서 밀리고 정부가 우리 밀 수매를 중단하면서 급기야 자급도 0%를 기록했던 1989년, 필자는 우리 밀 운동에 뛰어들었다. 전국을 다니면서 출자금을 모으고 회원가입을 유도했다. 참으로 보람 있는 운동이었다. 우리 밀 운동을 하기 전에는 거의 100%가 수입 밀이었다. 이제 우리 밀과 수입 밀, 한 번 붙어볼 만하다. 왜냐하면 통상 서너 배 벌어졌던 수입 밀과 우리 밀의 가격차가 지금은 환율에 따라 1.5배 안팎의 변동을 보이고 있어 한 번 붙어볼 만한 조건이 된 것이다.

　전남 구례에는 추억의 밀사리, 밀밭걷기 등 우리 밀 알리기가 한창이다. 우리 밀의 비밀은 친환경에 있다. 여름을 지내는 수입 밀과 달리 우리 밀은 겨울을 나기 때문에 적은 일조량과 추위를 견디면서 더 강인한 영양을 품게 된다. 게다가 수입 밀처럼 고온다습한 기후를 통과하며 한 달여를 배 안에서 보내야 하는 운반 과정을 거치지 않으니

약을 칠 필요도 없다.

우리 밀의 우수성을 가장 활발하게 연구해온 최면 교수(강원대·식품가공학과)는 1997년 논문을 통해 우리 밀이 수입 밀에 비해 유해세포를 분해하는 면역기능이 두 배 이상 우수하고, 노화촉진물질(MDA) 생성억제력도 두 배 이상 높다는 사실을 밝혀냈다. 또 대구가톨릭대학교 이종원 교수팀과 대구한의대학교 장정희 교수팀이 밀 추출물에서 치매예방 및 기억력증진 효능을 규명하기도 했다.

우리 밀 건빵을 사봤다. 제품 겉봉에는 이런 홍보 문구가 있었다. '우리 밀 1kg 소비=우리 밀밭 1평 확대, 산소 2.5kg 배출, 이산화탄소 3kg 흡수' 실제 밀농사로 인한 공기정화 기능은 45년생 소나무를 기르는 것에 이를 정도라는 실험 결과도 있다. 식량주권 확보도 좋고, 환경운동도 좋지만 무엇보다 우리의 관심은 식품 안전성이다. 안심하고 믿을 수 있는 우리 밀이지 않은가. 쇠고기는 한우, 삼겹살도 국산을 선택하는데 국수나 빵을 선택할 때 우리 밀은 왜 선택하지 않는가.

2009. 6. 8.

친환경 도시 만들기의 중심, 은호리

    경산시 하양읍 은호리에는 세계적인 천연기념물인 스트로마톨라이트 화석과 1억년 전 중생대 백악기로 추정되는 초식공룡 발자국 화석이 있다.

    스트로마톨라이트는 고생대 이전인 신캄브리아 시대 초기부터 서식한 생물 중에서 약 30억 년이나 된 가장 오래된 생물 화석 중 하나다.

    또 하양 정수장 뒤편 속칭 사열계곡에도 퇴적암의 공룡 발자국 화석이 발견되었다. 발견된 곳이 계곡 하상이고 물살로 인한 오랜 침식 등으로 보존상태가 좋은 편은 아니지만 팔공산 화강암 지대와 가까운 곳에서는 공룡화석이 잘 발견되지 않는다는 점에 비춰 가치가 높다고 한다.

    지구의 역사를 품고 있는 생명의 요람이 바로 경산인 것이다. 이러한 경산의 자연유산을 창조적으로 보존하고 발전시키는 것이 우리가 풀어야할 과제다.

    은호리의 스트로마톨라이트, 공룡발자국 화석, 물띠미 남쪽 금호강과 건너편 강변의 하천부지, 대조리 시민운동장 부지 그리고 전국 최대 규모의 종묘생산단지를 연계해 보자.

이들을 묶어 생태마을, 친환경 도시인프라 구축으로 가야 한다. 그러면 경산은 세계적인 친환경 도시의 모습으로 재탄생 할 수 있다.

부가가치가 낮은 제조업이나 영세한 서비스 산업은 IMF 경제위기와 금융위기에서 보듯 쉽게 흔들리고 무너진다. 외형적인 산업단지의 조성 보다는 소중한 자연유산을 보존하고 활용하는 문화산업에 눈을 돌려야 한다. 경제위기에도 흔들림 없는 친환경 문화산업을 경산의 핵심 산업으로 육성해야 할 것이다.

경산은 세계적인 생태도시가 될 천혜의 자연유산을 가지고 있다. 지속 가능한 진정한 녹색성장의 중심 정책을 경산에서 펼쳐보자. 자연사 박물관, 청소년 생태체험관, 유기농 농업단지 등이 있는 생태도시 경산을 조성한다면 경산의 미래는 더욱 풍요롭고 밝을 것이다.

2009. 6. 29.

건강한 지구를 물려주자

　모두들 살기 힘들다고 아우성이다. 경제가 발전한 만큼 경제 타령이 줄어야 하는데 오히려 너도나도 경제 타령만 하고 있다. 먹고 사는 것이 전부가 아니다. 더 중요한 것은 지구의 미래, 행성의 미래, 아이들의 미래가 기후 온난화로 막혀 있다는 사실이다. 우리가 걸어온 삶의 방식, 더 많은 돈, 더 좋고 큰 집, 좋은 차를 원하는 탐욕에서 비롯된 재앙이다.

　1970년대 경부고속도로 건설과 새마을운동으로 전국의 알려지지 않은 유적지 등 우리의 소중한 문화유산이 많이 사라지고 일부분 옮겨졌다. 21세기에 또 다른 경부고속도로(?)가 건설되고 있다. 녹색성장, 녹색뉴딜정책, 4대강 살리기는 양적인 성장을 위한 환경파괴를 아름다운 말로 듣기 좋게 꾸민 것뿐이다. 녹색성장을 통해서 선진국가 창설에 이바지한다는 이야기는 예전에 자주 듣던 선진조국 건설과 같다. 30년 전의 역사를 다시 되풀이 할 것인가? 이제 양적인 성장의 시대는 지났다. 지난 30년 동안 우리는 경제개발에 따른 이익으로 살아왔다. 이제는 정신계발과 생각계발이 필요하다. 다양하고 창의적인 생각이 필요하다.

앞만 보고 달려온 지난 시간을 되돌아보아야 할 시기다. 지금이라도 늦지 않았다. 지구는 인간의 이익을 위해 파괴해야 할 대상, 객체가 아니라 우리와 같은 주체로서 하나의 공동체다. 흙과 바위, 나무와 꽃이 지구를 형성하는 것처럼 인류 공동체의 사회적인 의식과 양식, 철학과 예술이 우리의 의식을 구성한다. 지구가 없다면 인류도 존재할 수 없다.

지구는 46억 년의 역사를 지닌 학교다. 이 지구는 하루아침에 만들어지지 않았다. 먼저 물질, 즉 수소, 탄소, 산소, 질소가 진화하고, 태양계가 진화했으며, 분자와 지층으로 지구가 형성되었다. 다음으로 생명체가 진화했고, 마지막으로 의식이 진화했다.

진실로 우리 아이들에게 물려주어야 하는 것이 무엇인가. 기초가 부실하면 그 위에 어떤 건물을 지어도 무너진다. 건강한 물과 대지 그리고 바람과 무공해 에너지라는 튼튼한 기초를 물려주어야 한다. 46억 살의 소중한 지구를 우리 아이들이 건강하고 행복하게 살도록 물려주어야 한다.

2009. 7. 6.

상상력으로 살아난 공룡

공룡은 2억 3500만 년 전에 지구에 나타났다가 6500만 년 전 지구에서 사라졌다. 학자들은 공룡의 멸종 원인을 운석충돌설, 화산활동설 등으로 주장한다. 그 중 운석충돌설은 약 6500만 년 전에 지름이 약 10㎞에 달하는 거대한 운석이 지구에 충돌하였고, 이때 일어난 폭발로 열이 발생해 지구상의 숲을 거의 다 태웠다고 본다. 먼지 구름이 수개월 동안 햇빛을 차단함으로써 기후가 냉각되어 식물은 광합성을 할 수 없었다. 먹이가 부족해지자 초식공룡이 멸종하였고 잇달아 육식공룡이 멸종하였다는 것이다.

영화 '쥐라기 공원' 은 화석에 갇힌 모기의 피에서 공룡의 DNA를 채취해 6500만 년 전의 공룡을 재현한다. 6500만 달러의 제작비를 들인 이 영화는 1993년 한 해 동안 8억 5000만 달러의 수입을 올렸다. 이러한 수익은 자동차 150만 대를 수출해서 얻은 이익과 같았다. 당시 우리나라가 수출한 자동차가 64만 대였으니 놀라운 일이다. 공룡-모기-DNA-공룡으로 연결하는 상상력이 엄청난 수익의 출발점이 되었다.

공룡에 대한 상상력은 한반도 끝자락 경남 고성이라는 작은 도시에서도 살아났다. '놀라운 공룡세계 상상'이라는 주제로 열린 '2009 경남 고성 공룡세계엑스포'가 6월 7일 대단원의 막을 내렸다. 이번 공룡엑스포는 '고성=공룡'이라는 브랜드의 확실한 정립과 그 가치를 제고했을 뿐 아니라 지역 축제도 특화된 테마와 다양한 콘텐츠를 가진다면 세계적인 축제로 성장할 수 있다는 가능성을 제시했다는 평가를 받고 있다.

금호강과 무학산 같은 강과 명산이 있고, 세계적인 천연기념물인 스토로마톨라이트 화석과 1억 년 전 중생대 백악기로 추정되는 초식공룡 발자국 화석을 가지고 있는 경산도 세계적인 생태도시로 도약하는 기발한 생각을 해보자. 영화를 만들고 공룡을 테마로 하는 엑스포를 개최하자는 이야기가 아니다. '안 된다. 할 수 없다'는 부정적인 생각과 남들이 하는 똑같은 생각을 버리고 발상의 전환으로 새로운 생각을 하자는 것이다. 한 사람의 뛰어난 상상력이 없다면 시 관계자, 전문가, 시민이 한자리에 모여 머리를 맞대고 남들이 하지 않는 독창적이고 창의적인 상상을 해보자. 경산도 세계적인 생태도시가 될 수 있다.

2009. 7. 13.

수련과 배타주의

어느 주일날 새벽미사를 마치고 성당마당에 나가보니 흰 페인트로 다음과 같은 글을 휘갈겨 놓았다. "성당에 연꽃이 웬 말인가 본당신부 회개하라" 이 글을 보았을 때 참 황당하고 어이가 없었다. 사실 그 꽃은 연꽃도 아니고 수련이었다. 연꽃이었다 하더라도 꽃은 꽃이 아닌가! 꽃은 누리면 된다. 연꽃은 곧 불교의 상징 꽃이란 고정관념 때문에 성당에서는 다른 꽃은 몰라도 연꽃은 안 된다는 생각이 결국 이런 사건을 유발케 했는지 모른다.

성당에 담장을 헐고 나니, 아이들이 성당을 가로질러 학교로 지나가는 모습을 보게 된다. 등하교길 아이들을 위해서 무엇을 할 수 없을까, 하는 생각 끝에 항아리 10개를 준비하고 수련을 담았다. 아이들이 물 위에 피어 있는 수련 꽃을 보는 순간 행복해하고 디카로 사진도 찍고 공부에 지친 아이들이 꽃을 즐기는 모습이 보기에도 좋았다. 그런데 누군가가 이 꽃 항아리에 독한 것을 뿌렸는지 수련 꽃이 다 죽고 말았다. 난감하였지만 항아리를 다 씻어내고 다시 항아리에 꽃을 담았는데 또 누군가 더 독한 무엇을 집어넣어 꽃들이 다 죽게 되었다.

난 그 이후로 수련 꽃을 성당에 두지 않았다.

무서운 것 중에 참으로 무서운 것은 배타주의다. 이것은 다양성을 존중하지 않는 마음이다. 종교 안에 담고 있는 다양한 진리의 아름다움을 받아들이지 않는 종교적 배타주의야말로 종교적 자폐증이다. 어떤 종교진리가 각각 종교적, 문화적 전통에 따라 다양한 양식으로 표현하든 근본은 같다고 생각한다. 각 종교가 가진 부분적 진리를 이데올로기화하는 것이 종교적 근본주의라고 생각한다. 이 세상에 마지막으로 사라져야 할 이데올로기가 종교적 근본주의다. 각 종교가 가지고 있는 물맛은 교리가 무엇이라고 표현하든지 간에 근본적으로 같다고 본다. 왜냐하면 종교도 이 우주의 진화과정에서 나온 산물이기 때문이다.

이제는 종교가 사회통합의 발전소가 되어야 할 때다. 종교가 무엇인지 정확하게 정의할 수는 없지만 포용성과 너그러움이 없는 종교나 종교인은 자폐증에 걸린 증상이라고 생각한다. 수련이든 백합이든 연꽃이든 다양한 아름다움을 지금 누리고 즐기는 것이 천당이고 극락이다. 죽어서 누리는 것이 아닌.

2009. 7. 27.

담장 허문 자리에 공동체 가게를

옥산동에 있는 아파트는 단지별로 담장이 쳐져 있다. 세 아파트는 한 구역이며 한 블록인데 무슨 까닭인지 담장이 있다. 마음의 담장이 높아서일까? 심리적 담장이 높은 것은 불통과 다름없다. 소통시켜라! 담장이 없어지면 오가며 좋고 마음이 넓어지고 우선 보기에 좋다. 친환경적이다. 담장 허물기에서 함께 사는 공동체 운동을 시작해 보자.

경산성당과 대구 고산성당은 담장이 없다. 단순히 환경미화사업으로 물리적 담장을 허문 것은 결코 아니다. 담장을 허문다고 변화되거나 쇄신되는 것도 아니다. 세상을 바라보는 종교의 틀과 사목 패러다임의 전환으로서 담장을 허물었다. 성당은 문턱이 높고 부담스러운 특구가 아니라 동네 사랑방 같은 곳이 되어야 한다. 누구에게나 친근한 마당이나 아이들의 놀이터 같은 곳으로 바뀌려면 성직자의 신학과 영성이 바뀌어야 한다. 화려한 교회와 사찰을 보라. 주변의 소외된 이웃들이 무엇을 느끼겠는가?

담장을 허문 자리에 아름다운 가게처럼 지역민 누구나 참여할 수 있는 리사이클 센터를 열어보자. 그런 가게에 주민들이 잘 사용하지 않는 물건을 기증하면서 서로 얼굴을 마주하는 지역공동체 운동의 장을 만들 수 있다. 한 걸음 더 나아가 공정무역과 유기농 직거래 매장도 열자. 그런 가게는 성당과 지역을 연결하는 가교로서 먹거리의 사회적 실천을 구현하는 작은 생명경제 구조로 지역을 변화시킬 수 있다.

많은 성당들이 평일미사 전후의 신심행위 모임과 토요일과 주일미사 전후로 건물이 활용되지만 본당의 좋은 공간들이 늘 텅 비어 있다. 오후시간에는 사람이 거의 보이지 않는다. 어떻게 하면 사람들이 제 집 드나들듯 성당을 드나들 수 있게 할 것인가? 많은 경비를 거두어 지은 성당을 어떻게 지역사회와 연결시킬 것인가가 큰 숙제다. 각 종교들이 세를 불리는 전투적인 전도보다 교회 공간을 지역에 개방하고 문화와 소통하는 곳으로 사용하면 좋겠다는 생각이 든다. 각 교회에서 동네카페를 여는 것도 하나의 방법이다. 독일에서 주말마다 성당 앞마당에서 지역 농산물을 판매하는 축제를 눈여겨 본 적이 있다. 교회나 성당 그리고 사찰이 있는 곳에 이런 장터가 열린다면 지역경제도 살아날 것이다.

2009. 8. 3.

우리를 황당하게 하는 것들

모처럼 남천에 물이 흐른다. 아이들도 마냥 이 흐르는 물이 좋아 남천에서 물장구를 치고 논다. 참 보기에 좋다. 늘 이렇게 물이 흘렀으면 좋겠다. 거의 매일 밤 남천을 거닐었다. 남천은 우리 인간들의 처소만은 아니다. 새들과 물고기들도 이 남천에 더불어 산다. 확실하게 느낄 수 있는 것은 남천에 물고기가 줄어들고 새들이 거의 보이지 않는다는 사실이다. 고기를 잡으려고 잔뜩 노리고 있는 백로도 왜가리도 볼 수 없다. 물고기와 새들이 어디로 갔을까?

공사는 늘 하는 것 같은데 일꾼은 보이지 않고 불도저만 보인다. 남천강의 아름다운 청석바닥을 중장비로 긁어버리면 물고기들의 처소는 어떻게 될까? 어디서 사들여온 돌인지는 몰라도 남천둑에 쌓은 흰돌은 강풍경에 어울리지 않고 너무 획일적이다. 마치 경산여고 앞에 새로 올리는 아파트처럼 말이다.

그 아파트는 정말 잘못 지었다. 경산의 아름다움을 해치는 흉물이다. 어느 쪽으로 보아도 성암산의 조망권이나 스카이라인을 해친다. 파괴하고 싶은 심정이다. 남매못에 있는 보건소도 잘못 자리잡았다.

그런 발상은 어디에서 나온 것인지 참으로 안타깝다.

　최근 성암산에 가보면 성암산 탐방길 간판을 단 시설물과 탐방길을 만들어 놓았다. 그런 것을 만든 사람은 성암산을 제대로 모르는 사람이다. 시민들이 너도나도 입을 댄다. 돈을 저렇게 마구잡이로 사용해도 되느냐고? 성암산 중턱에 놓은 보조 나무길은 당장이라도 거두어 주면 좋겠다. 성암산 중턱에 설치한 전망대는 차라리 산 정상에 올려다 놓으면 좋을 텐데 말이다.

　성암산 입구에 설치한 기계 먼지털이를 처음 보았을 땐 용도를 몰라서 한참 들여다보았다. 알고 보니 산에서 내려오는 사람들이 옷에 묻은 먼지를 털도록 하는 기계장치였다. 너무나 친절한 발상인데 웃지 않을 수 없다. 산을 오르는 사람은 스스로 먼지를 털 수 있는 예의가 있는 사람들이다.

　아무리 생각해 봐도 이런 시설은 시민을 위한 것이 아니라 그냥 돈을 쓰기 위해서 하는 것으로만 보인다. 돈을 그렇게 많이 쏟아 부어도 그 돈이 다 어디에 갔느냐고 한탄한다. 시민을 위한 일보다도 시민과 함께하는 일이 되면 얼마나 좋을까.

2009. 8. 17.

자연결핍장애

자연결핍장애라는 말은 '숲 속의 마지막 아이'의 저자인 Richard Louv가 인간과 자연계의 유대가 깨어짐으로써 인간들에게 나타난 정신적, 육체적인 질병을 문화적으로 설명하고자 사용한 의학적인 용어다.

이 용어에 대한 의학계의 공인 여부와 관계없이 현대인의 우울증, 주의력결핍, 비만 등의 질병이 인간의 자연으로부터 소외와 연관이 있다는 연구가 미국에서 100편 이상이 발표되어 이제 자연결핍장애라는 말은 두루 사용되고 있다.

지금 우리의 아이들 중 스스로 자연 속에서 뛰노는 아이들이 얼마나 되는가? 정말 손가락으로 헤아릴 수 있을 정도로 적다. 그 원인의 첫 번째는 어른들이 급속하게 진행해온 산업화와 도시화로 대부분의 우리 아이들은 출생과 성장과정에서 자연과 접촉할 기회가 상실되었기 때문이다. 두 번째는 그래도 우리 주변에는 마음만 먹으면 아이들의 감상과 관찰이 가능한 나무와 꽃, 새와 곤충들의 작은 숲이 있음에도 교육에서 이런 체험을 중요하지 않게 여기는 탓이다. 세 번째는 우리의 아이들이 학교와 각종 학원을 오가는 과중한 공부로 자연에서 놀 기회마저 박탈되고 있기 때문이다.

유년기는 올바른 먹을거리와 적절한 잠과 같이 자연과의 접촉을 정말 필요로 하는 시기다. 연구에 의하면 자연 속에서의 놀이와 활동 경험이 주의집중 향상과 우울증 예방의 정서적인 건강, 비만 예방의 육체적인 건강은 물론 아이들의 관찰력과 상상력에 지대한 도움이 된다고 한다.

오늘부터라도 우리의 아이들을 공부에만 내몰거나 컴퓨터 오락이나 닌텐도 게임으로 방 안에만 머물게 하는 대신 자연과 연결시키는 노력을 해보자. 태고의 신비를 간직한 심산계곡일 필요는 없다. 갈매기들이 저녁노을에 울음을 삼키는 바다가 아니라도 좋다. 들판에서 곡식과 과일이 영그는 소리, 들국화가 피는 소리가 들리는 가을이 아니라도 좋다.

어느 때든 아이들과 골목길의 나무와 집안의 화초를 함께 돌보고, 틈틈이 뒷산의 오솔길을 걸어보자. 자연은 우리 바로 곁에 있다. 우리 위에 은하수도!

2009. 8. 31.

가비오타스 마을 이야기

남미의 황량한 사막에서 탄생한 마을 가비오타스. 이 이야기는 우리가 하고자 하는 '사회적 의미'만 있다면 무엇이든지 창조할 수 있음을 생생하게 보여준다. 지금 우리가 처한 중요한 문제는 경제살리기, 기후온난화 등이 아니다. 인류의 문제는 이런 위기에 대한 상호이해와 상호동의가 없다는 것이다.

인간은 집단적 각성의 잠재력을 갖추고 있다고 믿는다. 그 하나의 모델이 가비오타스 마을이다. 이 마을은 아무리 힘든 조건에서도 인류가 지속가능하고 의미 있는 삶을 만들어갈 창조력이 있음을 보여줬다. 어떠한 사막도 실질적으로 변화시킬 만큼 인간의 상상력이 풍부하다는 것을 명백하게 보여주는 사례다.

이 마을은 동부 콜롬비아의 방대하고 황량한 평원에 위치해 있다. 1971년 그 마을을 건립한 바오로 루가리는 "사람들은 가장 쉽고, 가장 비옥한 장소에서 항상 사회적인 실험을 했다. 우리는 가장 힘든 장소를 원했다. 만약에 우리가 이곳에서 성공할 수 있다면, 그 밖에 다른 곳에서도 성공할 수 있다고 생각했다"고 말했다. 30년도 채 안 되는 시간 안에 이들은 자원이 빈약한 곳에서 성장하는 공동체, 풍요로운 생태계를 건설했다.

물을 길어 올리기 위해 가벼운 비행기의 날개 같은 풍력발전소를 만들었다. 구름이 많이 낀 날에도 태양의 에너지를 모을 수 있도록 태양열 난방기를 만들었다. 병원에 자연 에어컨을 제공하기 위해서 언덕 아래 지하관을 설치했다. 전기를 공급하기 위해 지붕 꼭대기 위에 광전지를 설치하고, 식량을 재배하기 위해 수경 정원을 개발했다.

가비오타스 마을 사람은 독창적인 사회를 구현해냈다. 주택, 의료, 식량, 그리고 학교 교육을 포함한 생활의 기초는 모두가 무료다. 가난이나 감옥도 없다. 개, 살충제, 총기류는 허락되지 않는다. 이 독창적인 사회 공동체에서 사람들은 행복을 뿜어내고 있다. 가비오타스 사람들은 지속가능한 미래, 강력한 공동체, 의미가 있는 작업, 그리고 평화로운 삶을 갖추고 있다.

돈을 퍼붓는 4대강 살리기와 정부의 저탄소 녹색성장 정책은 생태적으로 지상 낙원을 건설한 가비오타스 마을이야기와 너무 대조적이다.

2009. 9. 7.

소박한 삶

다들 죽겠다고 아우성이다. 경제가 성장한 만큼, 더 많은 것을 소비한 만큼 경제타령이 줄어들어야 하는데 오히려 너도 나도 경제타령만 하고 있다. 새 대통령이 나올 때마다 국무총리가 바뀔 때마다 입만 열면 경제를 살리겠다고 말한다. 그동안 국가와 국민이 경제에만 매달려 왔는데 경제 때문에 못살겠다고 하니 아이러니하다. 지금 한국과 같은 자본주의식 경쟁에서는 설사 승리한다하더라도 여전히 불안하고 만족스럽지 못하다. 문제는 경제가 전부가 아니라는 점이다.

우리의 삶의 방식에 느리지만 조용한 변화가 일어나고 있다. 사실 가장 달콤한 삶은 뼈 가까이 있는 삶이 아닌가? 어렵다고 하지만 귀농하여 시골에서 아들 딸 대학 공부시키면서 단순 소박하게 살아가는 사람들이 늘어가고 있다. 더 많이 벌고 더 많이 가지는 소비주의의 광기에서 벗어나려는 조용한 혁명을 느낄 수 있다. 부는 바람은 볼 수는 없지만 느낄 수는 있다. 그것은 자발적인 소박함이다. 이렇게 사는 사람들은 경제가 아무리 어렵다고 해도 크게 영향을 받지 않는다.

소박한 삶이라고 하여 무조건 희생만 하는 것은 아니다. 정신적으로 더 만족한 삶, 더 풍부한 내적인 삶, 더 목적지향적인 삶, 생태적 삶, 그리고 더 의미 있게 살려고 하는 삶이 소박한 삶이다.

우리 사회의 문제는 양극화와 생태위기의 문제다. 저탄소 녹색성장만으로는 답을 찾을 수 없다. 자발적인 단순 소박한 삶을 목표로 하면 답이 나온다. 지속가능하게 느리지만 불편하게 의식적으로 가난하게 사는 것이 대안이다. 가난한 것과 자발적인 단순 소박함은 전혀 다르다. 그것은 물질적인 소유 즉 경제적 환경보다도 마음의 상태, 의식과 더 관계가 있다.

사람들의 의식 속에 있는 전도몽상 즉 거품과 환상을 걷어내야 한다. 더 많이 벌고 더 많이 소비할수록 더 행복하고 더 만족할 것이라는 생각을 바꾸어야 한다. 더 많은 돈, 더 큰 집, 더 좋은 차를 원하다 보니까 지금 현재 누릴 수 있는 친밀한 관계성과 자유를 저당 잡히고 있다. 생태위기를 초래한 의식의 변화 없이 유행처럼 번지는 녹색상품이나 업자들이 쏟아내는 해결책은 위기를 더 자초할 뿐이다.

2009. 9. 14.

말은 씨앗과 같다

교육은 아이의 가슴에 불을 붙이는 것이다. 교육은 저금하듯 지식을 채우는 것이 아니라 아이의 내재된 잠재력에 불을 붙이는 것이다.

이 시대 부모들은 아이의 머리에 온갖 잡동사니 지식을 집어넣어 과부화 상태가 되어 제대로 걷지도 못한다. 아이들 스스로 인생의 주인공이 되지 못하고, 부모에게 수동적으로 끌려가며 결혼을 해도 자립하지 못한다. 이렇게 살면 아이나 부모 모두 피해자이자 희생자가 된다. 어떤 부모는 서울에 원룸을 얻어 대학생 자녀의 학점을 관리한다는 이야기도 들려온다. 그렇게 자란 사람이 자신의 인생을 스스로 어떻게 관리하겠는가?

요즘 아이들의 말을 들어보면 자신감이 없다. 자신의 말이 없다. 아이의 가슴에 물을 붓는 사람인가, 아니면 가슴에 불을 붙이는 사람인가? 물만 들이붓는 사람은 남의 흉내나 내고, 남을 따라 하며 변전소 같은 인생을 살 수밖에 없다. 가슴에 불을 켜고 사는 사람은 자발적으로 삶을 경영하며, 주인공으로 산다. 스스로 삶을 창조하는 발전소 같은 삶을 사는 것이다. 남들이 나를 누구라고 생각하는 것은 중요하지 않다. 참으로 중요한 것은 자신의 생각이다.

작은 열쇠가 아파트 대문을 여는 것처럼 입 속의 혀가 인생의 대문을 연다. 우리 혀에는 불가사의한 힘이 있다. 이 혀로 하는 말에는 기적을 일으킬 수 있는 창조적인 힘도 있고, 파괴적인 힘도 있다. 누가 '이 못한 놈아, 이 불구자야!' 라고 말한다면 그는 자신도 모르는 사이에 실패로 향하는 길을 닦게 된다.

우리를 넘어뜨리는 것은 악마가 아니다. 인생을 파괴하는 것은 생각이나 말이다. 내 인생 내 삶을 주체적으로 변모시켜 잘되고 싶으면 생각이나 말을 바꾸면 된다.

인생은 말 따라 간다. 맨날 불평불만만 늘어놓는 사람이 어떻게 성공하겠는가? 말은 씨앗과 똑같다. 말은 뿌린 대로 거둔다. 할 수 있다고 말하는 사람은 성공을 향해 나아간다. 할 수 없다고 말하는 사람은 실패를 향해 나아간다. 자신으로부터 나오는 말, 확신의 말이 내 인생을 만들고 우리 사회에 빛이 된다. 자신이 하는 말에 힘을 실어보자.

2009. 9. 21.

아름다운 주민발의

과연 이 나라에 민주주의가 있는가. 툭하면 경제, 경제라고 소리치는데 민주주의도 경제만큼 중요하다. 예수께서도 참으로 우리를 살게 하는 것은 스스로 공동체의 주체로 성장하면서 경험하는 민주적인 과정이라고 지적하셨다.

경산의 경우를 보더라도 시민이 문제를 해결할 수 있는 정치적인 힘이 없다. 먹고사는 문제를 민주주의를 통해서 해결해야 하는데 이것이 힘을 얻지 못하고 있다. 학연과 지연 그리고 혈연이 경산을 지배하고 있기 때문이다. 민주주의는 다양한 사람이 다양한 목소리로 소통할 수 있는 사회적 조건이다. 그런데 일상 속에서 민주적인 소통을 경험할 수 있는 기회가 없다.

이번이 절호의 기회다. 안전하고 올바른 학교급식 실현을 위한 경산시학교급식조례개정을 위한 주민발의가 바로 그것이다. "주민발의, 웃기는 소리하지 마라! 주민이 무슨 발의를 한단 말인가?"라며 냉소적인 시선으로 보는 사람도 있다. 삶이 힘든 것은 경제 때문만은 아니다. 기득권을 가진 정당, 정치인, 관료들이 자기들 입맛대로 정책결

정권을 독점하면서 소수 기득권층의 이익을 위해 다수의 삶을 희생시키는 시스템 때문이다. 이 희생을 합리화시키고 여론화하는 힘이 바로 보수언론이다.

놀라운 것은 대구경북 사람들이 보는 신문이다. 그렇게 욕을 하면서도 소통을 거부하는 신문을 보는 것은 아이러니가 아닐 수 없다. 종교인도 마찬가지다. 더 심하면 심하지 나을 것도 없다. 기복종교의 전형적인 사례다.

과연 경산의 주민발의가 승리할 수 있을까? 시민들이 직접 참여하여 결정해 보자는 것이다. 우리 아이들이 먹는 밥상을 건강하고 안전하고 바르게 해보자는 조례개정인데 누가 반대하겠는가? 몇 년 전 다른 지역에서 친환경급식 주민발의를 하였지만, 실패하고 말았다. 실패의 원인을 성찰해보니 조직력이 우리 안에 있고 힘이 내 안에 있음을 깨닫지 못하였던 것이다.

예수님의 말씀이 떠오른다. "네 믿음이 너를 낫게 하였다" 이른바 타치他治의 삶을 버리고 자치自治의 삶을 살라는 말이다. 들판에 피어나는 들꽃을 보면 얼마나 자생적이며 공생적인가? 자생이어야 공생이 가능하다. 그래서 아름다운 주민발의다.

2009. 10. 12.

이런 건 벼락같이

옥산동에 거리서명 나갔을 때 일이다. 내가 보기에 그 할아버지는 학교급식비지원에 관한 조례개정 청구서명을 하지 않을 듯 보였다. 하지만, 좀 설명을 하니까 할아버지 하시는 말씀. "이런 건 벼락같이 해여!"

시민들은 서명하는데 까다롭게 묻거나 조건을 걸지 않았다. 기꺼이 서명해 주시고 때론 서명 작업을 격려해 주었다. 학교급식문제에 대한 공감대가 무의식적으로 형성되어 있지 않나, 하는 생각과 이런 현실에 대한 위기의식을 누구나 공유하고 있다는 느낌이 든다. 경제 살리기, 4대강 살리기 등 정책이 난무한다. 그런데 가장 기본적인 학교급식이 제대로 되어있지 않는 것에 대한 실망의 표현일까? 학교급식문제만은 바로 잡아보자는 서민들의 자발적 의지가 서명으로 나타난다고 본다.

대통령이 느닷없이 재래시장에서 떡볶이를 같이 먹고, 시장 상인과 포옹 한 번 한다고 해서 서민 경제가 살아나지 않는다. 우리가 참으로 바라는 것은 마음에 와 닿는 기본적인 정책이 이루어져야 한다는 것이다. 예를 들면 급식문제와 대학 등록금, 그리고 일제고사 등이다. 서민들은 등록금 때문에 등이 휘고, 일제고사 때문에 아이들이 시험에 저당 잡힌 삶을 살고 있다. 누구를 위한 정책인가? 용산사태도 철거한 건물더미 위에 어떤 건물을 지으려고 하는지 알아보면 이 참사의 진실을 알 수 있다.

일본의 보수대연합인 자민당도 장기적 불황 때문에 붕괴하고 말았다. 한국 경제의 장기적 불황으로 고통 받는 사람은 우리의 자연과 서민들이다. 경제 살리기가 인간의 탐욕을 먹여 살리는 길이라면 우리가 사는 한반도는 더 이상 버틸 힘이 없다. 현재 청년실업률을 보면 우리 경제는 불황이 아니라 공황상태다. 나쁜 일은 결국 깨지게 되어 있고 좋은 일은 뭉치게 되어 있다. 어렵고 힘든 때일수록 우리가 뭉쳐야 힘이 생긴다.

급식문제는 가장 기초적인 공사다. 국가가 아이들에게 한 끼라도 건강하게 잘 먹이는 것이 기본 철학이라고 생각한다. 어느 부모가 자식에게 나쁜 것을 주는가? 국가도 크게 보면 부모가 아닌가? 급식문제 서명은 최소한 우리의 문제를 우리 스스로가 해결해야 한다는 생명기본권의 문제다.

2009. 10. 19.

교육을 더 이상 고문하지 말라

칭찬을 하면 코끼리도 춤을 춘다는 말이 있다. 소가 밭을 갈 때 '이 랴이랴' 응원하고 격려를 해야 밭을 잘 가는 것처럼 교육이야말로 응 원하고 격려하며 '잘 한다 잘 한다' 하는 것이 최고의 전략이다.

히딩크 감독은 이기느냐 지느냐 승부욕에 집착하는 무슨 전투병처 럼 뛰는 한국선수들에게 "이기고 지는 것에 연연하지 말고 축구를 재 미있게 하라! 축구를 즐겨라!"라고 주문했다. 히딩크는 선수들을 칭 찬하며 어울려 뒹굴며 놀았다.

우리 아이들이 세계적으로 수학은 잘하는데 수학을 즐기는 아이는 드물다. 교육은 이기느냐 지느냐가 아니다. 교육이 즐겁지 아니하면 무슨 소용이 있는가? 김연아 선수의 점프와 회전에 이어지는 착지는 가히 예술적이다. 김연아 선수는 "내가 재미있게 해야 연기에도 잘 배어 나오는 것 같아요"라고 말한다. 배움은 바로 즐거움과 재미다.

최근에 핀란드 공교육이 관심을 끄는 이유가 바로 교육의 즐거움과 몰입에 있지 않나 하는 생각이다. 핀란드에서 순위는 달리기할 때나 매기는 것이라고 한다. 성적에 따라 줄을 세우지 않는다는 이야기다.

덴마크도 아이들이 10살 되기 전에는 그 어떤 평가도 내리지 않는다. 숙련도와 재능을 혼동할 수 있기 때문이다.

지금 논에는 벼가 한창 익어가고 있다. 우리가 모심기를 할 때 줄을 세우거나 등수를 매기지 않고 물도 같이 주고 집중적으로 벼를 키우지 않는가. 역사적으로 쌀은 생명이기 때문에 우리는 정말 부지런히 성실하게 농사를 짓는다. 쌀농사를 통하여 얻은 진리는 아무리 어려운 조건 속에서도 가치를 만들어 낸다는 것이다. 아웃라이더의 저자 말콤 글래드웰이 아시아인이 수학을 잘 하는 이유로 바로 벼농사 문화를 지적한 점은 참으로 날카롭다.

조기 교육을 목숨 걸고 시키는데도 왜 성공하지 못할까? 그렇게 영어를 많이 해도 입도 뻥긋 못하는 이유가 무엇인가? 우리 아이들은 어린이집에서부터 너무 빨리 줄을 세우고 우수와 열등으로 나누어 버린다. 초등, 중고교 할 것 없이 성적 좋은 학교로 인정받기 위해 무한 경쟁에 돌입했다. 지옥이 따로 없을 것이다. 이제 즐거움과 재미는 교육현장에서 사형선고를 받은 셈이다.

2009. 10. 26.

말의 힘

말에는 재갈이 있고, 배에는 키가 있다. 자동차에는 핸들이 있고 비행기에는 조종간이 있다. 이들의 공통점은 무엇일까? 방향을 잡아준다는 것이다.

인생의 핸들은 무엇일까? 말이다. 말하는 대로 돌아간다. 말은 자기 예언이며 약속이다. 앞으로 말하면 인생은 앞으로 가고, 뒤로 말하면 인생은 뒤로 간다. 사람은 자신이 던진 말을 따라 간다. 우리의 혀에는 놀라운 힘이 있다.

조그마한 방향키가 큰 배 전체의 방향을 돌리듯, 혀도 우리 삶의 방향을 좌지우지 한다. 습관적으로 안 된다고 말하는 사람은 결국 실패하고 만다. 말은 씨앗과 같다. 긍정의 말을 심으면 긍정의 열매가 나오고, 부정의 말을 뿌리면 부정의 열매가 나온다. 구약성경의 잠언서에 아주 재미있는 말이 나온다. '죽고 사는 것이 혀의 힘에 달렸다'(18,21). 우리 속담으로 말하면 말이 씨가 된다는 의미다.

인생이 어떤 쪽으로 가기를 원하는가? 잘 되기를 바란다면 좋은 쪽으로 인생의 핸들을 돌리기 바란다. 좋은 쪽으로 핸들을 돌리면 좋은 쪽으로 간다.

인생의 핸들은 말이며 혀이며 입술이다. 부정적인 말, 죽겠다는 말, 때리 치아뿌라 같은 말을 하면 될 일도 안 된다. 말이 안 되는데 어떻게 승리할 수 있는가? 그런 말에는 늘 부정적인 전제가 깔려 있다.

대구·경북의 여러 지표가 점점 아래로 내려간다. 대구는 중소도시로 전락하였다. 무엇 때문인가? 경제, 정치, 대학, 무엇이 대구를 추락시키는 것일까? 열매를 창조하는 말의 힘을 모르기 때문이다. 축하할 줄 모르고, 칭찬에 인색하다. 배고픈 것은 참아도 배아픈 것은 참을 수 없다는 말을 한다. 언어 습관이 대구를 그렇게 만들고 있다.

언어학자의 주장에 의하면 동일한 언어를 반복하게 되면 그 말이 현실로 이루어진다고 한다. 생각과 말은 그대로 현실이 된다. 말하는 대로 되는 것이다. 안 된다, 못한다, 할 수 없다고 생각하면 어떤 일도 안 된다. 경산 사람도 말의 방향을 바꾸어 보자. 긍정적인 전제로.

2009. 11. 9.

휴대전화에 금이 있다

전 세계가 금에 열광을 하고 있다. 금값이 사상 최고치를 갈아치우면서 개인이나 기업들도 새로운 투자대상으로 금을 바라보고 있다. 세계 최대의 금 보유 국가는 8134t의 금을 가진 미국이다. 금을 가진 자가 세상을 지배하는가? WGC에 따르면 우리나라는 14.4t에 불과하다. 일본은 765t이다.

순금은 어디서 와서 어떻게 만들어지는가?

세 번의 눈물을 참고 참아 금으로 핀다고 한다. 동광석 1t에는 15내지 20g의 금이 들어 있다. 용광로에서 1000도씩 3번 3000도 이상의 고난을 겪어야 순금이 나온다. 동광석 50t을 제련하면 1kg바의 금괴가 나온다. 광석에서 금이 나오기까지 약 40일이 걸린다.

폐휴대전화 1만 대에서 금과 은 200~300g을 추출할 수 있다. 전국적으로 1년에 약 1500만 대의 폐휴대전화기가 발생한다. 그중에 약 500만 대만 수거되고 나머지는 집에 방치되거나 일반쓰레기와 같이 소각 매립됨으로써 자원낭비는 물론 환경오염의 원인이 되고 있다. 휴대전화 단말기에서 희귀금속을 뽑아낸다는 것을 시민들은 거의 모른다.

　휴대전화 재활용은 도시 광산화 사업이다. 도시 광산화 사업이 활성화되면 될수록 무역수지, 녹색성장, 환경오염예방 심지어 고용창출에도 큰 기여를 할 것이다.

　늘 그러하듯이 진리는 가까운 곳에 있다. 휴대전화에 저장돼 있는 개인정보가 유출될 수 있다는 두려움을 불식시킬 수 있는 방안도 검토해야 한다.

　새 휴대폰이 고릴라도 죽인다. 휴대폰의 특정부품을 만들 때 꼭 필요한 콜탄이라는 물질이 있다. 전 세계적으로 콜탄 매장량의 80%는 아프리카 콩고의 열대우림에 있다. 문제는 이곳이 지구상에서 마지막 남은 고릴라의 자연서식지라는 것이다. 최근 세계적인 IT산업발달과 휴대전화 수요의 폭증으로 콜탄 광산개발을 위한 열대우림의 남벌이 행해지고 있다.

　우리가 예쁘고 고기능을 가진 '신상품' 휴대폰으로 자주 바꾸는 것은 알게 모르게 열대우림의 고릴라 서식지를 파괴하여 더 빨리 멸종 위기로 몰아넣는 일에 일조하는 것이다.

2009. 11. 16.

쓰면 이루어진다

　기적의 마법은 멀리 있지 않다. 바로 내 손 안에 있다. 종이 위에서 기적이 일어난다. 이루고 싶은 일을 종이에 쓰는 순간, 또는 그림을 그리는 순간, 우리의 삶에 마법이 작동된다. 기록하는 것은 반드시 현실로 이루어진다는 것은 고대 이집트인들의 오랜 믿음이다.

　무엇이든지 메모해 보라! 공상과 상상의 차이는 바로 이것이다. 공상은 머릿속에서만 수백 번 그림을 그리지만, 상상은 종이에 옮겨놓으면서 형태를 가지게 된다. 기록하면서 두뇌의 망상 활성 시스템이 움직이고, 행동이 따르고, 헌신하기 마련이다.

　경산인은 수첩을 가지고 다니지 않는다. 기록하는 습관이 부족한 것 같다. 매일 간단하게 기록하는 습관을 들이자. 기록하면서 모든 일이 잘될 것이라고 믿으면 우주에서 신호가 온다. 현실이 아무리 어려워도 마음 속에 소망이 있다면 그 소망은 3차원을 점령하고 변화시킨다. 또한 4차원의 소망은 3차원의 세계를 부화시킨다.

　우리는 말이나 글을 통해 인간만이 지닌 고유한 4차원적 특성을 표현할 수 있다. 인간은 말을 하기 때문에 문명을 만들고 발전시킬 수 있었던 것이다. 죽고 사는 것은 3차원이지만 말은 4차원이다. 그래서 성공적인 사람은 기록하고, 말로 표현하면서 성공하고자 소망하는 것이 이미 이루어졌다고 믿는다. 그러면서 4차원의 삶에 들어선다.

결과에 따라 흔들리지 않고 항상 감사해 한다. 미리 감사해 보라. 우리 현실이 더 각박한 것은 작은 배려에도 감사하지 않기 때문이다. 간절히 원하면 원하는 것을 들어준다. 감사는 파동이며 에너지이며 힘이다. 감사를 하면 에너지를 끌어당긴다.

해마다 크리스마스가 다가오면 성당 안에 성탄 등을 단다. 많은 이들이 등은 절에서만 다는 것이라고 선입견이나 편견에 사로잡혀 있다. 그러나 이 등은 단순한 등이 아니다. 소망을 실현시키는 힘을 실어 등을 다는 것이다. 목표를 달성할 구체적인 수단이 없다 하더라도 두려워하지 말고 기록하라. 마음에서 우러나오는 소망을 원하는 만큼 길게 적어보라. 그 글은 마법과 같아서 우주의 자물쇠를 열어줄 것이다.

2009. 11. 23.

새로운 가치체계가 저출산 해법이다

맬더스는 인구는 기하급수적으로 증가할 것이고 식량은 기껏해야 산술급수적으로 증산할 것이라고 말했다. 이 말은 진실인가? 인구과잉에 대한 걱정 때문에 피임약이 필요하다는 말이다. 과연 인류는 피임약이 발명된 이후로 행복한 결혼생활을 하고 있는가? 페미니스트들이 주장하는 것처럼 피임약을 통해서 여성은 더 해방되었는가? 피임도구가 등장한 이래로 예전보다 간음, 낙태, 이혼이 더 늘어나고 출산율이 더 떨어진 현상은 어떻게 설명할 수 있나.

산부인과를 걱정하는 의사모임 대표 최안나 대변인은 이렇게 말한다. "일부에서는 여성의 선택권으로 낙태를 주장하지만 낙태가 결코 여성의 권리를 신장하지 않는다. 오히려 낙태로 여성의 건강권과 모권이 침해받고 있다" 낙태는 피임의 한 방법이 결코 아니다.

미국에 의해 보급되고 있는 UN의 제3세계에 대한 경제원조 속에는 피임기구, 낙태와 단종술의 대량적인 수출이 포함되어 있다. 충격적이다. 식량과 기본적인 생필품 원조와 함께 피임기구를 준다.

오늘날 우리가 겪고 있는 저출산은 지난 40년 동안 이루어졌던 성교육과 피임교육의 결과이기 때문에 그 근본부터 다시 시작해야 한다. 하루에 1000명 이상 이루어지는 낙태를 바로 잡아 낙태공화국과 입양공화국의 오명을 벗어야 한다. 보건소와 산부인과, 간호학과 교육과정, 심지어 중고등학교 교과서까지도 놀라운 것은 모두 다 안전한 섹스를 피임법으로 소개하고 있다.

우리나라는 1968년 이래 낙태가 계속 증가하고 있다. 인공피임기구의 보급과 낙태는 비례한다. 낙태약을 팔 수 있도록 허용하면서 다른 한편 출산을 장려하는 것은 모순이다. 낙태약을 판다고 해서 성병이 줄거나 낙태가 줄어든 사례는 없기 때문이다.

출산율을 높이려면 보건복지부에서 자연 성교육인 배란법을 제대로 가르쳐야 한다. 여성의 생식력을 존중하여야 한다. 저출산 문제를 푸는 방법은 자연으로 되돌아가는 것이다. 새로운 가치체계와 인격체계가 요청된다. 답은 여성의 몸에 있다. 대안은 밖에 있는 것이 아니라 안에 있다.

2009. 12. 14.

남을 욕하는 손가락

남을 원망하고 비난하는 세태를 한탄하는 '남을 욕하는 손가락에 대하여' 라는 신승봉 시인의 시가 있다.

자동차를 몰고 다니지 않을 때에는
보행자였으므로
자동차를 매도하고
자동차를 몰고 다닐 때에는 운전자였으므로
보행자를 매도하고
자동차가 늘어나서 홍수일 때는 길이 뚫리지 않으므로 신호등을 매도하고
모든 날 모든 때
모든 것을 매도하면서 내게는 성한 곳이 없었다.

지금 우리 사회는 불통, 불화, 불신 세 가지가 팽배해 있다. 이 세 가지 때문에 너도나도 소통이 되지 않아 답답하다는 것이다. 얼마나 답답하면 대형서점마다 소통에 관한 책이 260여 권이나 전시되어 있 겠는가. 우리 사회의 불통, 불신 그리고 화목하지 못한 이유에서 '내

탓이오' 하고 절대 말하지 않는다. 그래서 모두 '남탓' 이라고 생각한다. 역설적인 것은 우리 모두 가해자로 살면서 피해자로 느끼고, 반대로 피해자로 살면서 '너 때문' 이라며 가해자로 느낀다.

인생의 주도권이 나에게 있는가, 아니면 남에게, 저 밖에 있는가? 가장 쉬운 해결책으로 점 보러 간다. 과거를 알아맞히면 해결이 되나? 아니다. 과거는 정화의 대상이지 퀴즈게임이 아니다. 점 보러 가는 것은 삶의 주도권을 남에게 넘기는 일이다.

생명의 사람은 시간이 갈수록 포용심이 생긴다. 남을 탓하는 사람은 배타적이고 패를 만들고 끼리끼리 묶어 버린다. 경산 리더들의 품은 어떠한가? 내가 만난 경산의 리더들은 주로 남을 탓하는 모습이다.

마음의 청소는 남이 해주는 것이 아니라 내가 한다. 화장실에 정화조가 없으면 어떻게 되겠는가? 마음도 마찬가지다. 마음의 정화조는 무엇인가. 화가 나고, 미워하는 마음, 원망이든 아픈 기억이든 모든 책임은 나에게 있다고 말할 때 정화가 시작된다. 그때 상처에 대한 치유도 가능하다. 원망할 사람은 없다. 묶기도 풀기도 다 내 책임이다. 지금 내게 일어나고 있는 행복이나 불행은 어제 내가 뿌린 씨앗이다. 소통도 나에게서 시작되고, 평화도 나에게서 시작된다.

마음은 낙하산과 같아서 펴지지 않으면 작동하지 않는다.

2009. 12. 21.

사랑해·감사해, 미안해·용서해

새해가 되었지만 지금 우리나라는 불통, 불만, 불평, 불안 등 가슴에 불이 많고 화가 많아 답답하다. '불' 때문에 속이 탄다. 불 때문에 날려버리는 경제적 손실이 얼마나 큰가. 작년 새해에 용산참사가 일어났는데 아직도(340일째) 장례를 못 지내고 있다.

집에 도둑놈이 들어오면 큰일이 나는 것처럼 마음에 도둑들이 마구 들락거리지는 않는가. 그 도둑들이 불통, 불만, 불평, 불안들이다. 문단속 하듯이 우리 집에 '불' 자가 들어오지 않도록 해야 한다. 그러려면 미움과 마음의 원수들과 싸우지 말고 '내공'을 길러야 한다.

힘을 싸우는 데 빼지 말고, 이기려고 하지 말고, 질 줄도 알고 '상대에게 맞춰주는 것'이 힘이다. 받아들이면 마음의 독기가 다 사라진다. 상대에게 일방적으로 힘을 행사하지 말고 '상대에게 맞춰주는 힘'을 쓰면 소통이 된다.

우리 경산에는 보이지 않는 벽이라든가 텃세가 있다. 우리 경산이 발전되고 있는가, 아니면 윤리적 미개발 상태로 있는가. 생명의 본성은 여는 것이다. 독불장군은 자꾸 '편'을 만들고 내고 '패'를 만든다.

경산의 발전을 막는 것은 편과 패를 만드는 정서적 결함이다. 다양성과 차이 그리고 다름을 칭찬하는 기운이 경산의 윤리적 개발을 앞당긴다.

지금 우리 사회를 들여다보면 한 사람이 몇 년 걸려 만든 것을 하룻밤 새 한 마디로 무너뜨리는 것을 볼 수 있다. 악플 하나가 한 사람의 생을 파괴하기도 한다. 건설하고 세우는 것은 어렵지만 부수는 것은 순식간이다.

흙탕물에 빠진 경산을 맑게 정화하는 길은 단지 말 네 마디에 달렸다. 사랑해와 감사해, 미안해와 용서해! 염불하듯이 반복하면 정화가 된다. 지금 우리 아이들이 하는 말은 욕이 파워다. 왜 우리 아이들이 욕쟁이가 되었나? 욕하는 기성세대에게 문제가 있다. 아이들에게는 죄가 없다. 특히 우리 부모들부터 미안해, 사랑해, 고마워, 용서해라는 말을 하지 않는다.

다른 사람이 변하기를 기대하지 말자. 먼저 내가 변하면 된다. 불안, 불만, 불평, 불통을 몰아내기 위해서 새해에는 꿀이나 건강식품을 챙기기보다 칭찬을 하루에 일곱 번 하면 어떨까.

2010. 1. 11.

권리와 방종의 차이

"따르릉 따르릉 비켜나세요. 자전거가 나갑니다. 따르릉. 저기 가는 저 영감 꼬부랑 영감. 우물쭈물 하다가는 큰일 납니다." 누가 만들었는지 모르지만 문제가 많은 노래다. 우리 아이들이 이런 노래를 계속 부르면 장차 어떻게 될까?

우리가 처한 상황을 보면 이 노래의 내용이 우리의 현실이다. 자전거를 타고 길을 가는데 할아버지가 지나가면 자전거를 세워야 하지 않는가? 그런데 비키라는 것이다. 내가 나가니 비키라는 것이다. 방해하지 말라는 것이다. 남천에 산책을 가면 아주머니들이 팔을 마구 흔들며 혼자 막 달리는 걸 볼 수 있다. 비켜 주지도 않는다. 내가 나가니 네가 비키라는 것이다. 안하무인격이다.

영화 〈아바타〉에서 본 것처럼 자신에게 필요한 것은 수단과 방법을 가리지 않고 빼앗는다. 경제가 올바로 돌아가려면 윤리가 필요한데 충청도 민심이 빠진 세종시를 보라! 빠르게 더 빠르게 속도전이다. 밤이나 낮이나 차들이 마구 달린다. 주말에는 승용차들이 한 치의 양보 없이 서로 앞서려 한다. 내 마음대로, 하고 싶은 대로 하겠다는 것이다.

아이들이 제멋대로다. 아이들의 입에서 '감사합니다' 라는 아주 중요한 언어가 사라지고 있다. 당연하다는 것이다. 교실바닥에 연필이 굴러도 찾지 않는다. 더 크고 많은 것만 가지려는 아이들은 늘 갈증상태로 머리는 과부화가 걸려 있다. 그러니 공격적이고 양보를 못한다. 지면 안 된다. 가질 만큼 다 가졌는데 성에 차지 않는다.

인간에게 일어나는 사건은 자연에게도 일어난다. 산이란 산은 도로로 망가지고 골프장으로 파헤쳐졌다. 어디 한 곳 빤한 데가 없다. 산이고 들녘이고 강이고 상처투성이다. 흐름과 맥을 다 끊어 놓았다. 따르릉 따르릉 비켜라, 비켜. 내가 나가는데 비켜라, 비켜라. 얼마나 인간이 오만한가? 권리가 방종이 되지 않으려면 의무를 전제로 해야 하는데 권리의 지나친 강조가 사회를 응석받이로 만드는 것 같다. 권리는 언제든지 바뀔 수 있지 않은가? 의무는 권리를 강화하고 공동선의 수호와 증진을 가져온다.

2010. 1. 18.

174

시간에서 에너지로

20세기는 시간과 성실이 키워드였다. 시간을 따라서 성실하게 살아야 했다. 산업사회의 '시간은 금'이어서, 제조업으로 대표되는 산업사회는 시간에 성실해야 했다. 마라톤처럼 철저하게 시간 관리를 하여 성실하게 살 때 성공할 수 있었다.

시간 관리와 성실의 패러다임은 21세기에서는 더 이상 맞지 않다. 개인이든 사회적이든. 21세기에 들어오면서 산업사회는 지식기반사회로 바뀌고 있다. 미래학자에 따르면 새로운 문명이 이루어지는 데는 대략 50년이 걸린다고 한다. pc가 보급되기 시작한 것이 1980년 정도니까 대략 2030년도쯤 되면 문명이 뿌리를 내린다고 볼 수 있다. 이미 산업문명은 서서히 막을 내리고 있다.

지금은 에너지관리 시대다. 얼마나 많은 시간을 성실하게 일했느냐보다 어떤 에너지를 가지고 일했느냐가 중요하다. 정보혁명으로 지식의 전달이 초고속으로 이루어지고 과거 수백 명이 하던 일을 하나의 소프트 프로그램이 대신한다. 이러한 시대에는 창조적 에너지나 긍정적인 힘이 새로운 문화, 새로운 지식, 새로운 아이디어를 생산하기 때문에 시간의 양이 아닌 에너지가 중요할 수밖에 없다.

에너지란 무엇인가? 에너지란 우리말로 신명이 아닐까? 신명이 없는 사람은 무기력하거나 우울한 사람이다. 무기력한 사람이 세상을 변화시킬 수 없다. 에너지가 충천한 사람이, 사기가 높은 사람이, 신명이 있는 사람이 대안을 만들고, 몰입하고, 장애를 극복해 나간다. 에너지관리를 잘 하는 사람은 몸과 마음 그리고 영성의 성숙과 통합적인 인간이다. 어느 한 부분이 아닌 전인적 사람은 에너지를 잘 갖춘 사람이다.

지식기반사회는 전인적이다. 경쟁적 입시가 필요 없다. 몸이 건강하고 긍정적인 에너지를 발산하는 인간관계! 총체적인 에너지는 아직 개발되지 않은 천연자원이다. 이런 관점에서 볼 때 대안학교는 전인교육이며 지식기반사회를 살아갈 에너지관리를 몸으로 익히고 있다.

경산사람들도 에너지 관리의 시대로 나아가야 한다. 시간 관리가 좋지 않다는 것은 변화가 필요하다는 말이다. 무엇보다도 공직사회의 사람들이 변화될 필요가 있지 않는가.

2010. 1. 25.

다양성을 누려라

어느 수도원에서 3박 4일 머물면서 피정강의를 한 적이 있다. 나는 수도원의 생활이 펭귄의 삶 같다고 생각했다. 같은 옷에 걸음걸이도 같고 목소리도 같고, 사는 모습이 거의 비슷하다. 생각도 획일화되어 있다. 다양성이 없다.

사도 바오로는 '다양성을 누려라!' 고 말한다. 사도 바오로가 말하는 일치는 획일화가 아니라 다양성 안의 일치와 조화이다. 건강한 가정, 건강한 공동체 안에는 다양성이 살아있다. 흑색, 백색만 있는 것이 아니라 빨강도 있고 분홍도 있고 파랑도 있다.

'내가 맞다' 에서 출발하면 종착역은 항상 '네 탓이야!' 다. 우리나라 이혼율이 세계 3위인데 이혼의 원인이 '다 너 때문이야' 고 '내 탓이야' 가 없다는 데 있다. 누가 맞고 누가 틀렸나가 아니라 너와 내가 다를 뿐이라고 생각하면 화도 적게 날 것이다. 소통이 안 되는 이유는 개인과 공동체의 다양성을 받아들이지 않기 때문이다. 장담컨대 불평으로 도배된 이의 곁에는 아무도 없다. 불평하는 사람의 인생은 항상 제자리 곰배다. 늘 과거의 보따리를 자르지 못하고 현재를 누리지 못한다.

지금 우리나라는 제 정신이 아니다. 검찰도 청와대도 조중동도 똑같이 '사법부 탓이다' 하고 소리를 질러댄다. 입으로 끝을 내자는 것이다. 남 탓하는 사람은 꼭 끼리끼리 모여서 편을 만들고 패를 만든다. 우리 사회는 어떤가. 다양성을 좋아하고 좋은 점을 칭찬하고 약자를 배려해 주고 있는가?

이번에 우리 본당 아이들이 산자연학교 겨울학교에 참가했다. 우리 선생님들이 내게 이런 말을 했다. 다른 본당 아이들은 밀랍초를 만들면 다 비슷비슷한데 유독 경산본당의 아이들은 밀랍초를 만들어도 다양한 디자인이 나왔다는 것이다. 그래서 우리 아이들은 본당신부를 닮아서 그렇다고 대답했다.

주위환경이 낙후된 것보다 의식이 낙후되면 약도 없다. 하지만 방법이 하나 있다. '사랑합니다. 감사합니다. 미안합니다. 제 잘못이니 용서해 주십시오.'

아주 단순하고 쉽다. 여기에는 나와 다른 상대방을 받아들이는 마음가짐이 담겨 있다. 이런 마음가짐이 바로 해결책이다. 과거를 지울 수 있고 미래를 돌파할 수 있다.

2010. 2. 1.

녹색편지 배달갑니다

작년 10월부터 아침마다 녹색편지를 배달하기 시작하였다. 편지이름은 〈푸른평화이야기〉다. 푸른평화이야기에서 아침마다 E메일로 배달되는 녹색편지는 삭막한 디지털미디어 시대에 사는 우리 모두에게 한 조각 푸르른 오아시스가 되고자 하는 희망을 담았다.

나의 푸른평화운동 20년을 돌아보면, 그 시간들이 참 감사하다. 왜냐하면 역사는 혼자 만드는 것이 아니라 함께 만들어 가기 때문이다. 그리고 나는 늘 종교와 지역사회와의 통합을 중요하게 생각해왔다. 그 실례가 바로 우리 아이들의 밥상을 유기농으로 먹이자는 조례제정이다. 이 조례제정이야말로 20여 년 동안 지속해온 푸른평화운동, 즉 생태평화 실천운동의 핵심이다.

지금 우리가 살고 있는 시대는 경제 위기와 식량 위기, 환경 위기, 궁극적으로 도덕적 위기의 시대다. 의식이 문제다. 지금 우리 아이들이 희망 없이 병들어가고 있는데 어떻게 미래를 준비하라고 할 수 있을까.

공동의 환경자원 '지수화풍'을 다 써버리고서 그 책임을 미래의 후

손들에게 전가할 수 없다. 우리가 사는 이 지구가 망하면 우리가 지금 누리는 삶이 무슨 의미가 있겠는가. 자멸을 지연시킬 수는 있다. 지금 겪는 위기는 또 다른 대안이며, 연대의 기회다. 지구 전체가 아이티를 돕는 것처럼 말이다. 우리 의식의 변혁과 그 실천은 다음 세대를 위한 종자로 남는다.

지금부터 이루고 행할 일에 대하여 두 가지를 제안하고자 한다. '의식혁명'과 '녹색혁명'으로 도전하자. 이 두 혁명에 우리가 이대로 무너지느냐, 다시 일어나느냐가 달려있다. 현재의 생태위기를 초래한 의식을 변화시키자. 깨끗한 물을 먹을 권리뿐만 아니라 책임질 의무도 강조하고 싶다.

2010년 교황 베네딕토 16세의 평화의 날 메시지는 '평화를 이루려면 피조물을 보호하라'는 절박한 호소를 내보냈다. 이 메시지는 황폐화된 지구 환경에 대해 우리의 생산방식과 소비방식을 바꾸라고 촉구하고 있다.

아이들의 미래가 위기에 처해 있다. 위기를 알리고 대안과 실천을 배달하는 쪽지 푸른평화이야기(www.celeuni.com)이다.

2010. 2. 15.

사자처럼 천천히 걸으라

걷기 위해서 제주도까지 갈 필요가 있겠는가?

경산에는 걸을 수 있는 길이 너무 많고 또 길이 좋다. 동학산 모골길은 걸어 본 사람만이 안다. 모골길은 고요하고 평화로운 길이다. 명상이니 수행이니 어렵게 생각할 것이 없다. 사자처럼 천천히 길을 걸어가면 수행이다. 어디로 가든 걷는 것이 수행이다. 마음이 답답해도 걷고, 무엇인가 결정할 일이 있으면 걷고, 아파도 걷고, 한 걸음 한 걸음 그 자체가 기도이며 염불이다. 눈을 뜨면 세상의 모든 것이 법전이고 성경이고 명심보감이다.

닭을 잡을 땐 뒷날개를 잡아야 하고, 토끼를 잡을 땐 귀를 잡아야 하고, 고양이를 잡을 땐 뒷덜미를 잡아야 하듯이 사람을 잡을 때는 어디를 잡아야 하는가? 바로 마음이다. 마음을 챙기는 것은 천하를 챙기는 것이다. 천기가 어디로 통하고 내려오는가? 머리도 아니고 발도 아니고 바로 마음이다.

마음을 잡는 것이 걷기 명상이다. '마음챙김' 명상의 시작은 감사다. 걸을 수 있으니 감사하다. 한 걸음 한 걸음 걸으면서 '감사, 감사'

하고 말하면 된다. 새를 보면 새에게 감사! 하늘을 보면 하늘을 보고 감사! 마음을 챙기는 가장 기본자세는 감사다. 감사하면 몸과 마음이 술술 풀린다. 안 되는 일도 되어간다. 놀랍지 않은가? 그리고 단순하지 않은가? 천국에 가려고 이곳 저곳 다니지 말라. 천국이 이미 도착했음을 감사하며 걸으라!

예수, 부처, 공자, 마호메트는 이미 나는 온전하며 충만하다는 사실을 깨달았다. 가장 파멸적인 인식은 내가 죄인이며 업이다, 라고 고백하는 순간이다. 이런 생각은 자멸적인 생각이며 축구로 치면 자살골이다. 당장 버려야 할 생각이다.

경산에는 호수가 200개나 되니 호수와 호수를 이은 길, 그리고 경산의 명산 16개를 이은 길이 바로 치유의 길이며 해방구이며 마음챙김의 길이다. 경산시가 마음먹고 개발해야 할 길이다.

2010. 2. 22.

시리우스를 담아 시리우스를 닮다

오산에 들어온 이후로 난 늘 남쪽 하늘에 시리우스를 본다. 시리우스가 나를 본다는 표현이 더 나을 지도 모르겠다.

시리우스Sirius는 밤하늘에서 가장 밝은 별로, 천랑성天狼星이라고도 한다. 겨울철 대삼각형의 꼭짓점이다. 시리우스는 두 번째로 밝은 카노푸스보다 두 배 정도 더 밝으며, 태양을 제외하고는 가장 밝은 별이다. 또한 지구에서 가까운 별들 중 하나로 8.6광년 떨어져 있다. 그 자체로도 밝은 A형 항성일 뿐 아니라 태양에서 매우 가깝기 때문에 밝게 보인다.

나는 산학교 아이들이 시리우스를 담아 시리우스를 닮기 바란다. 시리우스처럼 에너지가 높고, 창조적이고 긍정적이기를! 왜냐하면 긍정적인 에너지가 자본이 아닌 새로운 지식을 창조할 수 있기 때문이다. 몸과 마음, 의지와 생각의 힘을 조화롭게 갖는 전인적인 인간이야말로 에너지 관리가 제대로 된 인간이다. 에너지가 제로면 죽은 상태다. 에너지가 10이면 예수님의 경지다. 에너지가 3이면 우울증 상태다. 우울증에 걸린 사람이 세상을 변화시킬 수 있겠는가? 부정적인 에너지를 가진 사람은 아무 것도 창조할 수 없다. 적어도 에너지가 7~9 정도는 돼야 사회를 변화시킬 수 있다.

이곳 산학교 아이들은 건강한 편이다. 즉 몸 에너지가 높은 편이다. 자연 속에서 자전거를 타고, 동선이 기니까 배가 고플 수밖에 없다. 식사는 절대 유기농이다.

정서적 에너지는 어떤가? 긍정적 정서의 에너지는 인간관계를 맺는 능력과 관계 있다. 기숙사 생활을 하는 아이들은 공동체로 살아가야 하기 때문에 친구들과 매일 소통해야 하고 매일매일 자신을 정화하고 화해해야 하기에 참으로 가슴앓이를 할 수 밖에 없다. 싸우면서 인내하면서 울면서 마음을 털어 내면서 인간관계를 해야 하기에 정서적 에너지가 높을 수밖에 없다. 아이들은 성인군자가 아니다.

자학자치가 학교생활의 모토다. 스스로 살아야 한다. 조기에 스스로 살아가는 방법을 배워야 한다. 아무도 대신 이불을 개주지 않고, 대신 삶을 살아 주지 않는다. 삶의 의지력이 강할 수밖에 없다. 부모나 사회의 주입이 아니라 스스로 선택해야 하는 자기관리의 능력을 배운다. 입시교육이나 경쟁교육이 아닌 전인교육을 받고 있는 산학교 아이들은 제대로 미래를 준비하고 있다고 본다. 산학교는 아이들이 긍정적이고 창조적인 에너지를 가지고 이 지구를 회복하는 사람들로 성장하기를 바란다. 내 밥벌이는 하는 아이들이 아니라, 보다 아름다운 족적을 지구에 남기는 대안적 생각의 사람으로 겨울 밤하늘에 빛나는 시리우스처럼 성장하기를 바란다.

2010. 3. 1.

종교적 자폐증

자폐증에는 3가지 경우가 있다. 하나는 심리적 자폐증이다. 자폐증은 한마디로 통하지 않는다는 것이다. 한 집에 있어도 한 기숙사 안에 같이 살아도 말도 하지 않고 감정표현도 하지 않고 나 홀로 사는 것이다. '아픈 것은 통하지 않기 때문이요, 아프지 않는 것은 통하기 때문이다' 라고 동의보감에서는 말하고 있다. 심리적 자폐증 아이들이 늘어간다.

또 하나는 문화적 자폐증이다. 자연결집장애에 해당하는 자폐증이다. 닌텐도 게임기나 컴퓨터에 빠져 자연의 흐름을 망각하고 사는 사람들이다. 우울증이 늘어가는 이유가 바로 이 때문이다. 갖가지 중독현상도 문화적 자폐증이 아닌가 싶다. 현대인은 보름달을 직접 보지 않고 TV로 본다. 사람을 바로 쳐다보지 않고, 자연을 보지 않는다. 휴대폰을 들고 있지 않으면 불안한 사람들이 문화적 자폐증에 걸린 사람이다.

더 무서운 것은 종교적 자폐증이다. 이 지구상에서 마지막으로 사라져야 할 근본주의다. 한국의 종교들이 그런 기이한 현상을 만들고 있다. 종교적 호교론이나 전투적 선교론이 바로 그것이다. 사회적 소통을 막는 최대의 적도 종교적 자폐증이다. 이 증세는 이른바 종교적 사일로이다. 사일로란 원래 '곡식과 목초를 쌓아두는 굴뚝 모양의 창고'를 뜻한다. 성당이나 교회가 성이나 담을 쌓은 채 사회와 소통하지 않고 스스로의 이익만 좇으면서 따로 놀아 폐해를 끼치는 종교를 사일로에 비유한다. 종교적 이기주의와 맥이 통하는 말이다.

이런 종교적 사일로를 타파하기 위해서는 가장 소외된 계층을 종교가 끌어안아야 된다. 다문화 가정이나 2세 아이들, 새터민 사람들 그리고 노숙자들과 외국인 노동자들을 교회가 끌어안고 통합해야 복음을 실천하는 것이다. 어떤 신부가 이런 말을 했다고 한다. "성당 신자을 먼저 구원해야지" 그럴싸한 말이다. 전형적인 종교적 자폐증 환자다. 텅 비어가는 유럽교회처럼 스스로 신의 무덤을 파는 것이다.

2010. 3. 8.

186

프로슈머prosumer

　프로슈머는 생산자(producer)와 소비자(consumer)의 합성어로서 '생산적 소비자'로 해석할 수 있다. 앨빈 토플러가 〈제3의 물결〉에서 사용한 신조어다.

　판매와 같은 상업적인 목적이 아니라 자신이 사용하기 위해서나 즐기기 위해 서비스나 어떤 제품 또한 경험을 생산하는 사람들을 프로슈머라 부른다. 대표적인 프로슈머는 어머니다. 자식을 위해 빨래도 하고 밥도 하고 자식을 위해 헌신한다. 아버지도 프로슈머다. 돈을 받지 않고 자녀들을 키우는 부모님은 진정 프로슈머다. 아이들의 교육비를 위해 열심히 노동한다. 프로슈머는 보이지 않는 경제다. 그러니까 어머니의 헌신적인 가사노동이나 자원봉사활동은, 돈은 보이지 않지만 모두 돈이 되는 생산적인 활동이다.

　김연아의 금메달보다도 그 부모님의 헌신적인 뒷받침이 바로 프로슈머다. 아이티 지진 참사에 대한 봉사활동은 사랑을 나누는 프로슈머다.

　여기에 콩나물을 만드는 시루가 있다. 우리가 콩나물을 키워서 먹는다면 우리는 프로슈머다. 우리 아이들이 요리 실습시간을 통해서 만든 과자를 먹는다면 우리 아이들도 프로슈머다. 스스로 생산하면서 소비한다면 그것을 프로슈밍이라고 한다. 그리고 프로슈머에 의해 이루어지는, 돈이 오가지 않으면서 수치로 측정되지 않는 비화폐경제를 프로슈머경제라고 한다. 미래의 부는 보이는 화폐보다도 보이지 않는 프로슈머경제라고 생각한다. 미래에는 화폐가 사라진다?

두 가지 경제가 있는데 돈, 돈, 돈만을 말하는 화폐경제와 화폐경제가 아닌 프로슈밍 활동이다. 경제대국에서는 후자가 폭발적으로 증가하는 추세다.

앞으로 프로슈머는 경제의 이름 없는 영웅이 될 것이다. 좋아서 하다보니까 재미삼아 하다보니까 인터넷 콘텐츠도 프로슈밍의 산물이다. 개인의 블로그와 홈페이지를 보라! 재미가 부를 낳는다! 사고의 전환이 필요하다.

우리 아이들 모두가 프로슈머다. 캐릭터와 스토리, 게임이나 시뮬레이션 등이 바로 그것이다. 단순한 소비자가 아니라 적극적으로 연구하는 프로슈머가 바로 오늘날 새로운 세상을 창조한다. 인터넷이나 월드와이드웹도 프로슈밍에 의해서 만들어졌다. 리눅스 소프트웨어도 1991년 헬싱키대학의 학생 리누스 토발스가 시작했다. 이 프로그램은 160개국 정부에서 사용한다. 프로슈머로 시작한 일이 자신도 모르게 엄청난 경제적 결과를 낳았다. 이처럼 돈과 관련이 없는 행위가 앞으로 돈과 관련 있는 행위에 점점 더 영향을 미칠 것이다.

자 봄이다! 재미삼아 취미삼아 프로슈밍에 빠져보자.

2010. 3. 15.

안중근 장군

정약용은 과거 망국론을 말한 바 있다. 실제로 100년 뒤에 결국 이 나라는 망하지 않았나. 지금부터 꼭 100년 전에 안중근 장군이 순국하였다. 3월 26일은 그분의 기일이다. 의사라는 호칭은 그 분의 뜻을 개인적인 차원으로 축소하는 것이다. 나는 그분을 의사가 아니라 공적인 차원에서 장군으로 부르는 것이 마땅하다고 생각한다.

안중근 장군의 뜻은 무엇인가? 그 뜻이 오늘날 우리와 어떤 관계가 있는가? 그분이 진정으로 바라던 독립을 우리는 과연 쟁취하였는가. 그분의 유서에 따르면, '독립을 이룬다면 천국에서 춤을 추겠다'고 말하지 않는가. 유감스럽게도 우리는 아직 독립을 이루지 못하였다.

사형선고를 받은 그 다음날 2월 15일. 다음과 같은 유서의 내용은 100년 전에 쓴 것이지만 오늘날 우리에게 주는 메시지는 아주 의미심장하다. 꺼져가는 나라의 불빛을 보면서 진정으로 독립을 이루기 위해서는 3가지가 필요하다고 절박하게 호소한 것이다. 안중근 장군은 우리에게 교육진흥, 실력향상 그리고 민심을 통합할 것을 고언하고 있다. 독립을 이루기 위해서 필요한 3가지는 오늘날에도 그대로 해당된다고 본다. 정약용 어르신이 100년을 내다보았고, 안중근 장군은 그 대안으로 100년을 내다보고 우리에게 예언자적인 비전을 주었다. 지금 우리는 풍전등화의 위기에 봉착해 있다.

고려대 경영대 재학생의 자퇴선언서를 보면 '쓸모 있는 상품으로 간택되지 않는, 인간의 길을 선택하기 위해 대학을 그만둘 수밖에 없는 현실'은 곧 지금의 교육이 망국의 트랩에서 벗어날 수 없음을 말해 준다. 교육의 실패는 곧 나라의 실패다.

미국 - 중국 - 러시아 - 일본의 힘의 구조 속에 여전히 놓여 있는 우리나라가 아닌가? 100년 전보다 한 가지 더 있다면 생태위기의 현실이다. 돈 되느냐 앞에 민심은 파탄이 났다. 지구의 총생산량은 감소하는데 인간의 총생산이 증가하는 것은 확실한 모순현상이다. 이러한 모순을 보여주는 끔찍한 사건이 4대강 공사이다. 4대강에 손을 대는 것은 대재앙이다. 도대체 식수를 어디에서 구한단 말인가? 이 나라 식량 자급률도 20% 달랑달랑하는데 우리 정부는 그야말로 후안무치하지 않은가.

2010. 3. 29.

베풂은 우주의 선물

작년 연말 우리는 경산 지역에 거주하는 다문화 가정을 찾아 가정 방문을 한 적이 있었다.

가까이는 옥곡동에서부터 멀리는 진량, 용성, 자인 그리고 압량에 이르기까지 여기저기 흩어져 살았지만 그들의 결속력은 대단했다.

잘 사는 집도 있었고 못사는 집도 있었다. 돌아서는 발길이 무거운 집도 있었고 가슴이 답답한 집도 있었다. 내 나이쯤 동갑나기로 보이는데 20대 여성과 결혼하여 간난아이를 둔 가정이 있었다. 그 여성이 참 안쓰러워 보였다. 그 아이의 미래를 생각하면 가슴이 답답했다. 지금 그네들이 우리 사회에 통합되지 않으면 나중에 그 아이들이 우리 사회의 또 다른 형태의 어둠이 될 수 있음을 알아야 한다. 이것은 베트남에서 한국인 2세들이 겪는 아픔과 수난이 증거한다.

적지 않은 천주교 교우들이 다문화 가정을 돕는 것에 반대하고 있다. '내 코가 석자인데 무슨?', 혹은 '우리도 어려운 처지인데 다문화는 무슨 문화? 우리 교우들도 어려운데?' 인간진보의 가장 큰 장애물은 의식 자체의 본성에 대한 앎의 결핍이다. 이런 사람은 종교인이든

비종교인이든 의식의 바다에 떠다니는 병마개와 같다. 이런 사고방식은 성경적이 아니며 교회다움도 아니다. 참된 종교는 종교적 이기주의를 넘어서는 것이다.

우리도 한때 그들처럼 밀가루를 얻어먹던 시절이 있지 않은가! 우리가 익히 잘 아는 진실 하나는 우리가 배부르고 난 다음에 남을 돕는다는 말이 거의 거짓말이라는 것이다. 본디 아픈 사람이 아픔을 알고 배고픈 사람이 배고픈 사람을 알고 돕는다. 베풂을 주었거나 베풂을 진정으로 받은 경험을 해 본 사람은 자신이 우주로부터 귀중한 선물을 받았다고 느낀다.

그들은 결코 으스대지 않는다. 목욕탕에서 남의 때를 밀어주는 사람에게도 친절하며 사람을 괄시하거나 무시하지 않는다. 우린 서로가 서로에게 선물임을 알기에 말이다.

사동에 사는 어느 한 집에 들렀는데 대뜸 그 남편이 합동결혼식을 하고 싶다는 이야기를 했다. 나는 깜짝 놀랐다. 나는 다 결혼식을 올리고 사는 줄 알았다. 여러 가지 형편상 그리고 그네들의 속사정상 이래저래 한국에서 떳떳하게 결혼식을 하지 못했다는 얘기였다. 그들이라고 자신의 부인에게 왜 웨딩드레스를 입혀주고, 사진으로나마 기념물을 남기고 싶지 않았겠는가.

이번 주말에 열리게 될 합동결혼식은 여기저기 마음으로부터 후원을 받아 특별한 순간을 만든다. 그때 한 약속을 지키게 되어 매우 기쁘다.

2010. 4. 19.

착각

　사람들은 믿고 싶어 하지만 그것은 환상이다. 예컨대 '녹색성장'이란 구호가 그렇다. 녹색을 통한 성장이나 경제발전, 그리고 지속가능한 발전은 허구에 불과하다. 판단의 오류나 착각이라고 말할 수 있다. 금송아지처럼 생각으로는 가능하다. 사람들은 지속가능한 개발 또는 발전이라는 용어에서 무엇인가 이루어질 것이라는 막연한 믿음을 갖는다. 뭐가 되겠지.

　사람들은 지금 착각하고 있다. 숱한 사람들이 '경제 살리기'라고 말하지만 그렇게 된 예가 없다. 아니 불가능하다. 다음 세대가 필요로 하는 여건을 훼손하지 않는 상태에서 현 세대의 욕구에 부응하는 수준의 지속가능한 발전이 가능할까? 석유 잔치는 이미 끝난 상태다. 그런데도 안 보이는 것인지 안 보려고 하는 것인지, 아니면 스스로 속이는 것인지 알면서 모르는 체하는 것인지, 인식의 위기임에는 틀림이 없다. 인식의 위기는 결국 위험한 사회를 만든다.

　1992년 UN에서 주창하는 '지속가능한 발전'을 이루기 위해서는 3개의 지구가 필요하다. 다시 말해 발전을 위해 써야 하는 지구의 자원들과 그 자원들의 고갈, 그 결과물로 초래될 환경 파괴 등을 고려한다면 하나의 지구로는 불가능하다는 얘기다. 그렇다면 우리가 내건 '녹색성장'은 얼마나 많은 대한민국을 필요로 할까?

피크오일도 지났다. 식량자급률도 20%를 밑돈다. 2016년에는 기후변화로 평균 2도 더 올라간다. 지금 이 작은 땅에 댐이 1300여 개나 되는데 무슨 댐이 또 필요하나? 4대강 살리기를 통한 경제 살리기는 거의 불가능하다. 공사기간 2년 동안 만들어진 일자리 9000명은 좋겠지만 그 뒷감당은 누가 할 것인가? 그렇게 많은 돈을 들여서 얻을 수 있는 저수량은 3%이상도 안 되는데 저 난리를 피운다.

홍수는 하류에서 발생하는데 본류에다가 댐을 만드니 이상하지 않나? 4대강 정비하여 강을 살린다고 하면서 실제는 보가 아니라 댐이다. 달성보가 아니라 달성댐이다. 가보면 안다. 저것이 보가 아님을 말이다. 눈으로 대충 보아도 높이가 9m이상이다. 태풍이나 큰물이 오면 보나마나 댐이 터지고 갈수기에는 똥물이 될 것이다. 물은 흘러야 한다. 이것은 자연의 이치다. 강의 생태적 기능은 무시한 채 수치로 선심을 얻는 정책으로 일관해서는 언젠가 땅을 치고 후회할 일이 생길 것이다.

적지 않는 사람들은 '강을 살린다는데 왜 반대야'라고 비난한다. 살린다면 누가 반대하겠는가? 4대강에 한 번만 나가보라! 현장에 가보면 동영상을 보여 주면서 공사현장은 보지 못하게 한다. 왜 그렇게 할까? 진실이 아님을 우리 모두 알기 때문이고, 우리 모두 알면서 모르는 체할 뿐이다. 돈이 되면 입을 다무는 사회에 우리는 살고 있다.

2010. 5. 3.

주류의 삶을 포기하라

주류에 편입되는 것을 자발적으로 포기하면 우리의 삶과 교육은 변화가 시작되지 않을까? 기후위기, 석유위기 그리고 에너지위기가 바로 코앞인데 대학졸업장이 무슨 소용 있나. 그런데도 우리 교육의 목표는 오로지 대학 입학뿐인 것 같다. 배운 사람이나 못 배운 사람이나 교육에 대해서는 똑같다. 대학도 장사고 브로커니 큰 문제가 아닐 수 없다. 대학에 안 가면 무엇을 먹고 사느냐, 이것인데 프로슈머가 되면 문제는 간단하다. 자급자족!

아이들 굶주린 영혼의 갈증은 어디에서 채울 것인가? 현재와 같은 시험방법, 학과성적 위주의 내신등급으로 우리 아이들을 참되게 키울 수는 없다고 본다. 유아원-유치원-중학교-고등학교의 교실이 대학 입시학원으로 전락하고 있다. 이것은 스펙이지 교육이 아니다. 우리말 우리글도 제대로 할 줄 모르는데 무슨 조기 영어교육인가? 삶 따로 글 따로의 글쓰기가 무슨 교육인가? 교육은 생명을 일깨우는 것이며, 생명을 제대로 살게 하고, 표현하게 하고, 있는 그대로 받아들이게 하는 것이다.

필자의 체험에 따르면 생명교육은 이런 것이다.

첫째, 아이들로 하여금 지루하게 하라. 아이들은 지루하면 사물과 사람을 찾는다. 아이들이 스스로 세계 속에, 사람 속에 놀도록 그냥 두면 좋겠다. 심심풀이를 제고하지 말고, 자기들이 만들고 찾고 관계할 수 있도록 말이다. 창조력과 상상력이 튀어 나온다.

둘째, 결핍되게 하라. 어른들이 아이들의 욕구에 앞장서서 채워 준다면 기다릴 줄 모르게 된다. 언제나 욕구과잉이 문제다. 가난함, 부족함, 결핍됨, 모자람을 체험케 해주라는 것이다. 위대함이란 결핍 속에서 찾는 기쁨인 것이다.

셋째, 글쓰기를 시키라는 것이다. 글짓기가 아니라 생활 속에서 본 대로 느낀 대로 글을 쓰게 하는 것이 생명을 가꾸어 가는 좋은 방법이라고 생각한다. 글감을 삶의 구체적인 생활에서 찾을 수도 있지만 나무, 숲, 개구리, 하늘, 바다 등 자연을 주어로 하여 글을 쓰게 하고 기도문을 쓰게 하는 방법도 있다.

넷째, 향수와 추억을 심어주라. 우리 아이들 마음에는 빈 방이 많다. 추억이 없다. 우리 아이들에게서 누가 고향에 대한 향수를 빼앗아 갔는가? 누가 그들의 가슴 속에 있는 푸르름에 대한 추억들을 없애버렸는가? 고향에 대한, 추억에 대한, 생명에 대한 향수가 우리 아이들에게 없다면 그들은 아스팔트 위의 늑대가 되는 것이다.

생명교육은 아주 간단하다. 사라진 것에 대해 아파하는 마음을 일깨워 주는 것. 과외나 사교육을 그만두고 순례를 떠나 파헤쳐진 4대강의 실상을 보고 연민을 느끼게 하는 것이 이 시대의 교실이며 학습이다.

2010. 5. 17.

삼절 三節

지금 우리 아이들에게 참으로 필요한 영성은 삼절(절제, 절약, 절도)이라고 생각한다. 영성이라는 말을 어렵게 생각할 필요가 없다. 영성은 삶의 태도다. 단순한 태도가 아니라 삶 전체를 이끄는 가치다. 삶을 돌리는 발전소가 영성이다. 돈만 맨날 생각하면 돈이 영성이고, 건강만 맨날 생각하면 건강이 영성이고, 가장 많이 생각하는 것이 그 사람의 영성이다. 입만 열면 똑같은 말을 반복하는 것은 그 사람의 가치관이 드러난 것이며 그 사람의 내적인 태도라고 볼 수 있다. 특히 영성이란 아무도 보지 않을 때 자신의 모습이다. 부정적이든 긍정적이든. 지금 우리 아이들에게, 특히 교육현장에서 불어넣어야 할 영적 에너지는 무엇인가? 때론 국자보다 작지만 힘차게 움직이는 젓가락이 더 많은 일을 할 수 있지 않은가? 성적이니 과외니 하면서 국자로 아이들을 휘저어봐야 밑 빠진 독에 물붓기다. 아이들의 조건을 개선하기 위해서는 영성적인 기초공사가 이루어져야 한다. 대학이 자격증 혹은 스펙 브로커로 전락했는데 국자로 저어봐야 별 소용이 없다. 스스로 힘차게 움직이는 젓가락이 더 요긴하게 쓰인다. 한 사람이 동굴에 홀로 앉아 있어도 그의 의식은 다른 사람에게 영향을 미친다. 사실 우리의 마음은 매순간 우리 자신의 천당과 지옥을 창조한다.

요즘 우리 아이들은 인내심이 아주 약하다. 잘 참지 못하고 끈기가 없다. 제 멋대로 행동한다. 무조건 하고 본다. 절제라는 말이 그들에겐 우스개가 되어 버리지 않았을까? 절제는 이 시대를 치유할 수 있는 말이라고 생각한다. 절제라는 덕목은 우리 아이들의 심적인 에너지를 균형 잡아준다고 본다. 같은 맥락에서 절약이 나온다. 아이들은 아낄 줄도 모르고 무엇이든지 당연하게 생각한다. 자신이 무엇을 잃어버렸는지도 모르고 그저 손에 잡히는 대로 사용하고 버리고 또 사달라고 야단이다. 절제와 절약은 다음 세대를 생각하는 정의다. 이 절제와 절약에서 절도가 나온다. 요즈음 우리 아이들이 질서도 없고 공동선도 모르고 자기밖에 모른다는 말을 자주 듣는다. 그도 그럴 수밖에 없는 것이 그런 것을 보고 자랐으니까. 인사도 제대로 할 줄 모른다. 한마디로 절도가 없다.

절제와 절약 그리고 절도는 우리의 미래를 지속가능하게 해 주는 미래의 에너지다. 지금 우리가 자연을 대하는 방식은 우리가 우리를 대하는 방식에 영향을 주며, 그 반대의 경우도 마찬가지다. 현대 사회도 그 생활방식에 대해 진지하게 재검토해볼 필요가 있다. 지금 우리가 얼마나 소비주의와 향락주의로 기우는가? 새로운 생활양식을 선택하려면 실질적인 사고의 전환이 필요하다. 새로운 생활양식에서 절제와 절약 그리고 절도는 공동발전을 위한 투자다. 특히 삼절은 아직 태어나지 않은 우리 아이들을 위한 윤리다.

2010. 5. 24.

필통 $必通$

올해 4월 초파일의 주제는 '화합과 소통'이었다. 화합과 소통은 지금 우리가 처한 현실에서 가장 중요한 콘셉트다. 이번 선거가 끝난 후 우리 모두 해결해야 할 과제 역시 화합과 소통이다. 다른 지역도 마찬가지겠지만 특히 경산지역에서 화합과 소통만큼 중요한 주제가 어디 있겠는가?

이번 선거로 인해 경산지역의 민심은 천 갈래 만 갈래 갈라졌고 선거 후유증을 치유하기에 쉽지 않을 정도로 인간관계가 비틀어져 버렸다. 이 책임은 우선 지역 정치가들에게 있다고 본다. 민심이 정치를 위해서 있는 것이 아니라 정치가 민심을 위해서 있는데 정치가들이 독불장군처럼 너무 오만하고 지역주민을 함부로 하지 않는가? 이번 선거에 유권자들이 마음의 문을 열지 않았던 것은 무관심에서가 아니라 그네들이 무관심하게 만들었기 때문이다.

지난 초파일에 안흥사를 방문하였다. 안흥사 주지 선응스님은 지역에서 화합과 소통을 실천하는 분이시다. 다들 종교가 화합과 소통의 도구가 되어야 한다고 말한다. 이렇듯 누구나 소통을 말하지만 쉽지 않은 것이 소통이다. 소통은 등 돌리지 않는 것이고 문을 닫아걸어 잠그는 것이 아니다. 지금 여기저기에서 문 닫히는 소리가 들려온다. 대화도 교류도 소통도 하지 않겠다는 단언은 한반도에 먹구름을 뒤덮고 있다. 왜 일본과 중국의 수상을 만나서는 저렇게 웃고 이야기하면서 정작 우리끼리는 웃을 수 없는가?

지역에서는 선거가 끝나자마자 네 편과 내 편, 거짓과 진실 사이에서 주민들을 가르는 장벽이 날로 높아만 가고 있다. 소통, 아니 필통必通이 얼마나 필요한 시대인가? 반드시 통한다는 뜻의 필통은 다른 의미로 필feel, 즉 필이 통해야 마음의 닫힌 문이 열리고 일이 일어난다. 누구누구 때문이라고 탓하지 말고, 원망하지 말자. 그래도 희망의 노래를 포기할 수 없다.

오산 동네에 할머니 한 분이 바닥에 거의 닿을 듯 말 듯 엎드린 채 작은 나뭇짐을 지고 오지 않겠는가? '묵묵한 엎드림' 이야말로 생명의 본 모습이 아니겠는가 싶을 정도로 가슴이 뭉클하였다.

묵묵한 엎드림으로 다시 일상의 삶을!

2010. 6. 7.

천천히, 행복하게

현대인은 속도에 대한 강박관념으로 살아간다. 빠른 것이 최고의 가치인 것처럼 부추긴다. 이런 가치가 먹을거리에도 적용되어 아예 차를 타고 햄버거를 주문하고 차를 몰면서 이것을 먹어 치운다. 차에 기름을 넣듯이 위胃에 연료를 넣어 한 끼 때우는 것과 같다.

식사마저 신속하게, 효율적으로 그리고 실리적으로 나간다면 이것은 장기적인 면에서 볼 때 심각한 사회적 문제를 야기시킬 수 있다. 왜냐하면 후딱 먹고 빨리 치우다 보니까 맛과 영양의 질을 고려하지 않게 되고 결국은 몸의 면역체계도 서서히 나빠지게 될 것이다.

더 큰 문제는 이러한 식사법이 대화나 친교 그리고 가족에 대한 소속감마저도 감소시킨다는 점이다. 이것은 결국 밥상 공동체 부재나 영혼에 대한 굶주림으로 귀결될 것이다.

그런데 최근 미국에서 조용한 혁명이 일어나고 있다. 그것은 다름 아닌 슬로우 푸드Slow Food 운동이다. 식사에까지 속도의 경쟁력을 몰아붙인 것에 대한 반성이 슬로우 푸드 운동을 촉진하게 된 것이다.

대규모 식품공장에서 생산되는 냉동식품, 튀김식품, 합성 첨가물

식품, 심지어 유전자 조작식품 등을 판매하는 대형 슈퍼마켓의 유통 과정이 건강과 환경에 나쁜 영향을 주고 있음을 자각하는 운동이 일어나고 있는 것이다.

이른바 '느린 것이 아름답고 감미롭다(Slow is beautiful and delicious!)' 운동이 미국의 레스토랑과 식품업계 그리고 가정의 밥상에 확산될 뿐만 아니라, 더 놀라운 것은 농업에까지 변화의 바람을 일으키고 있다는 것이다. 이 운동은 학교 교육과정에도 영향을 미칠 정도다.

바로 밥상의 그린피스가 아닌가! 이 운동이 아주 중요한 이유는 바로 이것이다. 슬로우 푸드는 그 지역의 먹을거리를 존중한다. 거대한 식품회사나 자신이 사는 지역에서 멀리 떨어진 곳에서 생산된 먹을거리를 이용하는 것은 환경과 건강을 고려하지 않은 반생명적 삶의 태도다.

이 운동의 특징은 글로벌 식품을 거부하고 지역의 농장, 그것도 반드시 무공해(organic) 농작물을 이용한다는 것이다. 슬로우 푸드의 모토는 지역성, 무공해 그리고 함께 먹을거리를 나누는 것이다. 슬로우 푸드 운동은 결과적으로 우리를 건강하게 할 것이며 암 발생률을 낮출 것이고 지역의 농업과 환경을 지켜 나갈 것이다. 더 나아가서는 식물, 공기, 물, 토양을 깨끗하게 할 것이며, 우리 몸에 해로운 살충제나 제초제와 같은 독성을 제거하게 될 것이라고 본다.

천천히, 즐겁게 그리고 같이 맛있게 먹는 식사 분위기. 느린 것이란 얼마나 아름답고 귀한 것인가!

2010. 6. 28.

이디엇 서번트 신드롬

민호는 만 권의 책을 읽었고 그 대부분을 암기하고 있다. 전화번호와 우편번호도 통째로 외우는 그는 그야말로 '걸어다니는 백과사전'이다. 민호가 보여주는 놀라운 능력은 어디서 나오는 걸까? 그건 바로 '이디엇 서번트 신드롬idiot savant syndrome'이다.

'이디엇'이란 IQ 25 이하 정도의 지능 수준을 가리키는 심리학적 용어다. '서번트'란 프랑스어의 '알기 위해', 또는 '배우는 사람'이란 말에서 유래하는 것으로 한 분야에서 뛰어난 능력을 보이는 천재를 말한다. 이렇게 정신지체를 가진 이들이 장애와는 극도로 대조되는 놀라운 능력을 보이는 현상을 '서번트 신드롬'이라고 한다.

스티븐 윌셔와 알렌조 클레먼스의 예를 들어보자. 스티븐 윌셔가 뛰어난 시각적 기억력을 통해 만들어내는 놀라운 그림 솜씨는 KBS 스페셜 '뇌의 선물'을 통해서도 확인할 수 있다. 스티븐은 도쿄 상공을 한 번 비행한 후 7일에 걸쳐 10미터 화폭에 놀랍도록 자세하게 그려냈다. 빌딩의 층수, 창문 위치, 수많은 골목과 도로, 심지어 나무 한 그루까지 정확히 일치한 이 작품이 TV에 소개됐을 때, 사람들은 경악했다. 어떻게 그런 일이 일어날 수 있을까? 설득력을 얻고 있는 이론은 '좌뇌의 손상을 우뇌가 보상한다'는 것이다. 장애로 좌뇌가 제 기능을 담당하지 못하는 만큼 우뇌가 비약적으로 발달해 천재성을 보인다는 거다.

알렌조 클레먼스에게 물었다. "도대체 당신의 재능은 어디서 온 건가?" "신이 제게 재능을 주셨다." 과연 서번트들의 재능은 신이 내린 것일까? 그럴 수도 있겠다. 하지만 서번트들이 장애를 딛고 그 재능을 끌어내기까지의 과정도 주목해야 한다. 그들의 경이로운 능력은 하루아침에 생겨난 것이 아니다. 그들도 보통 사람들처럼 그 재능을 꽃 피우기까지 수많은 인내의 시간을 보낸다.

서번트들은 자신들이 가진 장애에는 관심을 두지 않는다. 자기가 가진 재능 하나에만 집중한다. 그 순간이 그들에겐 가장 행복한 시간이다. 조경 전문가에 의하면 "'저 소나무 아주 멋지다' 해서 정원에 옮겨 심은 나무들은 하나같이 비정상적으로 발육된 나무다." 쉽게 말해 병에 걸려 뒤틀린 '기형 나무들'인 거다. 하지만 사람들은 그 독특함을 좋아해서 자신들이 가장 잘 보이는 곳에 두고 싶어 한다.

신의 눈에는 사람도 그렇게 보이지 않을까. 아무 어려움 없이 잘 자란 사람보다 고난과 장애를 이겨낸 사람들이 더 아름답게 보이진 않을까. 경이로운 서번트들처럼. 우리 주위에 서번트들을 눈여겨보자.

2010. 7. 12.

제발 일제고사 폐지하라

산자연학교 아이들이 환경스페셜에 나온 적이 있었다. 이 프로그램을 본 어느 부모님이 나에게 이런 말을 한 적이 있다. "다 좋은데 공부는 언제합니까?" 그 부모님이 보기에는 맨날 노는 것처럼 보였는지 모른다. 나는 그때 이렇게 대답하였다. "저게 공부인데요!"

우리가 어릴 땐 해가 지도록 놀았다. 저녁 밥을 먹을 때 쯤에야 집으로 돌아가지 않는가! 놀 줄 모르는 아이는 정신적으로 병들어 있음이 틀림이 없다. 아스퍼거 장애 아이들을 보면 다른 사람을 힘들게 하면서 자신은 정작 그 사실을 모른다. 그런데 십중팔구는 놀 줄 모른다. 놀아도 혼자 서성거린다. 겉으로는 멀쩡해 보이지만 마음씨나 사회적 관계에 문제가 있다.

요즈음 아이들은 놀 줄 모른다. 놀 줄 모른다는 것은 사회적 소통에 반드시 문제가 따름을 알 수가 있다. 초등학교 아이들은 원껏 마음껏 놀아야 한다. 제대로 놀 줄 모른다는 것은 아이가 영적으로 정신적으로 병이 단단히 들었다는 징표다. 논다는 것은 사회적 관계를 배운다는 것이고 소통을 배운다는 것이고 더불어 함께하는 것을 배운다는 것이다. 초등학교 아이들, 한마디로 놀려야 한다. 당연히 일제고사를 폐지하라는 것이다.

지금 우리 아이들 즉 초등학교 아이들 가운데 제대로 노는 아이가 있는가? 좀 배운 사람들까지도 아이들을 밤까지 학원에 돌린다.

경산에 있는 우리 아이들을 보면 숨이 차고 스트레스가 꽉 차 있다. 그러니 게임에 중독될 수 밖에. input된 대로 output된다. 지구상에 우리 아이들만큼 공부 때문에 성적 때문에 죽을 고생하는 나라는 없는 것 같다. 아이들이 10년 뒤에는 정신병자가 될 것이다. 아이들도 사람인지라 대가를 치를 수 밖에 없다. 심리상담소, 소아정신과, 무슨 치료, 아동발달센터 등 부자동네일수록 이런 기관이 많다. 성적이 높다는 것은 정신건강이 안 좋다는 표지다.

초등학교 학생들에게 일제고사를 치게 하는 것은 아이들의 가슴에 사망선고를 하는 것과 같다. 지금 우리아이들에게 필요한 것은 학벌이나 영어어학연수나 경제적 부나 스펙이 아니라 맛있는 밥, 맑은 마음과 웃을 수 있는 여유, 자기 이야기를 할 수 있는 친구다. 일제고사를 당연하게 생각하는 교육장이나 교육감은 도대체 우리 아이들이 얼마나 아파야 이 사실을 깨달을 수 있을까? 교육장님 제발 초등학교 일제고사를 다시 한 번 고민해 주십시오.

2010. 7. 19.

네오테니 유형성숙

놀고 있다! 이 말은 노는 것을 비웃는 말이다. 그래서 우리는 치열하게 살았다. 바쁘게 살고 무엇이든지 열심히 일했다. 노는 것을 꺼렸다. 노는 것은 비윤리적이라는 강박관념이 뿌리 깊었다. 논다 하면 아이들 취급을 받는다. 컴퓨터 게임에 빠진 아이들을 보면 주로 전쟁놀이하는 것을 볼 수가 있다. 놀이 하면 승자와 패자, 이기고 지는 것을 생각한다. 놀이란 전쟁놀이나 승부가 아니다. 놀이는 인간의 본성이나 영적 교섭에 직결된다. 우린 잘 노는 사람이어야 한다.

생물학적 견지에서 말하자면, 게놈 프로젝트를 통해 우리는 인간 DNA의 모든 유전자를 식별해 내게 되었다. 이 유전자는 총 10만개 정도 되는데 여기서 우리는 놀라운 사실을 발견하게 된다. 즉 인간 유전자의 98% 이상이 침팬지의 유전자와 같고, 이 비율은 99.9%까지 이를 수 있다는 것이다. 정말 놀랍지 않은가? 아니면 동물과 똑 같다는 사실에 충격을 받는가?

유형성숙, 즉 네오테니라는 말이 있다. 인간은 어린 시설의 특성을 노년까지 확장시키는 유형성숙 때문에 다른 동물과 달리 평생 동안 놀이의 상태에 머물 수 있다. 침팬지와 인간이 아무리 똑같다하더라도 인간과 침팬지가 다른 이유는, 그리고 인간이 침팬지로부터 분화된 가장 큰 원인은 다름 아닌 놀이 때문이다. 진화의 원동력은 놀이, 즉 노는 것이다. 침팬지도 걷고 우리도 걷는다. 그러나 우리는 그것에 만족할 수 없어서 그것 즉 걸음걸이에 대해 연구를 하여 마침내 걸음에서 춤을 추는 것으로 연결하게 된다. 평생 동안 놀이의 단계에 머물러 있는 자유로움이 인간의 의식을 발달시키고 있다. 유형성숙 덕분에 우리 인간은 깊은 흥미를 느낄 수 있으며, 평생 동안 이처럼 깊은 흥미를 느끼는 단계를 유지할 수 있다는 것이다.

잘 노는 사람은 진화된 사람이며, 재미를 좋아하는 사람일수록 더 진화된 사람이다. 아이들은 대나무 물총 하나로 하루 종일 논다. 모래더미에서 아이들은 재미있게 놀이한다. 재미있게 놀 때 본질에 가까워지고, 순수해지고, 인생이 인생다워진다. 나는 생존을 위한 최고의 전략은 유머와 놀이라고 생각한다. 우리 시대가 잃어버린 것 중에 하나는 바로 웃음이다. 침팬지에서 인간이 진화하게 된 큰 힘이 단지 2%의 노는 힘이었다면, 위기에서 기회로 바꿀 수 있는 2%의 힘은 유머다. 유머는 진화의 유모다. 2%의 유머감각이 사람을 살리고 조직을 살린다. 웃게 할 수 있으면 무엇이든지 할 수 있다. 이제 유머는 새로운 형태의 권위다. 마음이 열려야 지갑도 열린다. 중세 도서관 입구에 이런 말이 적혀 있었다. '웃는 자는 사형에 처한다' 나는 이렇게 말하고 싶어진다. "웃지 않는 자는 사형에 처한다"

휴가 때 무엇을 할 것인가? 답은 하나다. 놀러가자!

2010. 7. 26.

동물 축복식

샌프란시스코의 한 성당에서 성 프란치스코 축일에 동물을 위한 전례가 있었다. 해마다 한 번씩 이 축일에는 본당에서 동물 축복식을 갖는다고 한다. 프란치스코 성인이 특히 동물을 좋아했던 것이 이 날을 기념하게 된 배경이다. 본당 신자들이 키우는 동물들을 성당에 데리고 올뿐만 아니라 그 지역에 사는 주민들까지도 마치 무슨 축제처럼 이 전례에 참가하는 것이었다.

성당 안팎 장식도 화려하게 꾸미고, 풍선과 깃발로 한층 더 분위기를 띄웠다. 음악과 춤이 어우러지니까 마치 동물의 나라에 온 느낌이었다. 이것뿐만이 아니었다. 온갖 패션과 소품, 심지어 미용까지 동물에게 곁들여 아주 재미있었다. 안고 오는 사람, 업고 오는 사람, 목에 태워서 오는 사람, 상자에 넣어서 오는 사람, 두 손에 받쳐 오는 사람 등 그 모습도 각양각색이었는데, 특히 홀로 사는 노인들과 어린아이들이 동물을 데리고 나왔을 때 보기에 참 좋았다.

이곳 사람들은 애완동물이라는 말을 하지 않는다. 그 말 대신에 '동료'라는 용어를 사용하고 있다. 그만큼 인간과 동물과의 관계가 변하고 있는 듯하다. 거기에는 침팬지의 친구 '제인 구달'이라는 여성이 많은 영향을 끼쳤다고 본다. 놀라운 것은 침팬지와 인간의 유전인자 98%가 같다는 사실이다.

성당 입구 행렬을 시작할 때 등장한 스타는 작은 코끼리였다. 행렬에 참가한 동물들도 다양하였는데, 제일 많은 동물들은 개였다. 거미, 쥐, 새, 당나귀, 고양이, 원숭이, 토끼, 송아지, 오리, 타조 등이 보였다. 어떤 여성은 길고 굵은 뱀을 목에 감고 나왔는데, 여기저기에서 함성이 터져 나왔다.

성당 안에서는 이사야서의 비전처럼 동물과 인간이 창조물로서 창조주의 창조를 노래했다. 전례 중에 백인들이 아메리카 대륙에서 살해한 6000만 마리의 버팔로, 즉 들소에 대해 회개하는 부분도 있었다. 이것은 요한 바오로 2세 교황님이 강조하시는 '생태적 회개'이다. 20세기에 여성의 권리가 신장되었다면 21세기에는 동물의 권리가 향상될 것으로 보인다.

해마다 여름이 되면 많은 개들이 보신탕으로 죽어간다. 이제 우리도 보신탕 문화에 대해 성찰해야 될 전환점에 도달했다. 나는 이미 8번이나 성당 안에서 동물 축복식을 해 왔지만 천주교 안에서조차 보신탕문화는 여전하다.

2010. 8. 9.

연봉차

지난 주말에 모처럼 팔공산 동화사에 갔다. 우리나라처럼 골짜기가 아름다운 데가 또 어디에 있을까? 골짜기의 바람과 물소리는 '마하반야바라밀'을 노래하고 있었다. 그날 선법전善法殿에서 환경운동에 대한 나의 경험과 환경문제에 있어서 불교의 역할에 대하여 이야기를 하였다.

절에 계신 부처도 부처지만 나무와 숲, 물, 골짜기도 부처다. '지심귀명례(至心歸命禮 : 지극한 마음으로 귀의하다)'라는 한 스님의 염불소리에 나도 어느새 누구에겐가 귀의하고 싶어진다. 귀의하고 싶은 것이 어디 사람뿐이랴. 해탈꽃이라 불리는 옥잠화도, 참나무도, 저 채마밭의 배추도, 바위도, 바람 속의 나무들도 지심귀명례를 하고 있는 듯하다. 이 삼라만상의 창조물도 하느님께 구원받고 싶지 않을까?

한 스님이 나를 점심공양에 초대하였는데 그 날은 마침 메밀국수를 내놓은 터였다(메밀은 다이어트 식품이지만 자주 먹으면 장이 얇아진다). 채식이 참 맛있었다. 내가 전생에 중이었나? 이렇게 밥맛이 좋게! 현대인들이 육식을 좀 줄이고 채식 위주의 식습관을 갖는다면 환경운동은 밥상에서 쉽게 할 수 있을 텐데.

그 스님이 귀한 차를 나에게 대접하였는데 두고두고 향이 그리워진다. 차의 이름은 연봉차. 스님이 직접 만든 차였다. 이른 아침 연꽃이 필 때 차를 그 꽃에 9번 빼고 넣어서 만든 차라고 하는데 맛과 향이 맑은 영혼을 자극한다. 직접 만들어서 먹는 것은 수행의 한 방법이라고 생각하면서 나는 불자들에게 이런 말을 하였다.

"성지가 어디 따로 있습니까? 저 아름다운 골짜기를 보전하지 않는다면 지심귀명례는 서서히 줄어들 것입니다"

4대강도 강이지만 이 골짜기도 강이다. 우리가 너무 큰 이슈에 골몰하다보면 작은 꺼리에 무관심하게 된다. '빈 그릇 운동'은 음식물을 남기지 않기 위한 운동이다. 사찰에서 사용하는 음식물이나 쌀과 과일을 친환경농산물로 사용하면 좋지 않을까? 절마다 비누쓰기를 하면서 합성세제를 추방하면 아주 멋진 생명운동이 될 것이다. 그리고 사찰에서 냉난방을 석유에 의존하지 않고 다른 해결책을 찾을 때가 왔다고 본다.

2010. 8. 16.

블랙 유다

이름은 기억나지 않지만 토론토의 어느 수녀원 식당에 '최후의 만찬'이 걸려 있었는데, 자세히 보니 예수의 다른 제자들은 백인인데 유독 유다만을 검게 그려 놓았다. 누가 그렸는지는 모르지만 지독한 인종차별자임에 틀림이 없다. 거기에는 백인 수녀님들도 있지만 외국인 수녀님들도 살고 있었는데 말이다. 백인들은 이 그림을 당연하게 생각할 수도 있겠지만 흑인들의 입장에서는 상당히 불쾌한 일임에 틀림이 없다. 이 그림이 단순한 풍경화도 아닌 예수님의 최후만찬을 그린 그림이 아닌가. 만약에 이 그림을 정 반대로 예수의 다른 제자들을 흑인으로 묘사하고 스승을 배신한 유다를 백인으로 그린다면 그들은 아마도 신성모독이라고 소리소리 지르면서 야단법석을 떨었을 것이다.

캐나다에서 유학하고 온 학생이 나에게 들려준 이야기가 하나 있다. 이 여학생은 어학연수를 하면서 캐나다인 목사 집에서 제법 오랫동안 지냈다고 한다. 허물없이 지내면서 편하게 생활하고 영어도 많이 배우고 부담 없이 대화를 나누곤 하였던 모양이다. 당시 이 학생이

다니는 도서관에서 도난사건이 자주 발생했다. 이 학생은 식사 중에 이 사건을 이야기하였는데 그 목사님이 무심결에 아시아 사람이 그런 짓을 했을 것이라고 말해 깜짝 놀랐다고 한다. 보통 분도 아니고 성직자가 어떻게 그럴 수 있느냐고 그 학생은 흥분하여 나에게 이야기하는 것이었다. 아마도 그 학생은, 그분은 인종차별을 전혀 하지 않으리라고 생각했던 것 같다.

미국에 유학했을 당시 백인들과 사귀고 부딪치면서 백인은 아무래도 백인이라는 생각이 자주 들었다. 아마도 북미에 이민 온 사람들은 여기에 살면서 알게 모르게 차별을 많이 겪으리라고 생각된다. 차별의 서러움은 당해 본 사람만이 안다. 작년 제6차 필리핀 아시아 생명대회 때에 적지 않은 아시아 사람들이 한국은 너무 외국인 노동자를 차별한다고 지적하는 바람에 나는 아주 부끄러웠다.

나는 한 번씩 흑인교황을 꿈꿔본다. 그리스도교 2000년 역사 중에 교황은 늘 백인이었다. 교황은 거의 로마인 출신이었고, 로마인 출신이 불가능하면 차선으로 이태리 출신을 뽑았다고 한다. 아프리카 출신 교황을 본 적도 없고 아시아 출신은커녕 남미출신 교황도 한 번 본 적이 없다. 왜 우리는 흑인교황을 생각해 볼 수 없을까? 여성교황은? 모든 차별은 사라져야 한다. 지금은 다문화시대다. 경산 안에 다문화 가정을 끌어안고 우리 안으로 들어오도록 우리가 노력할 때다.

문제는 성차별, 인종차별이 종교 안에도 여전히 남아 있다는 사실이다.

2010. 8. 23.

누가 하느님?

청문회를 보면 누구 하나 깨끗한 사람이 없다. 오히려 양파처럼 벗기면 벗길수록 털면 털수록 비리와 투기, 위장전입 같은 거짓말이 드러난다. 범법자들이 어떻게 장관이 되고 청장이 되고 국무총리가 된다는 말인가? 오죽하면 양파총리, 비듬장관이란 말이 회자되는가? 쪽 방투기란 말도 처음 들어 보았다. 참 뻔뻔스럽고 대단하다는 생각이 든다. 그래서 요즈음 마이클 샌델의 '정의란 무엇인가' 가 읽히는구나.

무위당 장일순 선생님의 잠언 중에 꼭 마음에 드는 시가 하나 있다. 이 시는 나에게도 해당되는 부분이 있다.

거지에게는 행인이
장사꾼에게는 손님이 하느님이다.
그런 줄 알고 손님을 하느님처럼 잘 모셔야 한다.
누가 당신에게 밥을 주고 입을 옷을 주는지 잘 봐야 한다.

학교 선생님에게는 누가 하느님인가? 그렇다 학생이다.
공무원에게는 누가 하느님인가? 지역 주민이다.
대통령에게는 국민이 하느님이고
신부나 목사에게는 신도가 하느님이다.

〈누가 하느님?〉 무위당 장일순 선생 잠언 중에서

우리 사회에서는 이 시가 거꾸로 되어 있다. 멀리 갈 것이 없다. 경산을 들여다 보라. 지역주민이 하느님인가? 지금 경산은 곪아터진 지오랜 문제가 끝없이 재생되고 있다. 삼척동자도 아는 문제인데 정작 본인들은 그 심각성을 모르는 모양이다.

지난 선거 때 그 문제가 드디어 터져 버린 상태다. 현 경산시장과 현 국회의원의 관계가 바로 그것이다. 두 사람이 똘똘 뭉쳐 지역발전을 위해 투신해야 하는데, 서로 호형하면서 내가 더 낮추면서 서로 칭찬하면서 지역주민의 일이라면 무엇이든지 해야 하는 그분들이 아닌가! 경산의 문제는 지역주민의 문제라기보다는 두 분의 문제에 따른 편 가르기, 줄서기, 눈치 보기, 욕하기 등이다. 이래서야 되겠는가?

국회의원은 하드웨어를 시장은 소프트웨어를 서로 받쳐 주면서 소통해 나가면 되는데 왜 맨날 서로 싸우는가? 여기에는 사적인 태도가 개입되어 있기 때문이다. 두 분의 하느님은 지역주민이다. 시장이나 국회의원이 지역주민의 하느님이 아니다. 삶의 춤 운동을 말만 하지 하지 말고 실천하라는 것이다.

더 이상 도토리 키 재기 말고 소통하고 화해하라는 것이 지역주민

의 소리다. 형식이나 절차가 무슨 소용이 있는가? 만나서 잘해보자
하면 되는 것이다. 누가 먼저 나서는가? 먼저 나서는 사람이 큰 인물
이다. 경산지역 주민은 두 사람이 만나서 함께 웃는 모습을 진정 보고
싶어 한다.

2010. 8. 30.

정보혁명을 지나 감성혁명으로

　오산초등학교는 1967년 3월 1일에 개교하여 514명의 졸업생을 배출하고 1992년 3월 1일 폐교되었다. 폐교된 학교가 어디 오산초등 뿐이겠는가? 이것이 현 농촌의 현실이며 우리 교육의 현실이다. 지금 우리 동네에는 아이가 거의 없다. 60세 이상의 노인뿐이다. 반면에 대구 시지에는 초등학교 아이들이 얼마나 많은지!

　필자는 자연학교 부지를 물색하느라 경북지역 모든 폐교를 조사하다 2003년 4월에 현 오산초등학교를 발견하였다. 이 폐교가 자연학교로 적합하다 생각해 2003년 8월 30일 영천시 교육청과 자연 학습원이라는 이름으로 임대계약을 체결했다. 그 당시, 동네 사과창고로 사용된 이 폐교는 교실 6칸, 교무실 1칸, 교사 숙직실로 이뤄져 있다. 이것을 리모델링하여 현재 식당, 주방, 강당, 교실, 야외 화장실 등으로 재건축했다. 그리하여 이 오산초등학교는 폐교된 지 11년 즉 2003년 11월 23일 오산자연학교로 부활하였다.

　해마다 11월 23일은 개교기념일로 기념한다. 사람들은 그냥 폐교라고 생각하였지만 이 무너진 학교 지붕 사이에 새로운 콘셉트, 하이 콘셉트인 생태학교 또는 자연학교라는 상상력을 불어 넣었다. 중요한 것은 사고이며 개념이며 상상력이다. 큰 꿈들은 또 다른 꿈을 이루게 한다.

오산자연학교는 특히 도시 중심으로 자라는 아이들의 자연체험 학습장으로 활용되었다. 그 경험을 바탕으로 해서 자연 체험을 주 교육 활동으로 하는 비인가 대안학교를 2007년 3월 7일에 개교하였다. 그 학교가 바로 산자연학교다. 2010년 2월 6일 필자는 이 학교 초대교장으로 부임하였다. 산 자연학교의 산은 바로 우리나라 70%를 이루는 산山이다. 혹은, san산 영어로 S-Soul, Spiritual, A-Art, N-Nature를 뜻한다. 현재 초등과정, 중등과정을 포함하여 학생 45명, 전체 교사 22명이 있으며, 앞으로 2012년 고등과정을 목표로 준비하고 있는 중이다. 이제 오산자연학교는 주말, 방학을 이용해서 아이들, 청소년, 성인들의 Ecozoic Friendly 삶을 체험토록 다양하게 준비하고 있다. 인간과 자연이 공존하는 삶의 양식을 재창안하고자 한다.

경산에도 이런 콘셉트가 필요하다. 폐교된 금곡초등학교가 바로 그런 케이스였지만 교육청의 상상력 빈곤, 콘셉트의 빈곤으로 전혀 다른 방향으로 가버렸다. 포항시가 주관하는 포항학교처럼 경산에도 경산의 생태적 기반을 바탕으로 하는 자연학교가 필요하다. 21세기는 월드컵경기장이나 짓고 하는 그런 시절은 이제 한물 갔다. 제조업 시대에는 그게 가능하였다. 미래는 농촌혁명이나 산업혁명, 정보혁명이 아니라 감성혁명, 즉 꿈의 혁명시대로 돌입하고 있지 않은가!

2010. 9. 6.

장애라는 말의 장애

청각장애, 언어장애, 시각장애 등 우리는 흔히 장애라는 말을 사용한다. 과연 이런 말을 사용하는 것이 옳은 일일까? 그리고 장애라는 말은 차별과 일맥상통하는 말로 이해된다. 한때 우리 학교에서도 '배려를 필요로 하는 아이' 라는 말로 장애라는 용어와 대치하였지만 그런 태도는 장애라는 말을 사용할 때 느끼는 심리적 부담을 완화시키려는 의도라고 생각된다.

특수학교에서 다른 정상적인 아이들을 일반아이라고 부르는 것도 그 학교의 장애아이를 염두에 둔 말이다. 학교에서 오히려 스스로 그 아이들을 장애아이로 보고 있는 것이다. 그런 관점은 교육이 아니다. 그런 의미라면 장애 아닌 사람들이 있을까? 누가 완벽하단 말인가?

우리 모두는 완벽하게 장애로 태어났다. 그러나 우리는 서로 서로 '지원' 하고 있는 종이 아닌가! 우리 인간은 과연 인간을 교정할 수 있고, 수정할 수 있고, 교화시킬 수 있고 변화시킬 수 있는가? 최근에 무슨 치료법도 엄청 많지만 결국 인간은 스스로 변화시킬 수 있을 뿐이고 우린 안경이나 보청기처럼 지원을 받아 향상될 수 있을 뿐이다.

형무소를 자꾸 만들고 사형제도를 부활시킨다 하더라도 범죄가 줄어들겠는가?

대안학교에 보내고자 하는 한 학부모를 만난 적이 있다. 이 학교가 좋아 형은 보내고자 하는데 동생은 공교육 학교에 보내고자 하였다. "왜 형과 동생은 같이 보내면 더욱 좋을 텐데요" 하고 물어 보았지만 그 부모님이 보기에 형은 장애나 모자라는 아이로 보이기 때문이라는 걸 안다. 그래서 동생은 정상이니 공교육 학교에 보내겠다는 것이다. 자식을 문제로 보는 부모가 어떻게 자식을 교육하겠는가?

우리 모두는 차이가 있을 뿐이다. 우리 모두는 다양성을 누릴 뿐이다. 아무도 이 차이를 무시하거나 하느님도 빼앗아 갈 수 없다. 장애라는 말이 장애를 만들고 편견을 만들고 틀을 만든다. 장애, 장애라고 말을 하면 그 말이 현실을 만든다. 장애라는 말 자체가 장애다. 새로운 언어가 필요하다. 우리 서로 서로에게 지원하는, 도우는, 함께하는 종이기에 말이다.

2010. 9. 13.

교육의 새 패러다임 '스토리텔링'

스토리텔링은 미래의 새로운 시장이다. 한마디로 스토리텔링은 '이야기하다' '말하다' 이다. 사고력을 갖추려면 말이 중요하다. 폭력이나 다툼은 스토리텔링이나 커뮤니케이션 능력의 부족에서 나온다고 본다. 또한 창작과 새로운 상품의 힘이 스토리텔링에서 나온다고 해도 과언이 아니다. 박지성이나 김연아 이야기를 카피해서 상품을 만들지 않는가! 사람들은 이야기를 소비하고 싶어 한다.

지금 우리 교육은 입을 막는 교육이다. 음악, 춤, 운동, 미술교육이 없기 때문이다. 국,영,수에 밀려 예술교육이 설 자리가 없다. 아인슈타인은 자신의 모든 발견이 시각화 작업에서 시작되었다고 했다. 프랑스 교육에서 내가 배운 것은 미술이 보조수단이 아니라 미술이 모든 수업에서 필수 수단이라는 점이다. 우리 교육의 새로운 패러다임은 미술교육과 스토리텔링이다. 마음에 떠오르는 심상이나 감정을 시각화하는 것이다.

미술과 스토리텔링의 접목은 새로운 교육의 지평이다. 그림을 보여주고 혹은 이야기를 해주고 관찰한 것을 시각화하여 이야기를 나눈다는 것이다. 우리 아이들은 대충대충 보는 것 같아도 관찰력이 아주 뛰어나다. 자신만의 느낌을 그림으로 그리고 이야기를 하고 스스로 자기 내면의 창의력과 스토리를 만들어 가는 힘을 키우고 나면, 그 후에는 다른 어떤 일을 하더라도 누구보다 더 큰 힘을 발휘할 것이라는 믿음이 있다.

부모님의 스토리 능력도 변해야 한다. 입을 꾹 다물고 있지 말라! 입술의 열매를 맺어라! 아이의 그림이나 생각이나 뜻을 바라보는 부모의 태도도 달라져야 한다. 자칫 어른들의 선입견이나 틀에 박힌 시각이 아이의 잠재력을 억누르게 될 수 있기 때문이다. 아이들이 학교에서 가정으로 돌아오면 끊임없이 질문하라! 집안의 침묵 모드는 아이들의 수업력과 상상력을 억압한다. 가족 대화의 힘이 스토리텔링의 밑천임을 알라! 한 주간의 학교생활에 대해 끊임없이 대화를 나누며 자신만의 독특한 집안 공기를 창조하라! 제발 아이들의 편을 들지 말라! 가족 대화의 힘이 인생을 창조한다.

이야기 수첩이나 그림수첩 그리고 드림수첩 등 새로운 수첩시대가 열린다. 그 예로 아이폰을 보라! 학부모회의에 가보면 메모하는 분이 없다. 신 메보시내이나. 우리 산학교 부모님들이여 메모하라는 것이다. 메모 안에 황금이 있다. 문화관광, 문화스케줄, 아이들과 함께하는 다양성에 노출시켜라! 그리고 난 뒤에 보고난 것을 이야기하게 하라는 것이다. 관찰력과 시각화 그리고 스토리텔링과 다양한 인생의 색깔을 체험하게 하라는 것이다. 그러나 우리 아이들은 주말마다 공부하러 간다.

2010. 9. 20.

때리 치아 뿌라! 마 됐다! 인제 우야겠노!

농담으로 대구가 경산의 베드타운이라고 조롱을 당한다. 그 이유가 무엇일까? 대구를 왜 블랙도시라고 말할까? 블랙도시라는 말은 죽은 도시, 정체된 도시, 死海의 도시가 아닌가? 그 말은 상상력과 창의성이 발달될 수 없고 꿈과 감성이 없는 도시라는 말이다. 실제로 그렇다. 전국 도시에서 경제적 수치면에서도 꼴찌다. 젊은이들이 떠나고 있다. 대구는 드림 소사이어티가 아니다. 다가올 미래 세상은 우뇌족이 지배하는데 대구는 학습 창고의 좌뇌만 기형적으로 발달해 있다.

물론 여러 가지 이유가 있다고 말한다. 지형적인 이유라든가 보수적인 이유라든가 정치적인 이유라든가 어느 도시든지 그런 문제들을 안고 있다. 그러나 문제가 블랙도시로 추락하는 원인이 되기도 하지만 오히려 도전과 탐구의 발전소가 되기도 하지 않는가? 물론 대구사람들은 정도 많고 한 번 마음을 주면 변함이 없고 가족을 잘 챙긴다고 한다. 어느 도시든 좋은 점과 나쁜 점이 있다. 웃으려고 하는 말이지만 대구사람들은 배고픈 것은 참아도 배 아픈 것은 못 참는다고 놀려 댄다.

내 생각엔 대구가 블랙도시로 추락하는 이유는 말 때문이다. 언어 철학적인 면에서 대구는 말의 힘 즉, 말의 창의적 과정을 이해하지 못하기 때문이라고 생각한다. 우리 시대의 삶은 정보와 데이터로 넘쳐나고 있기에 강력한 메시지를 쏟아내는 것만으로는 부족하다. 어디선가 누군가는 분명 우리의 주장을 반박할 수 있는 요소를 찾을 것이다. 이때 그 반박에 대해 속으로 욕하고 돌아서면 그만이기도 하다. 문제의 핵심은 무엇인가?

대구사람은 설득, 의사소통 등 자신의 스토리를 만들어내는 능력이 떨어진다고 본다. 스토리텔링이 없기 때문에 블랙도시가 되어가고 있지 않은가? 단순히 주장만 하고 스토리가 없는 그런 의식구조가 문제다. 예를 들면 "왕비가 죽고 왕이 죽었다"라고 말하는 것은 사실의 나열이다. "왕비가 죽자 왕이 상심한 나머지 세상을 떠났다"는 어떤가? 감성적인 펀치를 날리는 것이 스토리다. 대구사람은 하이터치 즉 감성적인 터치가 약하다는 것이다. 자기만의 블로거 전성시대를 보라! 스토리 비지니즈와 의학 치료에도 활용되는 스토리를 보면 스토리텔링이 얼마나 중요한지 알 수 있다. 수레바퀴가 없었던 사회는 있지만 스토리가 없었던 사회는 없다.

아버지가 집에 돌아와서 하는 말이 고작 세 마디. "아는, 묵자, 자자" 이것은 스토리가 아니다. 집이 무슨 병원 차트도 아닌데 말이다. 하이터치와 하이 컨셉이 요청된다. 스토리는 결국 나 자신 아닌가? 대구병을 치료하는 처방은 이야기 운동이라고 생각한다. 입을 꾹 다물고 있다고 "때리 치아 뿌라! 마 됐다! 인제 우야겠노!" 20세기는 제품이 자산이었다면 21세기는 제품에 대한 이야기가 자산이다. '나는 이야기한다. 고로 존재한다!' 어릴 때 사실들은 다 잊어버려도 추억에 젖은 이야기는 늘 재생되고 있다. 사람들은 이야기를 듣고 싶어 한다.

교육문제도 마찬가지다. 상위 1%는 한 두 사람이면 충분하다. 외로운 천재는 주위에 한 두 사람이면 충분하다. 상위 1% 공부법에 매달리는 학부모는 얼마나 어리석은가? 나머지 99% 국영수 못해도 상관없다. 정보와 지식은 인터넷만 잘 다루면 된다. 더 중요한 것은 문맥과 감성적 임팩트를 제공할 줄 아는 스토리텔러가 된다면 살아남기에 충분하다. 국,영,수만 잘하면 사라질 그런 인간은 기계다. 진짜 인간은 노래하고, 춤추고, 마음껏 놀고, 세상을 즐긴다. 그리고 이야기를 나눈다.

2010. 10. 4.

드림텃밭

올해는 송이가 풍년이라고 한다. 풍년은 좋은 소식이다. 돈이 있어도 배추를 살 수 없다는 것은 참 나쁜 소식이다. 왜냐하면 앞으로 돈을 주고 사려고 해도 살 수 없는 것들이 늘어날 것이기 때문이다. 식량위기나 물 위기가 오면 속수무책이 될 것이다. 배추파동은 위기의 전조에 불과하며 이는 벌써 위기가 시작됐다는 의미다. 그렇다면 대안이나 해결책이 있는가?

내 생각엔 '텃밭경제'가 그것이다. 우리조상들은 텃밭 가꾸기를 좋아했다. 우리 역시 조그마한 틈새만 있으면 무엇이라도 심지 않는가? 텃밭은 여러 가지 이점이 많다. 생태적인 면에서 건강 측면에서 도시의 미학적인 면에서 그리고 요즘 같이 채소 값이 비싸다면 경제적인 측면에서 또 치료적인 측면까지 생각할 수 있다. 원예치료가 따로 없다. 심고 가꾸고 그것을 요리하여 같이 나누어 먹는 것만큼 좋은 처방이 또 어디 있는가? 경로당 옆에 텃밭을 노인들이 가꾸도록 하고 텃밭에서 생산한 것을 그 지역 학교급식에 이용하도록 하면 어떨까? 어린이공원에는 의무적으로 텃밭을 조성하는 것이나 학교 운동장도 비워두지 말고 텃밭을 만들고 그 텃밭에서 키운 것을 학교급식에 사용하면 좋은 교육이 될 것이다. 학교옥상을 놀리지 말고 eco-garden을 만들어 보면 어떨까. 초등학교 아이들에게 일제고사를 치게 하는 것보다 매가톤급으로 효과가 있는 교육은 텃밭을 가꾸어 교실에서 요리하여 아이들이 같이 먹는 것이다.

남천강변에 다양하고 아기자기한 텃밭이 많아 보기에 좋았는데 강변을 정리하면서 모두 사라져 버렸다. 지역의 공한지에 텃밭을 가꿀 수 있도록 경산시가 아이디어를 내면 좋겠다. 자연은 단순히 식품과 원자재의 원천이었지만 21세기에는 이야기의 원천이 되고 있다. 울산은 고래이야기로 새로운 시장을 형성했다. 살아있는 야생고래 한 마리의 가치가 한 동네 전체의 일년 생산을 능가할 것이다.

경산에서 벌이는 삶의 춤 운동이 무엇인가? 지역공동체가 잘사는 운동이 아닌가! 그러나 지금 이 운동은 구호나 전시행정으로 보일 뿐이다. 그런 삶의 춤 운동은 이제 치워라! 경산에는 볼 것과 먹을 만한 것이 없고 재미있는 브랜드가 없다. 경산을 통합할 만한 이야기 브랜드 말이다. 무엇이 역동적이며 산업, 교육, 문화 어느 것을 딱 집어 들 수 있는가? 삼성현도 구체적인 상이나 이미지가 너무나 얇다. 공무원들이 회의만 하지 말고, 알아서 기지 말고, 전략에만 얽매이지 말고, 상상하고 꿈꾸라는 것이다.

경산의 매력인 호수, 경산의 명산인 16산이라면 생태텃밭이야말로 드림텃밭이다. 이제 감성을 대상으로 하는 시장이 상품을 대상으로 하는 시장을 능가하게 될 것이다.

2010. 10. 18.

지베르린, 네오소하진 그리고 더크리

경북 안덕에 노부부가 생산한 머루포도를 먹으러 갔다. 안덕까지 간 이유는 이 포도가 유기농으로 재배됐기 때문이다. 유기농 포도는 마치 송이처럼 향과 색깔이 달랐다. 그리고 무엇보다도 포도 알이 작고 참한 모습으로 달려 있었다. 그 노부부는 양평까지 다니면서 자연 농 유기농을 배우고 있었다.

물론 경산 남천에도 저농약 포도가 있다. 내가 아는 그분은 착색제도 치지 않고 더크리 같은 성장촉진제는 아예 치지 않고 재배한다. 거봉 알이 굵은 것은 더크리를 치기 때문이다. 농약을 치면 어떤 형태든지 부메랑이 되어 우리 인간에게로 돌아온다. 저렇게 포도 알이 굵은 이유는 무엇일까? 사람들은 모른다. 그저 착색되어 포도알 색이 좋아 보이고 알이 굵으면 무조건 좋다고 생각한다. 자기가 먹은 것이 어떻게 생각되었으며 누가 생산하였는지는 관심 밖이다. 과연 지베르린을 치지 않는 포도생산지는 얼마나 될까? 생산자를 탓할 수만은 없다. 시장에 내어 더 많은 돈을 받기 위해서는 약을 치지 않을 수 없다. 어떻게 하면 이 악순환을 끊을 수 있을까?

포도 알이 터지지 않도록 하는 네오소하진, 포도 알을 더 굵고 크게 하는 지베르린이나 더크리는 성장호르몬, 즉 환경호르몬이다. 환경호르몬은 내분비교란물질이다. 종과 씨를 마르게 하는 무서운 농약이다. 화남과 화북 가는 길에서 파는 포도를 자세히 보라! 부메랑이 보이지 않는다면 식맹이다.

경산에 사는 어떤 할머니는 나에게 이런 말을 하였다. "거봉은 말이지 새끼는 먹이지 말아! 씨 마른다" 그 할머니는 환경호르몬이라는 어려운 말을 몰라도 직감적으로 지베르린이나 더크리는 씨를 마르게 한다는 사실을 알고 있었다.

포도나 사과에 석유를 발라 마신다고 생각해 보자. 지금 우리의 현실이 그렇다. 우리 학교 주위에는 사과밭이 많다. 우리들은 얼마나 농약을 치는지 소리만 들어도 안다. 농약을 칠 수밖에 없는 현실도 인정하지만 농약에서 해방된 기적의 사과나 기적의 포도를 먹을 수는 없을까?

안덕의 노부부가 생산한 기적의 포도를 겸손하게 먹으면서 이런 악순환을 끊을 수 있는 방법은 먼 곳에 있지 않다는 사실을 알게 되었다. 생산자와 소비자가 서로 노력하면 된다. 생산자는 소비자를 생각하고 소비자는 생산자를 생각하면 된다. 마음을 쓰면 된다.

사랑하는 마음을 쓰는 것이다.

2010. 10. 25.

집단적 광기

　인간은 절대적으로 집단적인 광기에 아주 약하다. 지금 우리 사회는 불안하고 분열되고, 뿔뿔이 흩어져 있을 뿐 아니라 폭력적인 사고가 우리 사회 기반을 오염시키고 있다. 우리 사회의 집단적인 광기는 우리들 마음의 전염의 지표다. 우리들의 일그러진 자화상이 반영된 것이 혹은 투사된 것이 집단적인 광기로 나타난다. 지금 만연해 있는 패륜적인 행동을 보라! 이미 위험수위를 넘었다.

　지난 시절은 아들을 낳기 위해서 8번이나 낙태를 할 수 밖에 없는 시절이었다. 한때는 아무렇지도 않게 여겨졌던 남아선호사상이나, 가난을 벗기 위해서 무엇이든지 하는 것이 삶의 금과옥조인 양 제시되었던 '개발시대'의 밑바닥에 깔린 욕망은 지금 4대강 사업과 성공신화에도 투사되고 있다. 강남이라는 부동산 신기루의 탄생과 자신의 성공을 위해서라면 그 목표를 달성하기 위해서라면 제초제를 마구 치더라도 '안 되면 되게 하라'는 군사문화식 행태가 지금도 광기처럼 밀어붙이고 있다.

　'돼서는 안 되는 일'을 마구잡이로 밀어붙여 되게 하라는 막장식

시대의 명령이 판을 친다. 우리 역시 광기에 전염되어 무엇이 선의인지 악의인지 식별의 기준을 잃어버렸다. '경쟁'을 작동시켜 놓고 교육을 시키면 당연히 특권층만 생산해 낼 수밖에 없는데 입학사정관제도라는 것도 생색내기에 불과하다. 인간은 본래적으로 행복한데 광고를 보면 결핍과 탐욕을 눈만 뜨면 퍼부어댄다. 너는 결핍하다! 우리는 결핍에 근거하여 경제체계를 고안했다. 우리는 항상 경제적으로 초조하다. 그것이 경제체계가 세워진 이유다. 우리를 유지시켜 주는 것은 아무 것도 없고 스스로 해야 한다.

우리 사회는 더 높은 성숙도로 비상하지 않고 오히려 흡혈귀처럼 야만상태에 빠졌다. 이렇게 의미 있는 대화 없이 우리 서로의 미래를 위한 의견일치 없이 도대체 무엇 때문에 욕망을 덕지덕지 붙인 채로 그토록 아등바등 살아가야 하는가?

집단적인 광기와는 반대로 집단적인 '각성'을 이끌어 낼 수 없을까? 집단적인 각성을 이끌어 낼 수 있다면 위기를 타파하고 더 높은 수준으로 끌어 올릴 수 있다. 우리가 마음이 있다면 어느 것도 실패할 수 없지만 우리가 마음이 없다면 아무 것도 성공할 수 없다.

세계사에 20개 이상의 문명의 탄생과 몰락이 있었지만 몰락의 공통점은 토양침식과 농업붕괴에 따른 환경의 황폐화였다는 사실을 기억해야 한다. 역사의 교훈을 기억하지 못하는 사람은 그 역사를 되풀이할 것이라는 교훈을 망각하고 있다. 역사를 통해 알 수 있듯 자신의 생태적 기반을 혹사하여 붕괴한 문명을 생각하는 편이 차라리 각성을 위해 지혜로울 것이다.

2010. 11. 1.

감성의 우뇌족

드디어 스토리가 있고 없음의 차이가 명품과 명품이 아닌 것을 구분하는 시대가 됐다.

허각이 혜성처럼 등장한 것은 그의 스토리가 있었기 때문이다. 앞서가는 사람과 그렇지 못한 사람, 선택받은 물건과 그렇지 못한 물건을 구분하는 요소는 바로 어떤 스토리를 지녔는가 하는 것이다. 스토리가 가진 힘 때문에 기업들도 어떤 제품을 만드는가보다 그 제품에 어떤 이야기를 담을 지를 심사숙고해야 하는 시대가 도래했다. 같은 품질과 기능을 가진 제품이라도 이야기를 갖게 되면 차별화된 디자인을 갖는다.

두 사람이 똑같은 포도주를 팔았는데 한 사람은 포도주를 몽땅 팔았고 다른 한 사람은 포도주를 제대로 팔지 못했다. 그 이유는 이러했다. 첫 번째 사람은 이 포도주를 소개할 때 "사람들이 마셔 보니 아주 좋다고 카데요" 두 번째 사람은 '스토리 비즈니스'로 포도주에 접근했다. "만약에 여러분이 이 포도주를 한 병 구입하게 되면 한 병당 3000원씩 베트남 다문화 아이들을 돕게 됩니다" 사람들은 스토리를 소비했다고 볼 수 있다.

포도주가 맛있다는 사실(fact)보다도 포도주에 대한 감성적 임팩트, 즉 풍부한 감정처리를 패키지화(스토리) 하였다는 사실에 주목해야 한다.

우리가 포도주에 대해서 알고 싶으면 구글 입력창에 검색단어를 쳐넣으면 빛의 속도만큼 빠르게 팩트를 얻을 수 있다. 정보의 독점은 끝났다. 인터넷에는 경계가 없다. 누구나 팩트를 알 수 있고 접근 가능하다.

이제 팩트와 감정적 임팩트를 잘 비벼서 스토리를 만들어내는 '문학적 사고'가 다자인보다 더 중요하게 되었다. 한 가지 예를 더 들어보면, 여기 스토리 하나로 격이 달라진 사과가 있다. 밸런타인데이 사람들이 많이 몰리는 서울의 한 길거리에 사과 판매대 두 개가 차려졌다. 똑같은 사과를 같은 가격에 팔았는데 그 결과 차이가 분명했다. '달고 맛있는 청송사과 사세요' '사랑이 이루어지는 사과, 밸런타인데이에 사과를 선물하면 사랑이 이루어집니다' 똑같은 사과지만 스토리가 더해지면서 소비자의 감성을 끌어당긴 것이다.

스토리는 사람을 움직이는 제3의 감성이다. 우리는 지난 학창시설의 수많은 사건(fact)은 기억하지 못하지만 스토리 한두 개쯤은 다 기억하지 않는가? 인간은 사실보다도 스토리를 기억한다. 스토리는 인간의 기억방식이다.

심리학은 결국 '자기주장'을 위한 표현 기술로서 자신의 삶을 바꿔가는 테마다. 자신만의 고유한 스토리를 창조해 나간다면 미래를 지배할 것이다.

진짜 엘리트는 국,영,수를 달달 외우는 좌뇌족이 아니라 스토리를 창조해내는 감성의 우뇌족이다. 가장 훌륭한 이야기를 가진 전사가 세계를 지배한다.

2010. 11. 8.

종교적 광기

독일의 빙엔에 갔을 때 마녀사냥박물관을 들린 적이 있다. 그곳에서는 잔인한 고문도구들을 볼 수 있었다. 미국 보스턴에서도 이와 비슷한 박물관을 본 적 있다. 서양의 마녀사냥은 큰 스캔들이었다.

마녀사냥은 종교적 광기의 전형적인 사건이다. 마녀사냥은 집단적인 정신병으로 볼 수 있다. 서양에는 마녀들이 다른 사람의 불행을 자초할 수 있도록 악령을 소환할 수 있는 힘을 갖고 있다는 생각이 널리 유포되어 있었다. 그 결과 테러의 전염병이 유럽 전체를 사로잡았다. 마녀는 모든 재난과 불행의 원인으로 간주되었다. 갑자기 소가 죽으면 그것은 마술이었다. 또 사랑하는 사람이 갑자기 병이 들면 그것도 마술이었다. 보이지 않는 공포가 동기가 되어 사람들은 마녀라고 생각되는 사람들을 사냥하고, 고문하고, 불에 태워 죽였다.

마녀사냥의 미친 짓은 가톨릭교회의 마녀칙서의 발표로 1400년대부터 시작되었다. 특히 교황 이노센시우스 8세에 의해서 1484년 발표된 선언문은 마녀사냥에 대한 교리적 근거와 공식적인 후원을 제공하였다. 이것은 종교적 광기였다. 마녀사냥은 거의 2세기 반 동안 많

236

은 남자와 아이뿐만 아니라 수십 만 명의 여자들이 대중 앞에서 고문과 잔인한 죽음을 당하는 결과를 낳았다. 몇 년 동안 다른 범죄들은 거의 고려되지 않았다.

'마녀광'인 프랑스, 이탈리아, 독일, 스코틀랜드 등에서는 마술에 대한 재판이 엄청나게 많았다. 제네바의 한 주교는 500명, 다른 주교는 600명, 또 다른 주교는 900명의 마녀들을 불태워 죽였다. 종교의 이름으로 하느님의 이름으로 말이다. 250년이 지난 이후에 이 문화적인 광기의 물결이 가라앉기 시작하였고, 점점 과학의 합리주의와 산업문명이 들어섰다. 기록에 의하면 루터도 볼테르도 가담하였다고 한다.

가톨릭교회는 2000년 대희년을 맞이하였을 때 교황 요한 바오로 2세께서 이 역사적 과오에 대해 공식적으로 잘못을 인정하였다. 지난 경산신문의 장산칼럼에서 박승길 교수님의 글을 읽고 깊이 성찰하였다. 중세 종교적 광기는 끝이 났는가? 그렇지 않다. 최근에 더욱 종교적 광기가 작동하고 있다. 봉은사 땅밟기 사건, 동화사 동영상사건 그리고 사찰에 들어가 우상숭배 타파를 기도하는 것을 보면 그렇다. 종교는 이 시대의 평화의 도구가 되어야 한다. 경산시는 심성헌 관련 기독교인의 성명서를 깊이 헤아려야 할 것이다.

2010. 11. 15.

라비린스

산자연학교에는 두 가지 명물이 있다. 하나는 '라비린스' 미로이고 또 하나는 '생태 화장실'이다. 학교를 방문하는 사람들은 두 명물을 꼭 눈여겨보기 바란다. 눈이 있다고 다 보는 것도 아니고 본다고 해서 다 보이는 것이 아니다. 하이터치의 눈만이 명물을 볼 수 있다. 체험해 보아야만 진가를 알게 된다. 앞으로 이 두 명물은 주목을 받을 것이다.

내가 최초로 라비린스를 본 것은 프랑스 파리에서 기차로 약 1시간 정도 걸리는 싸르뜨르를 방문했을 때로 싸르뜨르 대성당 바닥에서 라비린스를 보았다. 성당 바닥에서 이 라비린스를 처음 보았을 때는 참 신기하였다. 성당 안에서 굿을 한다고 상상해 보라! 그런 묘한 기분을 느꼈다. 미국에선 이런 라비린스를 본떠 여러 공공시설 공원이나 교회, 마을 광장, 병원에서도 볼 수 있다. 심지어 명상센터나 캘리포니아 교도소에서도 볼 수 있다.

산자연학교의 라비린스는 운동장에 만들어 놓았는데 학교의 작은 돌을 이용하였다. 돌을 따라 풀이 자라나 운치를 더하고 있다. 라비린스는 나선형 걷기 코스다. 라비린스에 들어서면 길을 따라 중심으로 걸어 들어갔다가, 중심에 멈춰 서서 다시 되돌아 나오는 것이 목적이다. 라비린스는 일종의 걷기명상이며 움직이는 명상의 공간이다.

라비린스는 자신을 잊게 하는 묘약이며 우뇌를 자유롭게 만든다. 그저 원 속을 걸으면 된다. 뛰지 말고 천천히 걸어 들어가야 한다. 자신을 분석하지 말고 좌뇌처럼 앞으로 전진하는 것도 아니다. 사실 우리는 늘 두뇌싸움을 한다. 분석하고 걱정하고 집착하고, 그러다보면 중심을 잃고 부분에 빠져 전체적인 그림을 볼 수 없게 된다. 좌뇌중심적 사고의 특징이다.

그러나 라비린스가 문제를 해결해 주는 도구는 아니다. 자신이 원하는 감정을 가져다주는 마법의 길도 아니다. 우린 늘 선형적인 사고, 즉 빨리 앞으로 나가 버린다. 라비린스는 비선형적인 사고로 이동하도록 도와준다. 이완, 즉 마음의 이완 말이다. 라비린스를 걷다보면 자신의 삶의 다른 부분을 드러내 준다. 원을 따라 걷다보면 마음의 균형, 마음의 밸런스 즉 자신의 삶의 모습을 전체적으로 보기 시작한다.

학교 운동장에 차를 타고 들어오면 절대 라비린스가 보이지 않는다. 학교에 들어오면 왼쪽에 참하고 에쁜 라비린스가 있다. 의미 있는 삶은 불안 속에서 빵을 추구하는 삶이 아니다. 그보다는 라비린스처럼 걸어가는 과정 그 자체가 삶이라고 생각한다.

2010. 11. 22.

공동체 지원 농업 CSA
(Community Supported Agriculture)

현재 미국을 움직이는 희망의 작은 동아리라고 부를 수 있는 CSA를 무엇이라고 표현하면 좋을까? 우선 1965년부터 시작된 일본의 물류중심으로 이루어지는 생활협동조합이라고도 할 수 있고, 우리나라의 경우 1990년대부터 활기를 띠기 시작한 도·농 직거래운동과도 비슷하다고 하겠다.

CSA는 1980년대 후반부터 미국 전역 여기저기에서 자생적으로 발생한 풀뿌리공동체다. 인종이나 종교, 성별과 사상을 뛰어넘어 시민들이 스스로 문제를 해결하기 위해 자구책을 찾아 만든 시민운동이라고 볼 수 있다. 그렇다고 해서 무슨 환경단체나 운동가들이 CSA를 조직한 것도 아니다. 캘리포니아 주에서는 농민이 주축이 되어 소비자를 찾고, 뉴욕 주에서는 소비자들이 농민과 농장을 찾아 서로서로 협동한다. 조사에 의하면 현재 미국에는 1000개 이상의 CSA가 십만 세대를 연대하여 먹을거리를 나누고 있다고 한다.

현재 미국의 농민 수는 인구의 2%에도 못 미치고 있다. 2%의 농민이 98%의 사람들을 먹일 수 있다고 믿는 것은 환상이다. 예전에는 국민경제활동의 40%이상의 토착농부가 필요했던 반면 오늘날 2%의 현대농부로 불리는 사람들은 산업적 프로그램을 수행하는 트랙터기사나 잡역부에 지나지 않는다.

미국의 CSA는 이런 위기에 대한 시민들의 창조적 응답이다. 미국의 식품정책(예를 들어 칠레에서 포도, 뉴질랜드에서 사과, 네덜란드에서 토마토를 수입해 먹는 사회)을 '지구적 사고와 지구적 식생활'이라고 한다면 CSA는 철저하게 '지구적 사고와 지역적 식생활' 로 식품의 세계화와 싸우고 있다. 일본과 한국의 생협 운동과 CSA가 다른 점은 '지역식품농장' 에서 생산된 먹을거리를 소비자가 직접 찾아가서 먹는다는 점이다. 그러니까 물류나 점포가 따로 필요 없는 셈이다. 농민들은 그 지역에서 생태적 농업을 선택하고, 소비자들은 지속적인 발전에 기여하는 생태적 식생활을 하기 위해서 지역에서 아주 가까운 농장을 선택, 농장과 소비자가 연대하는 구조다.

대체로 CSA의 경우는 1년 단위, 여름 단위, 겨울 단위로 하여 미리 회비를 내고 1주일에 한번 소비자들이 농장을 방문하여 자신의 먹을거리를 집으로 직접 가져간다. 소비자들이 농장을 직접 찾아가는 농장체험을 통하여 대지에 대한 관계를 회복하고, 협동과 아름나움을 향한 감수성을 체험하며, 먹을거리들이 언제 어떻게 생산되는지를 알게 됨으로써 특히 자녀들이 생명에 대한 경외심을 자연적으로 배우게 될 것이다.

경산판 CSA를 어떻게 디자인할까?

2010. 11. 29.

불안의 원인

산자연학교 부모님들은 아이들을 학교에 보내고도 늘 불안해한다. 아이들이 좋아하긴 하는데 검정고시를 쳐야 하나? 말아야 하나? 고등학교는 인가로 해야 하나 비인가로 해야 하나? 아이들이 늘 노는 것 같은데 다시 공교육으로 돌려보내야 하나 말아야 하나? 실제로 아이들을 잽싸게 데리고 나간 부모님도 있다. 학교를 들어오려고 할 때와 나갈 때는 정말 다르다.

교육한다는 것은 상식이 통한다는 의미다. 상식이 통하지 않으면 그 사회는 몰상식의 사회가 되어 버린다. 명문대를 나와도 고용불안과 실업의 확대 속에서 어찌할 줄 몰라 한다. 대학을 나와 봤자 정규직 일자리 얻는 것은 점점 더 힘들어지고 취직이 되어도 40대 중반에 정년이다. 이런 현상은 앞으로도 완화될 기미가 없다. 그런데도 부모들이나 아이들은 자기만 예외가 될지 모른다는 환상을 갖고 입시경쟁의 지옥에서 벗어나지 못한다. 노래를 하고 그림을 그리며 살고 싶은 아이들이 수학을 못하면 음대도 못가고 미대도 못 간다. 대안학교에 보내도 불안하고 수능시험을 쳐도 불안하고 이리가도 불안 저리가도 불안 도대체 어떻게 해야 되나? 북한의 대포가 우릴 불안하게 하는가? 아니면 이 정부가 불안하여 저 난리인가?

어디 하나 기댈 만한 곳이 없는 것 같다.

석유소비에 비해 공급량은 한정되어 있다. 생산품의 95%가 석유와 관련되어 있다. 결론은 하나다. 석유파티는 끝났다. 여기가 불안의 정점이다. 그런데도 우리는 파티를 계속 누리려고 한다. 한 가지 더 지적해 보자. 에너지 자급률은 3%, 에너지 소비규모 세계 9위, 식량자급률 26% 세계 5위, 곡물수입국 주요 곡물 자급률은 4.4%, 기업중심과 수출중심 체제에서 대외의존도가 90%! 이만하면 불안의 정체가 무엇인지 알 수가 있다. 내수기반과 지역자립의 토대가 취약하다 않다 할 정도가 아니다. 불안의 원인이 밖에도 있지만 진짜 불안은 우리 내부에 있다. 여전히 석유로 먹고 살자는 생각이 삶의 방식 속에 내재되어 있기 때문이다.

차를 몰다가 갑자기 핸들을 돌리면 차가 중심을 잃고 전복하기 십상이다. 우리의 삶의 핸들을 갑자기 돌리면 전복되지 않을까? 여기에 불안의 원인이 있다. 석유의존도를 줄이면서 핸들을 서서히 돌려야 한다. 생태적 자급이야말로 석유에 대한 내항이고 띳띳함이다. 탈석유로 간다면 생태대로 가야 하고 외부의존도를 줄이려 하면 자급이 열쇠다. 남한테 특히 미국한테 신세지지 않고 사는 것이다. 공교육은 쇠퇴하는 신생대에서 살아남기 위해 아이들을 계속 경쟁적으로 훈련시킬 것이고, 우리 산자연학교는 새로이 출현하는 생태대를 위해 교육해야 할 것이다.

2010. 12. 6.

고3을 위한 3S

(Smile, Study, Service)

경산시보건소 주선으로 수능과 기말시험을 끝낸 고등학교 3학년 학생들에게 '사랑과 생명'의 메시지를 전할 수 있는 기회를 만들었다.

경산여자전산고등학교에 가기 전날 나는 인터넷을 통해 학교에 대한 역사와 자료를 찾아보았다. 학교의 역사나 장점 그리고 학교의 개성과 주된 테마를 살펴보았다. 실업계든 인문계든 학교의 기본 콘셉트가 아주 중요하다고 생각한다. 기본 콘셉트는 비전과 꿈에서 나온다. 나는 이 학교를 일반 전문대학 수준으로 끌어 올려야 한다고 생각한다. 지금 아이들은 그 정도의 수준은 되었다고 본다.

문제는 학교당국이다. 진짜 엘리트는 대학에 가는 학생만이 아니라 주류가 아닌 비주류, 중심이 아닌 변두리에도 있다. 이스라엘의 위대한 지도자들은 다 고아였다. 이스라엘의 영웅들은 결손가정과 상처 입은 영혼에게서 나왔다. 모세가 그렇고 요셉이 그렇다. 교육은 눈길이며 시선이다. 교육은 마음을 쓰는 작업이다.

이 학교의 상징꽃은 장미다. 그래서 나는 '가시 끝에 달린 장미꽃'

을 보라고 강조했다. "고통을 정확하게 파악하면 고통은 사라진다" 그리고 "미래에 대한 믿음의 상실은 파멸이다" "살아갈 이유가 있는 사람은 거의 어떠한 경우에도 견딜 수 있고 의미가 있다" 이런 말로 그들을 축복하고 격려했다. 추운 강당바닥에 앉아있 는 그들이 너무 안쓰러워 강의를 짧게 끝냈다. 학교나 보건소 측에서 조금만 더 세심하게 연구하면 고등학교 3년의 마지막을 더 의미 있게 보낼 수 있는 꺼리는 많다.

프로그램을 만들 때 3S를 추천하고 싶다. 3S는 Smile, Study 그리고 Service다. Smile은 영혼의 무기다. 웃음치료, 긍정의 심리학, 감동, 공감 등이다. Study는 꼭 수능만이 아니다. 배우는 것이 즐거우면 모든 것이 다 좋다. 아름다움에 관한 것, 몸에 관한 것, 향장에 관한 것, 요리에 관한 것, 춤에 관한 것, 수면에 관한 것, 뇌에 관한 것, 치유에 관한 것, 명상에 관한 것, 아트에 관한 것, 뮤지컬, 실용음악 등 무궁무진하다. 교사들의 상상력의 빈곤이 문제지, 진리는 늘 우리 가까이에 있다. 끝으로 Service다. 우리 경산에는 노인요양병원이 적지 않다. 아이들에게 자원봉사 할 기회를 주고 사랑을 체험할 기회, 배려를 배우는 기회, 소외된 이웃과 소통할 기회를 주는 깃이다. 3S는 참된 예방교육이며 세상을 변화시키는 에너지다.

사실 전자나 전산이라는 말, 정보, 산업이라는 말은 경제시장에서 한물간 콘셉트다. 뜨는 별은 무엇인가? 유기농, 우주와 생태 그리고 감성과 꿈이라는 하이콘셉트가 그것이다.

2010. 12. 13.

모든 것은 인연에 따른다

세상에 인연 아닌 것이 없다. 이 우주에 독불장군은 없다. 지구상에 다양한 형태의 생명체가 서로 친밀하게 관계되어 있으며 그 자체로만 존재하는 것은 하나도 없다. 어느 것 하나도 고립되어 존재하는 것은 없다는 이야기다. 절대적인 것이 있느냐고 묻는다면 모든 것은 상대적이라고 대답할 것이다. 고정된 용기가 같은 우주는 존재하지 않고 따로따로 존재하는 것은 없다. 모든 것은 관계 속에 존재한다.

우주의 시작도 심한 연기를 내품는, 같은 성질의 가스로부터 시작된 것이 아니라, 우주 폭발의 확장력과 결속력 즉, 서로 뗄 수 없이 하나로 묶여 있는 에너지 덩어리로부터 시작되었다. 모든 것이 친밀하게 인연이 되어 댕겨졌다. 인연으로 태어난 것이 신비하지 않은가!

예컨대 각각의 입자에게 할당된 주소는 없다. 은하수 자신 안에 수억 개의 별들도 따로 존재하는가? 별들은 서로 서로 인연되어 결속되어 휘몰아친다. 예컨대 연못 주위를 날아다니는 잠자리는 연못과 분리시킬 수 있는가? 절대 없다. 연못이야말로 잠자리의 마음을 형성하는데 결정적인 역할을 한다.

이 우주 안에서 우리의 마음을 스스로 창조하는가? 결코 창조할 수 없다. 우리 인간은 악기 안에 있는 소리판일 뿐이다. 인간은 우주와 인연되어 소리를 낼 뿐이다. 꿀벌과 꽃의 관계를 보면 벌이 꽃의 꿀을 먹고, 꽃은 수정되고 벌은 꿀을 만드는데 필요한 것을 얻는다. 서로 덕을 본다. 누구든지 받은 자는 반드시 주어야 한다. 모든 것은 인연에 따른다. 인연의 상실, 그로 인한 소외는 우주에 존재하는 최정점의 악이며 지옥의 본질이다. 전통적으로 종교에서는 이러한 상실을 궁극적인 악으로 이해했다.

절대적인 종교가 있는가? 그리스도교가 절대적인 종교라고 말할 수 있는가? 나는 어느 특정한 종교가 진리 전체를 소유할 수 있다고 보지 않는다. 진리 전체라는 말은 양적인 개념이다. 그것은 마치 장미꽃이 다른 모든 꽃들의 아름다움을 다 가지고 있다는 말이 된다. 다른 모든 꽃을 장미꽃에 기준해서 아름다움을 매길 수 있다는 말이 된다. 어느 특정한 종교가 다른 종교를 두고 이단이니 우상이니 말할 수 있는가? 이런 태도는 마치 다른 모든 종교들을 특정 종교와 관련시켜 판단하는 꼴이 되고 만다. 이것은 진리의 한 부분을 움켜잡고 진리 전체라고 외치는 것과 똑같다. 모든 아름다운 꽃들은 서로 차이가 있고 질적으로 구조적으로 다를 뿐이다.

다름은 인연 속에서 아름답게 드러난다. 예수성탄도 석가탄신일도 인연 속에서 서로 서로 호혜하면서 빛난다.

2010. 12. 27.

아래를 보고 살라, 혹은 위를 보고 살라

이미 고인이 된 우리 어머니가 자주 나에게 하신 말씀은 '밑을 보고 살라'는 것이다. 오르지 못할 나무는 쳐다도 보지 말라는 어머니의 말씀에 난 속으로 오르지 못할 나무라도 쳐다는 보겠다는 오기가 작동하였다. 아래를 보라는 어머니의 말씀은 동양적인 삶의 태도라는 생각이 든다. 인간이 조건에 대처하는 방법은 상황을 바꾸려하지 않고 그 상황에 대처할 내적 능력을 키우는 것을 택한다.

인도 벵골만과 체나이 쪽으로 여행을 한 적이 있었다. 마치 50년대 혹은 60년대 속으로 들어가는 느낌이었다. 특히 가난한 인도사람들의 태도에 놀랐다. 그토록 비참한 생활 가운데에서도 행복할 수 있는 비결이 무엇인가를 생각해 보지 않을 수 없었다. 인도사람들의 그런 삶의 태도는 자신의 내적 발전을 통하여 인생에 대한 창조적인 태도를 배웠기 때문이 아니던가?

위를 보라는 삶의 태도는 내가 천주교로 개종함으로써 터득한 것이다. 그리스도교는 아래를 보지 않는다. 우선 그 종교의 구원관이다. 이 세계로부터 구원에 대한 믿음이다. 구원이란 이 세계로부터 벗어나는 해방으로 간주한다.

초월성의 핵심은 성경 맨 끝에 나오는 '천년왕국'의 비전이다. 이 비전은 천국이 역사 안에서 성취된다는 믿음이다. 천년왕국의 비전으로서 우리가 역사 안에서 인간의 조건을 뛰어넘을 수 있다는 믿음이다. 이와 같은 천년왕국의 비전은 서구문명의 중요한 추진력이 되어 왔고, 오늘날의 산업문명의 역동성은 산업문명에 대한 비전으로부터 생겨났으며, 그 비전은 서구문명의 전통으로부터 생겨난 것이다.

위를 보라는 말이 힘을 주는 방식이라면 아래를 보라는 말은 힘을 빼는 방식의 삶이다. 위를 보라는 초월적 삶은 우리 내부로부터 힘을 얻게 해주는 방식을 거부하는 것이고, 아래를 보라는 내재적 삶은 우리가 자연과 조화를 이루며 살아가는 방법을 터득해 가는 것이다. 위를 보는 방식은 초월을 신봉하는 태도이며, 그리하여 자연과의 소외를 가중하는 방식으로 외부적인 요인을 지배하려 하고, 바꾸려 한다.

여름이면 에어컨을 원하고, 겨울이면 보일러를 원한다. 우리는 더위와 추위를 견디어 낼 생각을 하지 못하고 무조건 자연적인 조건을 개조하려 든다. 여행을 해도 차를 빌려 타고 걷지 않으려 하고 건물을 걸어서 올라갈 생각은 하지 않고 엘리베이터에 실려서 올라가기를 원한다.

지금 우리는 어떠한가? 아래에서 위로 가는가? 위에서 아래로 가는가? 조화를 이루며 가는가? 내 생각에 메시아는 오지 않는다. 혹시 외계인이 이 지구에 쳐들어 올지는 모르겠다만.

2011. 1. 3.

心魂적 에너지

하루에 몇 번씩이나 석회세례를 받아야 한다. 근방에 종돈장이 있기 때문에 새벽부터 긴급방역으로 도로가 얼음판 같다. 사실 우리는 종돈장이 어디 있는지, 상황이 긴박하게 돌아가도 어떻게 하면 되는지 잘 모른다. 저렇게 방역을 하니까 그냥 수동적으로 우리는 응할 뿐이다. 과연 이렇게 하면 효과가 있을 지도 의문이다. 단군 이래 이런 경우는 없었다고 본다. 처음 당하는 재난이라 별 묘책이 없어 보인다. 그리고 구제역도 동물의 재난으로 간주하고 사람들도 별로 관심이 없다.

올해 새해에는 우리 모두가 기가 죽어 있는 것 같다. 날씨도 추워서 다들 심리적으로 웅크리고 있다. 올해는 어느 해보다도 해맞이 차량 행렬이 줄었고 도시에는 사람이 잘 보이지 않는다. 신종플루 영향인지 아예 외출을 삼가고 방에 틀어박혀 있는 것 같다. 새해에는 소망으로, 희망으로, 기대로 풍선처럼 마음이 부풀어 있는데 공명이 줄어들고 있다.

에너지에는 두 가지가 있다. 하나는 물리적 에너지고 다른 하나는 심혼적 에너지다. 물리적 에너지는 쓰면 쓸수록 줄어들고 심혼적 에너지는 참여하는 사람이 많을수록 쓰면 쓸수록 늘어난다. 감동, 기쁨, 영성, 음악 그리고 미술은 관객이 증가하거나 한 사람이 다른 사람에게 전달함에 따라 소문이 나 더욱 커진다. 함께 나눔으로써 인간 경험의 범위가 더 크게 늘어난다. 지금의 상황은 두 에너지의 고갈이다. 더 큰 고갈은 심혼적 에너지의 고갈이다. 문제는 이 고갈이 어디에서 왔는가 하는 것이다. 남북의 신 냉전, 종교 갈등, 정치권의 소용돌이 등이 있지만 문제의 핵심은 바로 이것이라고 생각한다.

우주진화는 지속적인 분화, 고유성 그리고 교류에 의해서 발전되어 왔다. 자연은 개체를 만들어 낸다. 단 하루도 같은 날이 없고 눈송이 하나 어느 것도 같은 것이 없다. 그러나 우리는 이 세 가지를 위반했다. 지속적인 분화가 아니라 근대화는 단일문화 즉, 획일화와 균일성으로 진행되었던 것이다. 자연은 획일화와 표준화를 거부한다. 왜 4대 역병이 생겼는가? 인간들이 돼지나 닭, 소를 한 군데 집어넣고 획일화로 균일화로 집단 사육하며 이윤만 추구했기 때문이다. 돼지도 한 개체다. 개체에 대한 위반은 곧 공동체에 대한 폭력이다. 지금 우리의 공교육이 분화와 고유성 그리고 관계성을 확립하고 있지 않다. 우리 교육이 개성을 박탈하고 집단 획일화로 몰아넣고 경쟁을 동력으로 삼지 않는가.

우리가 새해에만 해맞이 할 것이 아니라 매일매일 자연과의 관계를 회복한다면 심혼적 에너지 즉, 신바람이 날 것이라고 본다.

2011. 1. 10.

지구 행성에서 우리 역할을 재고할 때

 우리 동네에도 몇 가정에서는 소나 돼지를 이미 살처분했다. 자식
같은 소를 살처분했으니 그 농가는 깊은 슬픔에 빠졌다. 위로할 길이
없다. 말이 살처분이지 홀로코스트, 학살이다. 우리는 자살·동족살
해·대량학살을 저질렀고, 그 다음 지구의 생명체를 죽이고 지구에
심각한 붕괴를 가져오는 생물종의 학살(biocide)과 지구학살
(geocide)로 옮겨왔다. 이것 뿐인가? 핵 산업으로 지구에 방사능물질
을 폐기했고, 유전공학으로 지구 생명체의 유전자 구성을 조작하고,
석유산업으로 지구의 화학적 균형을 교란시키고 있다. 인류가 직면한
심각한 문제는 서구 물질문명에서 야기된 지구 생태계의 파괴다.
2012년 지구종말론이 다시 기승을 부리는 것은 종교적인 이유만이
아니라 대략 해마다 1만여 종의 생물종이 멸종하는 것과 무관하지 않
다. 우리는 깊은 문화적 병리현상에 빠져 있다.
 3불 4대 역병인 인간불임, 식물불임, 동물불임 그리고 구제역, 조
류독감, 광우병, 신종플루에는 한 가지 공통점이 있다. '환경의 황폐
화'로 인한 것이다. 우리는 이제 와서야 자연을 조작하고 자생력을

억압하고 인간만의 이윤을 누리려고 한 결과가 무엇인지를 똑똑히 알게 되었다. 무엇을 얻었고 무엇을 얻었는가? 묻지 않을 수 없다. 단순히 경제적 손실이나 인간의 이해득실만을 따져서는 안 된다. 그것은 총체적 차원에서 득과 실을 묻는 물음이다. 이제는 지구행성 전체의 복지, 인간과 비인간 구성요소들 사이를 통합적으로 이해하기 시작해야 한다. 이것은 매우 시급한 일이다.

이 난국에 대해서 모든 종교가 수동적인 태도를 취하고 있다. 침묵한다는 것은 종교의 근본을 망각하고 있다는 것이다. 이 난국에 대해 종교가 불살생을 들고 새로운 윤리 즉, 동물윤리헌장을 선포하고 성 프란치스꼬의 동물축복식을 축복서 예식서에 따라 거행하는 것도 한 가지 방법이다. 우리가 한 번에 한 가지씩만 하더라도 변화를 가져올 수 있다. 이제는 '산업 음식 시스템'의 어두운 면을 알았기 때문이다. 육식을 한 끼만 줄여도 기후혼돈을 줄일 수 있고, 유기농 1차 식품을 선택하면 논 안의 '생물 다양성'을 보존할 수 있다. 구제역 문제는 위기이면서 또 한 번의 기회다. 만약에 이 재앙을 통해 인간의식 안에서 지구적인 혁명이 일어난다면 더 좋은 행성의 미래를 창조할 수 있을 것이고, 종말은 오지 않을 것이다. 문제는 지금 상황에 관한 우리들끼리의 상호이해와 상호동의가 없다는 것이다. 100만 마리 이상을 살해할 수밖에 없는 집단적인 행위에서 우리가 인간과 지구의 새로운 관계를 모색하는 '의식의 공동진화'를 도출할 수 있다면 변화를 위한 각성은 시작된 것이다.

2011. 1. 17.

늘 갈망하고(stay hungry)
늘 우직하라(stay foolish)

사과밭에 둘러 살지만 이 사과를 학교의 로고로 생각하지는 못했다. 매킨토시, 아이폰, 아이패드로 유명한 애플사의 최고경영자 스티브 잡스는 우리의 일상에 익숙한 사과를 자신의 심벌로 삼았다. 전혀 다른 발상이다. '다르게 생각하라'는 그의 말이다. 리드대학을 다니다가 자퇴한 스티브 잡스가 2005년 여름 스탠포드대학 졸업식에서 들려준 사랑과 상실 그리고 죽음에 관한 세 가지 이야기 중에 스튜어드의 책을 인용한 "늘 갈망하고 우직하게 나아가라"는 나도 이러기를 바란다. 한해를 시작하는 출발점에서 이 메시지를 생각해 본다.

막상 본당을 그만두고 여기로 들어오니 무엇이든지 궁하다. 사람들도 궁하고 재물도 궁하고 심지어 밥도 궁하다. 다 채워지지 않는 상태가 궁한 것인데 어떻게 다 채울 수 있단 말인가? 시래기 곤죽을 먹어봐야 쌀밥의 밥을 제대로 볼 수가 있다. 비어 있는 운동장처럼 우리 인생도 다 채워지지 않은 궁한 상태가 인생을 소중하게 만든다고 생각한다. 여백이라고 할까? 틈이라고 할까? 비움이라고 할까? 궁하니까 소중하지 않은 것이 없다. 햇살이 소중하지 않을 수가 없다. 빗방울 속에 있는 먼지 입자, 진주가 만들어지도록 조개를 아프게 하는 모래 알갱이도 소중하다. 아침마다 보는 연기도 그렇게 아름다울 수가 없다.

배움이란 이미 알고 있는 것을 발견하는 것이다. '궁함'을 다시 발견하고 증거하고 일깨우는 것이 교육 아니던가. 궁이 넘치는 이 폐교가 그래서 좋다. 궁은 새로운 창조의 원천이다. 허리가 꼬부라져 거의 90도인 상태로 경로당으로 가시는 꼬부랑 할머니를 만나면 아주 반갑다. 이 할머니는 바닥에 거의 닿을 듯 엎드려서도 늘 당당하고 일만 하신다. '저 고요하고 묵묵한 엎드림'이야말로 질긴 생명의 본 모습이다. 궁해보지 않은 영혼이 고요하고 묵묵한 엎드림을 이해할 수 있겠는가?

돈이 덜 들게 사는 방법은 궁하게 사는 것이다. 돈이 많이 드는 교육을 넘어서야 한다. 누가 나더러 사서 고생한다는 말을 자주 한다. 힘든 일에서 비롯된 힘든 재미가 드림 소사이어티로 간다. 계발시키고 몰두하고 그런 재미, 지가 좋아서 하는 짓거리들 말이다. 고려대 경영대를 거부한 김예슬과 슈퍼스타K2의 허각은 한국사회에 'stay foolish(늘 우식하라)'는 화두를 던졌다고 생각한다.

새해에는 많이 웃자. 갓난아이는 하루에 백 번이나 웃고 어른들은 하루에 열 번도 채 웃지 않는다고 한다. 뺀질이는 웃을 수가 없다. 경쟁하는 사람이 웃는가? 궁해야 웃고 우직해야 큰 그림이 보인다.

2011. 1. 24.

내 명함 만들기

명함 하면 it's me 브랜드 즉 who am I, 자신에 대해서 짤막하게 이야기를 하는 그림이다. 명함은 자신을 브랜드화 하는 방법이고 자신의 능력과 존재에 대한 인지도를 높여서 보다 많은 기회를 얻을 수 있도록 만든 도구다. 직함을 통하여 자신의 기억을 재생시켜 사람들 간의 소통을 열어주는 종이휴대폰이 바로 명함이다.

요즈음 목사님이나 스님들까지 명함을 예쁜 상자에 넣어 주고받는 것을 쉽게 볼 수 있다. 내 생각엔 명함을 주고받는 것이 무슨 비즈니스 하는 것 같고 왠지 어색하여 늘 망설이다가 드디어 올해부터는 적극적으로 명함을 만들어 사용하게 되었다. 특히 오늘날 우리 사회에서 자신이 누구인가를 표현할 수 없다면 그 사람은 가난한 사람이고, 자신이 말하고 싶어 하는 자신의 이야기를 정확하게 표현할 수 있는 사람은 참 부자이다. 다르게 생각해 보면 명함은 자신감과 미래의 자신을 디자인하는 한 방법이다.

난 너무 늦게 명함을 만들지 않았나하는 생각이 든다. 왜냐하면 어릴 때부터 명함을 만들어 자신이 되고 싶은, 자신이 이루고 싶은 꿈을 적은 명함을 돌린다면 그 명함대로 이루어지지 않았을까? 예수께서도 이룰 것에 대해 이미 이루어졌다고 믿고 감사하라는 유명한 말씀(마르11,23)을 하시지 않았는가! 작은 그릇에 물을 담기는 아주 쉽지만 작은 명함에 꿈과 소망을 담는 것은 어려운 것이 우리의 인생이다.

막상 명함을 만들어보니 그 안에 무엇을 넣을 것인가, 그리고 어떤 직함을 넣고 어떻게 디자인할 것인가 아주 고민이 되었다. 현재의 직함을 넣을 것인가 아니면 미래의 직함을 노골적으로 그릴 것인가가 관건이었다. 롤프 엔센이 지금도 이미 존재하는 미래의 직함을 소개하면 다음과 같다.

마음과 기분 담당이사, 침착한 사람들 초빙 담당이사, 상상 전문 최고경영자, 진보 부장, 가상현실 전도사, 기업미래 담당이사, 창조사, 신선함 담당부사장, 무형자본 평가사, 지적 자본 담당이사, 핵심가치관 부장, 이야기꾼 실무자, 사회공학자, 구상가, 대표상연자. 법정 광대 등.

우리 아이들에게 10년 내다보는 꿈을 담은 직함을 새해부터 만들어서 친구들과 서로 돌려보면 좋을 것이다. 지금의 명함은 10년 뒤에 현실이 될 것이다. 꿈을 찾는 사람은 그 자신이 새 꿈이다. '너희기 기도하며 청하는 것이 무엇이든 그것을 이미 받은 줄로 믿어라. 그러면 너희에게 그대로 이루어질 것이다' (마르 11,24)

2011. 1. 31.

경제적 참호 구축보다 중요한 것

제프리 메이슨은 감정조사를 통해 동물이 운다는 것을 알아냈다. 우리 동네 돼지들은 어떻게 낌새를 차렸는지 살처분 되기 전날 밤새도록 울었다. 새끼가 잡히거나 죽으면 돌고래도 코끼리도 운다. 동물의 감정도 인간과 다르지 않다. 찰스 다윈은 말년에 동물의 사회적 본성과 감정 심지어 도덕적 책임까지 관심을 가지고 관찰했다. 동물에게 감정이 있고 본질적인 가치가 있다는 것에 대한 거부감은 인간초월성과 그리스도교에 의해 강화되어 왔다. 그리스도교와 데카르트가 그 원조이기도 하다. 오직 영혼구령에만 관심을 쏟았고 그 밖의 것은 구원의 범주에서 제외시켰다. 예를 들어 인간만이 불멸의 영혼을 가지고 있고 하느님의 모상을 본떠 만들어졌다는 것이다. 나머지 것은 다 열등하고 하등하다는 것이다.

이미 1975년에 나온 피터 싱어의 '동물해방'에서 기본적 평등원리를 '종'에게까지 확대하자고 촉구한다. 여기서 말하는 평등은 인간과 똑같은 권리를 주자는 말이 아니다. 본성에 따라 배려하자는 '배려의 평등'이다. 최대의 이윤을 얻기 위한 '동물 공장식 농장'은 동물에 대한 인간의 폭정이라고 피터 싱어는 말한다. 스스로 말할 수 없고 연대할 수 없는 '가장 가난하고 힘없는 동물에 대한 우선적 윤리'를 고려해야 한다고 역설했다. 그래서 이 문제는 단순히 축산농가나 관계 공무원이나 동네 고기집의 문제가 아니다. 구제역이 경제에 총체적인 치명타를 안긴 것은 사실이지만, 문제의 해결책을 돈 문제 즉 보상금이나 경제적 수지타산에서만 찾을 수는 없다. '구제역인데 고기 먹어도 되나요?' '소고기 값 올라가겠네!' 이런 물음들은 더욱 아니다. 우리 음식문화의 근본적인 쇄신 없이 구제역 해결책은 요원하다고 본다. 폭력적 식사인 육식에서 '비폭력적 식사'로 즉, 어떻게 균형을 잡느냐의 문제다.

오히려 보다 근원적인 문제는 동물착취를 통한 이윤만을 생각하는 인간의 경제적 탐욕이 지금의 부메랑으로 돌아온 것이다. 4대강 문제도 이런 맥락에서 봐야 한다. 구제역의 근본적인 해결책은 생명가치에서 '배려의 평등성'에서도 찾아야 하고 토마스 베리 신부님이 요청한 '생태대'의 관점에서도 봐야 한다. 역설적이게도 이런 대재난을 겪고 난 다음 또다시 경제적 참호를 구축하는데 힘을 쓸 것이 아니라, 근본적인 방법으로 동물권을 포함하여 생물권 전체를 다시 인식히게 됐다는 것이다. 어느 누구도 구제역에서 도망칠 수가 없다. 문제의 핵심은 동물권이나 식물권을 포함하여 지구 생명권 전체 즉 생태대 의식과 우리 모두 공감을 이룰 수 있을까하는 것이다.

2011. 2. 14.

SOS! SOS!

낙관주의자들은 세계 석유 피크오일이 2030년쯤에 일어날 것이라고 주장하고, 비관주의자는 2020년 닥칠 것이라고 말한다. 세계적으로 권위 있는 석유 전문가들은 이미 석유가 종 쳤다고 말하는 사람들도 있다. 시차는 분명하게 드러나지만 어느 쪽이든 미래전망의 격차는 별 차이가 없다. 피크오일에 도달하는 순간 석유 시대는 사실상 사형선고를 받은 것과 같다. 시간은 가는데 새로운 시나리오는 어디에도 없다. 확실히 말할 수 있는 것은, 석유 1배럴을 찾아낼 때 3배럴을 소모하고 있다는 사실이다.

세계적으로 석유 매장량은 점점 줄어드는데 반해, 에너지 수요는 지금도 늘어간다. 내가 사는 동네는 이미 석유 보일러는 포기하고 산에 나무를 주워 불을 땐다. 매주 목요일 새벽에 산자연학교 전교생은 석유 없이 사는 길을 모색하기 위해 산에 나무하러 간다. 상황은 정말 다급하다. SOS!

부유한 사람이든 가난한 사람이든 서로 질세라 너도나도 필요 이상으로 화석연료 에너지와 천연자원을 소모하고 있다. 인구 20억이 넘는 인도와 중국의 에너지 수요는 가히 폭발적이다. 이 순간의 역설적인 사실은 우리가 에너지를 소비할 때 엔트로피는 더 증가한다는 사실이다. 보릿고개의 문지방을 넘은 절반의 인류와 아직 넘지 못한 인류 사이에 갈등은 더욱 증폭되고 있다. 에너지 상용을 줄이자는 측과 이제 좀 살만한데 늘이자는 측의 경계의 골이 깊다. 너희만 먹지 말고 우리도 먹자는 태도는 엔트로피 수치가 지구 전체를 뒤집어엎어 우리 모두 죽게 되는 꼴이 될 것이라는 역설에 직면해 있다.

우린 IMF시절에 하나가 되어 금을 모았다. 고통은 스승이 되어 어려움은 또 하나의 기회가 된다. 공감의식을 확장시켜 서로 돕고 베푸는 협동의 가치를 창조하는 각성의 계기로 삼는 다면 희망이 없는 것은 아니다. 아이티 지진 참사 때를 생각해 보라! 칠레 광부들의 매몰 사건 때에 서로 배려하는 사양지심은 인간의 협동본능을 끄집어 낼 수도 있다. 경제가 어려우면 서로가 서로에게 늑대로 타락하는 수도 있지만, 형편이 어려우면 자발적으로 단순하게 살고, 많이 먹고 많이 가지는 양의 시대에서 돈보다는 더 의미 있는 포괄적이고 관계지향적인 시대로 나아갈 수 있는 공감적 감수성이 폭발할 수도 있다.

불안한 축복의 시대라고 말할 수 있다. 우리는 지금 바로 그런 수림의 꼭짓점에 있다. "승자는 눈을 밟아 길을 만들지만 패자는 눈이 녹기를 기다린다"는 말을 기억하자. 행복의 기준과 방법을 바꿀 수 있는 절호의 기회다.

2011. 2. 28.

사회의 중심에 정의를 세워라

아직도 도무지 이해할 수 없는 건 왜 장애학교가 혐오시설로 인식되고 있느냐는 거다. 도대체 뭐가 잘못된 걸까? 다문화가족도 이제는 더불어 살고 있고 심지어 새터민 가족도 살고 있는데 왜 장애우는 늘 이렇게 꼬리표를 달아야만 하나?

우리 사회가 더 나아졌다고 볼 수가 없다. 왜냐하면 장애학교는 아직도 특수학교이고 혐오시설이고 돈이 되지 않는 학교라고 생각할 뿐만 아니라 지역의 땅값을 떨어뜨리게 하는 학교라고 생각하기 때문이다. 만약에 일반학교가 자기지역에 들어오면 반대를 하겠는가? 또 만약에 자기지역에 공장이나 공단이 들어오면 저렇게 반대만 할 수 있겠는가?

다른 지역도 아닌 경산지역에서 지역님비 대상에 특수학교가 끼어 개탄을 금치 못하게 하고 있다. 잊을 만하면 불쑥 모습을 드러내 장애우와 부모들 마음을 착잡하게 만드는 이런 현상을 근절시킬 수 있는 방법은 과연 없는 걸까. 지난번 나는 경상북도장애인부모회 경산시지부에 소속된 가족들을 만나서 그네들의 가슴 아픈 이야기를 들은 적이 있다. 이번 새 학기에도 우리는 '좀 다른 아이들'을 입학시켰다.

전 세계적으로 3종차별이 서서히 어둠에서 걷히고 있다. 인종차별, 성차별 그리고 종種차별이 바로 그것이다. 배경이 다른 사람들을 가르는 모든 종류의 경계가 무너지고 있는 국제화 세계에서, 마지막 남은 배타성의 아성이었던 가족도 예외 없이 격동의 변화를 겪고 있다. 다종교적 다문화적 다인종적으로 새로운 가족의 정체성을 갖게 됐는데 우리에게는 아직까지 장애라는 묵은 편견에 사로잡힌 장애자가 있단 말인가? 동성연애자에 대한 태도도 변하고, 더 나아가서 동물과 식물로 공감의식이 확대되고 있다. 그러므로 참된 지역발전은 특수학교를 몰아내는 것이 아니라 특수학교를 지역에 포함하고 포용하는 공감대가 아닌가?

경산에 세울 특수학교가 다른 지역에 이전해 간다면 그때 무엇을 했느냐고 두고두고 다음 세대가 우리를 비난할 것이다. 다른 가능성도 있다. 장애라고 늘 소외당해 온 그들에게 장애의 못을 빼내 주는 역설을 만드는 것이다. 그것은 완전히 새로운 여정의 출발점이 될 것이며, 삶의 큰 길에서 조금은 비껴나 있고 조금은 뒤처져 있는 그들을 당당하게 사회의 중심에 서게 함으로써 정의를 다시 세우는, 희망을 만드는 작업이다.

이 작업은 반대자도 찬성자도 어느 한 계층의 이익을 대변하는 것이 아니라 옳은 일을 통해서 우리 모두 함께 인간을 진정으로 행복하게 해 주는 것이 무엇인지 깨닫게 해 줄 것이다.

2011. 3. 7.

전문가와 전인全人

오늘날의 교육시스템은 국어 수학 과학 영어 역사 음악 미술 등 과목을 철저하게 분리시켜 학생들에게 가르친다. 수학자들은 오로지 숫자 안에서, 작가들은 단어 안에서, 음악가들은 음표 안에서 생각하도록 강요받고 있다. 이것은 교육의 본질을 전혀 이해하고 있지 못하는 것이다. 과목의 경계를 허물고 통찰을 주고받고, 창조적인 사고, 상상력과 직관 그리고 '느낌'이 교과과정의 일부가 될 필요가 있다.

나는 교육의 목적이 한 분야에 탁월한 전문가를 만드는 것은 아니라고 본다. 우리 학생들이 요리사이자 화가이자 과학자로서, 수학자로서, 춤꾼으로서 사고하도록, 그리고 생각의 도구들이 자유롭게 이전하도록 도와주는데 있다. 다름 아닌 포함, 포용, 융해, 넓힘이다.

워크맨이나 인터넷 음악파일 다운로드 사이트 등 이미 있는 것을 상상력의 비빔밥으로 통합하여 만든 스티브 잡스의 아이팟의 성공이 그 사례다. 아이폰도 그 한 예이다.

올바른 교육이라면 어느 한 분야에서 창조적으로 상상하도록 도와주면서 다른 분야에서 창조적으로 응용할 수 있도록 하기 위해 교사의 만능이 필요하다. 모든 것이 되지 않으면 아무 것도 될 수 없다. 전문가가 아닌 만능인이 되어야 한다.

한 가지를 놓고 여러 가지 방법으로 표현할 수 있도록, 그 표현 방법이 많으면 많을수록 좋을 것이다. 여러 형태를 발표하게 하는 것이다. 포토폴리오도 PPT, UCC, 스토리텔링, 놀이 그리고 디자인 등 노래하면서 춤추고, 시를 그림으로 바꾸고, 그림에 음악을 집어넣고, 영어하면서 영어 요리까지, 아이들 머릿속의 지평을 넓혀주는 것이다. 헬렌 켈러는 보지 못하고 듣지 못하는 장애를 가졌지만 어떻게 이해할 수 있었나? 창조적 상상력!

대가大家는 어디에서도 대가다. 교육의 목적은 아이들이 만능인, 박식가, 전인이 되도록 하는 것이다.

2011. 3. 14.

생물권 정치학

현실적으로 인간은 지구를 떠날 수 없다. 쓰나미나 지진 때문에 지구를 탈출할 수 있는가? 인간이 우주의 다른 곳에서 살 수 있는 가능성은 거의 없다. 펼쳐지는 역사는 끝이 없으나 장소는 지구행성에 제한되어 있다.

우리는 언젠가 지구에 있는 것들을 모두 다 써버려 다른 행성으로 모험을 떠날지 모른다는 예상 속에, 우주 공간을 여기저기 탐험하는데 돈을 쏟아 붓고 있다. 정작 우리 주위의 아름다움과 미래의 행복에 대해 관심을 기울이지 않으면서 멀리 떨어진 곳의 이상한 것에 흥분하고 있다. UFO라든가 지구 종말을 계산하는 것은 마치 이솝 우화에서 뼈를 물고 있는 개가 물 속에 비친 자신의 모습을 보고 뼈를 뺏으러 물 속으로 뛰어드는 어리석음을 재현하는 것과 같다.

일본지진을 두고 천벌, 우상숭배가 이유라고 말하는 사람은 사이비다. 우주는 평화로운 면이 있는가 하면 난폭한 면도 있다. 그러나 보다 큰 차원에서 볼 때 우주는 일관성 있게 창조적이다. 일본지진은 우리인류에게 '인간도 種의 일부'라는 사실을 더욱 깊이 깨닫게 해준다. 인간이 최초로 불을 다스렸을 때, 언어가 생겨났을 때, 최초의 뜰이 가꾸어졌을 때, 그릇을 만들고 불을 지폈을 때와 같은 결정적인 순간을 인류는 경험했다. 지난 6500만 년 동안 탄생한 황홀한 생명들이 마구잡이로 멸종당할 위기에 처한 광경을 지켜봐야 한다는 것은 비극이다. 그러나 과거에 자주 그랬던 것처럼, 이번 지진의 순간은 곧 창조의 순간이 될 수도 있다. 지구의 생명을 구성하는 다른 많은 종뿐만 아니라 전체로서의 인간이란 종에 대한 '공감의 감수성'을 확대할 가능성을 열어주기 때문이다.

핵발전소가 얼마나 허구적인 에너지인지 이번 지진을 통해 다시 한번 확인됐다. 석유와 우라늄을 기반으로 하는 에너지는 폐지되어야 한다. 핵발전소를 팔아먹는 정부의 정책도 과감하게 수정되어야 한다. 중동에 가서 석유발주권을 따오는 것을 무슨 큰 사업인양 거들먹거리는 대통령의 사고도 재생 에너지로 업그레이드 되어야 한다.

우리가 하나의 지구행성을 공유하고 있으며, 우리 모두가 그 하나뿐인 행성의 영향을 받고 있으며, 우리 이웃의 고통이 곧 우리의 고통이라는 자각이 물결처럼 일어나듯이 석유, 천연가스, 우라늄 매장을 둘러싼 정치적 군사적 갈등에 초래한 '지정학적인 세계'에서 탈피하여 이제부터는 지구의 생태계를 지키기 위한 공동체적 책임감에 기초한 '생물권 정치학'으로 이동하고 있다는 점도 불안한 축복이 아닐 수 없다.

2011. 3. 21.

공감의 기적

지난 20년간 교육현장을 보면 자기만 특별한 아이라고 부추긴 탓에 자기존중이 지나쳐 자아도취에 빠진 아이들이 많다. 부모들은 아이가 기가 죽으면 큰일 나는 줄 생각한다. 대안학교 아이들은 타인에게 너그럽지 못하고 잘 따진다. 어떤 때에는 학교에서 잘 나가는 아이들과 무엇이 다른가, 오히려 예의 없는 것만 다른 게 아닌가하는 생각이 든다. 자발성보다는 공감하는 마음이 더 중요하다.

두뇌과학과 아동발달학 분야에서 새로운 사실이 발견되고 있다. 인간이 본래 경쟁적이고 물질적이고 이기적인 존재라는 믿음이 깨어지고 인간은 근본적으로 공감하는 종이라는 깨달음이 확산되고 있다. 일례로 일본의 대지진이 인류를 하나로 묶어 인간의 의식을 확장하고 서로 도우려는 '공감적 감수성'을 고조시키고 있다.

이런 분위기와 맞물려서 최근에 공감 개발을 강조하는 교육혁명의 바람이 불고 있다. 공감은 한마디로 자신이 기쁠 때 기뻐하고 슬플 때 슬퍼하는 마음이다. 공감은 마음을 쓰는 것이다. 한 3년 동안 대안 학교를 하면서 느끼는 점은 공격성, 폭력, 반사회적 행동이 크게 줄고,

협동심과 친사회적 행동이 많이 늘었다는 것이다. 특히 이번 학기부터 수업의 한 방법으로 선택한 봉사활동은 아이들의 공감적 감수성을 키워줄 것으로 확신한다.

새로운 교실을 만들려면 경쟁보다는 협동과 공감본성을 이끌어내야 한다. 지금까지의 교육이 한사람을 위한 엘리트교육, 혼자 1등하는 교육이었다면 이제는 협동하는 관계의 형태로 교육적 관심이 이동해야 한다. 경쟁을 통해 지식을 습득시키는 방식은 지금 무너지고 있고 흔들리고 있다. 위계적인 학습모델은 깨졌다고 본다.

학습은 학생의 두뇌에 전문적인 지식을 주입하는 과정이 아니다. 서로 협력하고 비판하고 스스로 생각하고 배우는 과정이다. 공감적 학습모델을 창조하려면, 공교육 교사들이 아이들이 서로를 존중해주고 상대방의 다양한 관점을 들어주고, 다른 의견에 불편해하지 않고 기탄없이 말을 하고, 서로의 지식을 공유하고, 누구나 자신의 견해를 마음 놓고 이야기할 수 있는 분위기를 창출해야 한다.

공감교육은 '우주시민'을 만들어내는 수업이다. 나는 우리 아이들이 최고가 되기보다는 장차 '울지마 톤즈'의 이태석 신부님처럼 서로 협동하여 남을 배려하고, 평화를 사랑하며, 생태계 전체를 아우르는 지구공동체의 선두주자가 되기를 기대한다.

2011. 3. 28.

뭉치면 죽고 흩어지면 산다

보현산 밑자락에서는 바람이 많이 불지만 질 좋은 바람이 아니라 미친바람이 많이 분다. 그래서 학교 앞에 새로운 에너지 혁명의 상징으로 바람개비 3개를 달아 세웠다. 태양에너지, 바람, 물, 지열, 파도, 바이오매스 등의 재생에너지는 지금 아이들의 미래의 에너다.

연탄과 석유 그리고 석탄시대는 이제 벌써 황혼기에 접어들었다. 후쿠시마 핵발전소 사건은 일본만의 문제가 아니다. 어느 한 지역에 특정한 지역에 밀집되어 있는 '집중에너지'가 어느 지역에서도 에너지를 만들 수 있는 '분산에너지'로 전환되는 새로운 에너지 혁명의 시대가 열린다는 것은 놀라운 일이 아니다. 원하는 에너지를 그 지역에서 내가 원하는 만큼 생산할 수 있다는 소식은 복음이 아닌가! 그야말로 '에너지 민주화'다. 이 우주에 무한에게 펼쳐져 있는 수소에너지! 앞으로는 개인의 인권이자 주권만큼 자신의 에너지를 자신의 손에 넣는 것이 권리이자 책임이 될 것이다. 에너지문제는 마음먹기에 달린 것이다.

나는 90년 말 경주 핵발전소 앞에서 대규모 시위를 벌인 적이 있다.

예전에 울산 근방에서 지진이 발생했는데 포항 위에서 발생했다고 허위발표를 한 것이다. 사실 지금의 경주 감포 발전소는 지진활성대에 위에 지어졌다. 당시 우리는 이 허위발표에 항의하며 데모를 하고 세미나도 개최했다. 문제는 동해안에 핵발전소가 초밀집되어 있고, 영덕에 핵폐기장을 또 다시 유치하려고 한다는 사실이다. 발전소 꼭대기에 페인트나 칠하는 의식구조가 참으로 두렵다.

사람들은 원자력발전소라고 하면 좋게 생각한다. 이것이 진실이 아님을 이번 일본 후쿠시마 사건을 통해 전 인류가 알게 되었다. 원자력발전소가 아니라 핵발전소다. 놀랍게도 우리나라에도 21개의 집중발전소가 돌아간다. 그중에 가장 고물이고 오래된 발전소는 울산고리발전소인데 설계나 건축이 얼마나 낡았는지 우리는 모른다. 왜 핵발전소라고 하지 않고 원자력발전소라고 부르는가? 한마디로 말한다면 진실을 감추기 위해서다. 인분, 돈분, 우분 그리고 자연이 내는 모든 폐기물은 재생이 되지만 핵폐기물은 영원히 재생되지 않는다.

분산 에너지, 달리는 발전소, 수소스마트 에너지로 자학자치하는 민주화에너지로 나아가야 할 때다. 집중되어 살아가는 도시화, 아파트 생활에서 이제는 분산하고 흩어져 제 나름대로 살이기는 시대에 돌입해야 한다. 참으로 그렇다. 뭉쳐 살면 죽는다. 흩어져 듬성듬성 살아야 산다.

2011. 4. 4.

막다른 골목에서 정의를 묻는다

어느 시인이 말하듯 참으로 잔인한 4월이다. 어제는 굵은 우박이 갑자기 쏟아져 내려 깜짝 놀랐다. 날씨를 종잡을 수 없다. 여름 같다가 가을 같고, 한낮에는 덥다가도 한밤중에는 서리가 내리는 것처럼 싸늘하다. 날씨만 그런가? 시도 때도 없이 조류독감이나 구제역이 오락가락하지만 그 근원을 알 수 없으니 우리는 더욱 불안하기만 하다. 그러나 진정 우리를 불안하게 하는 것은 기후변화, 새로운 전염병, 경제적 처지가 아니라 미래에 대한 우리의 기대감의 상실이다.

시민들은 만나는 사람들마다 피곤한 기색이 역력하고 얼굴은 온갖 걱정으로 밝지 못하다. 사기가 떨어진 운동선수처럼 온몸이 쭉 처져 있고, 툭하면 너도 나도 살기 힘들다고 아예 말투가 살벌하고 거칠다. 화재가 나면 먼저 불을 끄고 봐야 하는데 불타는 집안에서 서로 삿대질을 하며 남 탓만 하다 보니 불은 더욱 거세게 타올라 우리 모두 죽게 되는 양상이다. 왜 이런 상황이 벌어지게 되었을까?

삶의 춤 운동을 선도하는 경산시, 삼성현의 도시라고 문화새마을사업을 중심에서 벌이고 있는 경산시가 시민과 일치단결하여, 물들어

올 때 노를 젓고, 쇠가 달았을 때 쳐야 하는데 되려 악의 축으로 전락하고 있었음을 보여주는 최근의 사태들은, 우리를 참으로 허탈하게 만들었다. 인터넷에 떠돌아다니던 각종 비리들에 설마 그러려니 했는데 너무 어이가 없어 차마 논할 수가 없다. 우리가 분노하는 것은 남을 탓하는 것이다. 이 비리에 연루되지 않은 사람이 몇이 있을까?

부처님은 '일에 질서가 있어 혼란스럽지 않은 것'에 대해 말씀하셨다. 모든 것에는 질서가 있고 우선순위가 있는데 지금 우리 사회가 혼란스러운 것은 이 사회를 구성하고 있는 우리 스스로에게 질서가 없기 때문이다. 더군다나 내 탓이오 하는 리더를 찾아볼 수 없다. 지금 우리 시민들이 바라는 것은 정의를 회피하지 말라는 것이다. 대형 사업을 벌이는 것보다도 올바르게 하나라도 제대로 하라는 것이다.

경산시가 정의의 횃불을 들 때 시민의 사기가 진작되고, 희망찬 기반을 제공하는 것이다. 그 정의구현은 지금 경산시장님이 도덕적 책임을 지고 자진해서 물러나는 길이라고 생각한다.

2011. 4. 25.

'다시'를 노래하는 것

그리스도교는 부활대축일을 지냈고 불교는 사월 초파일 부처님 오시는 날을 준비하고 있다.

나는 개인적으로 부처님 오신 날 보다는 현재 '지금 오시는 날' 이라는 표현이 더 좋다. 부처님과 예수님의 삶에서 공통된 가르침들 중에 하나는 '소외된 사람' 을 배려하라는 말씀이다. 사회 주류에 밀려 있는 사람들, 삶의 언저리에서 차별받고 있는 사람들, 내가 누구라고 분명하게 말할 수 없는 사람들, 몸과 마음이 아파 서로가 통하기 힘든 사람들, 우리 주위에는 소외된 사람들이 참으로 많다. 이러한 사람들을 치유하고 돌보고 하는 일이 바로 종교적 수행의 목표라고 생각한다.

경산특수학교가 표류하고 있다는 이야기는 우리가 '보편적 인권' 에 대한 의식이 아직은 부족하다는 증거지만 종교가 이 '보편적 인권' 을 배려하는 것이 중요한 시대적 소명이라고 생각한다. 만약에 이 학교가 이 지역에서 발아하지 못하고 다른 지역으로 간다면 '보편적 인권' 에 대한 우리 꿈이 상실되는 것이다. 이 상실은 우리 스스로 장애인 차별에 종지부를 찍지 못했다는 비관주의와 냉소주의가 되어 우리지역을 엄습하게 될 것이다. 이 상실은 어떤 상실보다 크며 사회적 자본인 신뢰감의 상실이다. 이것은 더 나아가서 교육도시 경산의 자부심을 스스로 포기하는 것이다.

지금 우리 경산은 참으로 어려운 시기를 살고 있다. 실패는 낙담을 낳을 수 있다. 그러나 실패는 우리를 더욱 강하게 만들고, 유연하며, 지혜롭게 만들어 주기도 한다. 부활이란 '다시 시작하자는 노래' 다. 인간 본성에는 다시 시작하려는 마음이 있다. 어쩌면 그것이 우리가 기대할 수 있고, 기대해야 할 전부인지 모른다. 아무리 좋은 뜻이라도 비관주의와 냉소주의가 팽배한 분위기에서는 이뤄질 수 없다는 점을 명심해야 한다.

우리 경산의 많은 부분이 어둠에 덮여 있고, 그로 인해 적지 않은 사람들이 나아갈 방향을 잃고 있다. 부처님 오시는 날의 점등식은 이 어둡고 험난한 세상에서 길을 인도하는 등대다. 그 등불은 포용성, 다양성, 삶의 질, 심오한 놀이, 지속 가능성, 보편적 인권, 자연의 권리, 지구상의 평화로 정의되는 새로운 시대로 우리를 손짓하며 부른다.

2011. 5. 2.

숲유치원

　기존의 유치원은 그 공간에 맞춰 자신을 통제해야 한다. 지극히 수동적으로 지식을 섭렵하게 되면 아이들 스스로 할 수 있는 것이 없다. 오직 적응하는 길밖에 없다. 숲에서는 아이들이 마음대로 움직일 수 있고, 숲에서 처하는 어려움으로 자신의 감정을 조절하는 능력을 키운다.

　숲에서는 오감으로 느낀다. 사시사철 바람 불고, 비 오고, 새가 노래하고, 잎이 나고 낙엽이 되어 떨어지는 관계성을 배운다. 자연이 권력이 아닌, 점수나 서열이 매겨진 지배자나 피지배자가 아닌 공생 공존하는 존재임을 온 몸으로 배우는 곳이 숲이다. 전문가가 아닌 전인이 되게 하는 학교가 바로 숲이다. 자연을 통해 통합적으로 생각하는 것을 터득하는 것이다.

　우리 아이들은 거의 15년 동안 교실 안에서만 배우다 보니 주체적인 판단이나 자립심을 배울 수 없다. 교실 안에서는 틀리면 안 된다. 무엇이든지 맞아야 된다. 그러나 숲에서는 시행착오와 실수나 실패를 통해 배울 뿐 아니라 스스로 결정하고 자신이 책임지며 성취감과 자학자치를 배운다. 학교에서는 아이들을 교과과정에 맞추어야 하고 프로그램을 돌려야 한다. 여기에서 해방시키지 않으면 무엇이 나오겠는가?

숲에서는 공감을 배울 수 있다. 날마다 새로운 날이다. 비가 오면 비 오는 대로 눈이 오면 눈 오는 대로 아이들은 자발적으로 논다. 직접적이고 구체적인 체험 안에서 사는 것이다. 요즘 아이들은 컴퓨터나 게임기하고 혼자 논다. 불안과 외로움과 공격성이 커진다. 자존감이 낮아지고 말이 부정적이 된다. 숲에서는 놀이도구가 자연소재다. 숲에서 노는 아이들은 몸과 마음이 건강하고 충분한 활동으로 밥도 잘 먹는다. 몸과 마음에 균형감각이 저절로 생긴다. 20세기가 전문가의 시대였다면 21세기는 경계가 없는 분야를 넘나드는 창조적 사고를 해야 하는데 창조적 사고를 키워주는 곳이 숲이다.

일부 오판자들은 교실수업을 숲에 가져가려 한다. 숲은 숲만이 가지고 있는 훌륭한 가능성과 잠재력이 있다. 교실에서 얻을 수없는 무한한 것들이 숲에 있다. 숲에서는 아이들이 자유로워야 한다. 숲에서는 아이들이 마음껏 즐겨야 한다. 숲에서는 아이들이 몸과 마음, 영혼을 드러내고 우주자연과 교감해야 한다. 그래서 아이들이 사언과 함께 살아가야 한다. 자연은 인간이 함부로 범할 수 있는 존재가 아니다. 인간이 자연을 마구 분석하고 이용하고 파헤쳤을 때, 인간은 파멸하게 되어있다. 공생하고자 하는 생태교육적인 자세가 갖추어져야만 비로소 '숲유치원'의 가치가 빛을 발하게 된다.

2011. 5. 9.

3 통通

요즈음 '통'이 유행어고 '통'이야말로 시대의 아이콘이다. 신학에서도 기도는 신과 '통'하는 것이라고 말한다. 경제에서도 혼과 창조, 그리고 '통'해야 된다고 지적한다. 리더십도 위에서 아래로 내려오는 권위적 카리스마가 아니라 아래에서 위로 올라가는 공감력, 즉 '통'이다. 그야말로 탈권위주의 시대다. 시민들이 시장에게 질질 끌려가는 리더십이 아니라 시민이 리더를 식별하고 따라가는 공감 리더십 시대에 돌입했다. 이것은 좋은 징조다. 시민이 리더십을 주는 것이다.

성차별, 장애우차별, 동성애차별, 다문화차별 등등 차별도 서서히 황혼에 접어들었다. 통해야 살아남고 통해야 진리다. 가족도 국제화되는 추세다. 다른 인종 간에 결혼은 20년 전에는 거의 불가능한 일이었다. 가족도 개방과 관용의식으로 통하기 시작하였다. 사회구성원이 문화적으로나 인종적으로 다양해지면서, 가족의 영역도 다문화적이고 다인종적인 공간으로 바뀌어 공통의 인간성을 발견하는 기반이 바로 통이다.

통이 이제 사람을 넘어 다른 생물에게까지 확장되고 있지 않은가!

통이 동물과 식물로 확산되는 공감의 저초지가 멈추지 않는다. 구제역의 해결책은 축산 시절의 현대화, 축산전문화, 농장입구 CCTV 설치 등이 아니다. 구제역 사태의 핵심은 바로 육식이다. 구제역의 해결책은 동물복지 즉 동물과 통해야 한다. 이제 더 나아가서 식물복지 즉 식물과 통해야 하는 시대에 돌입했다.

종교도 예외가 아니다. 종교끼리 안 통하면 그 종교는 진리가 아니다. 독불장군 종교는 없다. 종교의식이든 계급의식이든 하나의 세대원리로서 의식에 자리를 내어주고 있다. 근본주의적 종교는 그 자체로 자멸하고 말 것이다. 종교적인 사람은 구원받기 위해 태어나지만 일반적인 사람들은 즐겁기 위해 태어난다고 말한다. 종교가 세상과 통하지 않으면 무엇에 쓸모가 있겠는가? 심리적 의식은 종교적 의식을 대신하고 있다.

3가지 통이 있다. 의사소통, 만사형통, 운수대통! 더 이상 소외되지 말라. 통에 접속하고 접촉하라. 인생은 한 번밖에 없다. 흘러간 물은 두 번 다시 흐르지 않는다. 자살은 스스로 통을 폐쇄시키는 행위다. 통하면 인생은 그래도 아름답다. 통. 통. 통.

2011. 5. 16.

제주도에서 1박 2일

좋은 것은 질리지 않는다. 그래서 보고 또 보는 것이리라. 제주도가 그렇지 않은가? 나는 제주도에 갈 때마다 거문오름의 곶자왈은 아무리 바빠도 보고 간다. 곶자왈은 제주도만의 용암과 나무와 덩굴이 어우러진 특유의 숲이다. 숲에 가면 다른 것이 필요 없다. 그냥 자신을 숲에 내려놓으면 된다. 숲에 가면 아무 것도 하지 말라는 것이다. 그냥 무위無爲다.

역설적인 것은 보고 느끼는 실감이 클수록 여행경비가 늘지 않고 줄어든다는 사실이다. 돈을 많이 쓴다고 해서 결코 실감이 커지는 것은 아니라는 사실이다. 착한 여행은 탄소 발자국을 줄이고, 무분별한 소비보다는 지역 생태계의 순환과 맥을 같이 하고, 지역경제의 활성화에 도움이 되는 공정여행, 무엇보다도 서로 깊은 유대를 맺는 책임여행이다.

나는 이번 제주도 강연에서 수천 억을 뿌려서 건설하는 강정마을의 해군기지는 제주도 360개의 오름 하나보다도 못하다는 것을 강조하였다. 강정마을의 아름다움은 한 번 사라지면 영원히 사라지고 두 번 다시 원상태로 되돌아갈 수 없다. 해군기지가 들어오면 지역경제가 활성화된다고 말하지만 경주에 핵폐기장을 유치할 때도, 4대강을 개발할 때도 그런 논리를 들지 않았는가? 무엇이 진정한 개발이며 발전인가? 돈으로 환산할 수 있는 것만이 전부는 아니다.

평화의 섬으로 불리는 제주의 진정한 평화는 무엇인가? 해군기지가 평화를 가져오는 것이 결코 아니다. 오로지 제주도의 평화가 다음 세대에까지 강물처럼 흘러가길 원한다면 한라산을 지키는 것이다. 제주도에 평화를 창안하려면 자연을 보호하라는 메시지를 거듭 강조하였다. 또 제주도 중턱에 마구 개발하는 40여개의 골프장이 지하수를 오염시키면 누가 제주 올레를 오겠는가, 하고 반문하였다. 제주도의 평화는 '정녕 지금 이대로의 평화' 라고 호소하였다.

제주도에 가면 꼭 방문해야 할 곳은 강정마을이다. 이 마을은 용천수가 흘러 제주도에서는 드물게 논농사를 하는 곳이다. 천연보물들의 집성촌이기도 하다. 연산호군락, 나팔고둥, 기수갈고둥어 집단 서식, 종종 돌고래떼, 유일한 화강함 바위돌 군락지 구럼비는 지구의 축소판이다. 명품을 보기 위해 멀리 해외에까지 갈 것 없다. 가까이에 아름다움이 있다.

우리 경산의 평화도 결국은 치산치수다.

2011. 5. 23.

한 번 굽은 나무는 절대 바로 자라지 못한다

20세기 최고의 천재 과학자 중 하나인 빌헬름 라이히는 이런 말을 한 적이 있다. "한 번 굽은 나무는 절대로 바로 자라지 못한다" 참 무서운 말이다. 굽은 나무들은 절대로 바로 자라지 못한다는 말은 진실이다. 라이히는 이 비유를 아이들의 마음이 부서지는 것을 일찍이 막아야 한다는 사실을 강조하는 데 썼다.

오늘의 상황은 라이히가 활동했던 시대보다 훨씬 심각하고 황폐하다. 대도시는 살아가기 위험한 장소로 변했고, 도시 속 학교들은 분노에 찬 아이들을 길러내는 교도소가 되고 있다. 사회 일반을 대상으로 계획되고 실행되는 프로젝트들이 하나하나 실패의 길을 걷고 있음을 우리는 목격한다. 틀로 찍어낸 교육개혁안이나 혁신연구 따위는 반짝효과를 볼 뿐이고 그마저도 단지 운 좋은 몇몇에게나 적용될 뿐이다.

그러나 카이스트식 경쟁, 체벌과 훈육의 강도를 높이고 CCTV 등 감시를 강화하고 외적 보상동기를 강화하면 굳은 나무도 펼 수 있다고 생각하는 교육자들도 있다. 오랜 경험을 통해서 우리가 알게 된 사실은 이런 방법들은 기껏해야 실패에 이르는 길을 연장하는 방법밖에는 되지 못한다는 사실이다.

방안에 화초가 어디에 있든 햇살이 있는 쪽으로 향하고 있음을 보고 우리는 놀라지 않는가? 숲속에 들어가 보면 야생으로 자라는 키가 큰 나무들의 틈새에 치여서 햇살을 받아 보려고 무진히 애쓴 나머지 터무니없이 구부러진 채 옆으로 한참 올라간 뒤에 겨우 탁 트인 하늘을 향해 위로 뻗는 나무들을 볼 수 있다. 나는 그러한 나무들을 끌어안아 준다. 아주 놀라운 방식으로 자신의 불리한 조건을 이겨내지 않는가? 만약에 탁 트인 자유와 햇살이 없었다면 그 나무는 라이히 말대로 영원히 굽은 채로 자랄 것이다.

우리 학교 승헌이의 이야기는 성장과 변화가 체계적인 방법에 의해 일어나는 것이 아니라 외부에서 작용하는 동기와 아이 내면의 관성 사이의 상호적인 만남에서 일어남을 보여준다. 승헌이는 학교에 입학하고 한참 동안 나에게 아무 말도 하지 않았다. 승헌이가 나에게 최초로 한 말은 "아저씨 모자 주세요!" 나는 그 순간 깜짝 놀랐다. "아니 이 친구가 나에게 말을 하네" 나는 한 번도 승헌이에게 어떻게 왜 어째서 물어본 적이 없다.

그 후 3년, 승헌이는 이제 나와 통하는 친구가 되있다. 처음에는 내가 승헌이를 걱정하였지만 지금은 승헌이가 나를 걱정한다. 내가 승헌이에게 준 처방은 '진실'이라는 약이었다. '한 번 굽은 나무도 절대로 바로 자라지 못하고?' 아이들은 종종 이해할 수 없는 적응력과 탄력성을 가지고 있다. 우리는 아이들이 곧게 자랄 수 있도록 도와줄 수 있다. 한 번에 한 나무씩.

2011. 5. 30.

무위당 장일순(1928~1994)

늦었지만 드디어 장일순 선생님을 경북 경산에 처음 모시게 되었다. 거리에 나가 장일순을 물으면 열에 아홉은 누구신지 모른다고 말하지 싶다. 그래서 우리가 장일순을 우리 지역에 모신 이유이기도 하다.

장일순 선생은 원주에 대성학교를 세운 교육자요, 사람의 얼굴을 담아낸 난초 그림으로 유명한 서화가요, 신용협동조합 운동과 한 살림 운동을 펼친 사회운동가다. 1970년대 원주를 반독재 민주화운동의 본거지로 만든 지도자요, 인간과 자연의 조화로운 공존이 가능한 공생과 살림의 문명을 주창한 생명운동가다.

또한 독실한 가톨릭 신자이면서 유학과 노장사상에도 조예가 깊었고, 특히 해월 최시형 사상과 세계관에 영향을 받아 일명 '걷는 동학'으로 불리기도 하는 종교 간의 장벽을 넘어 대화를 추구한 선지자이기도 하다.

선생은 1928년 강원도 원주에서 태어나 1994년 원주시 봉산동 저택에서 67세를 일기로 영면하기까지, 서울에서의 유학기간(서울대

미학과 중퇴)과 5·16군사정변 직후 사상범으로 춘천교도소에서 3년
간 옥고를 치른 기간을 제외하고는 평생을 고향 땅 원주에서 떠난 적
이 없다. 생애의 거의 대부분을 원주라는 작은 지방도시의 경계를 벗
어나지 않았으면서도 언제나 시대의 정치와 사회 변혁의 중심에 서
있었다.

인간에 대한 깊은 애정과 신뢰를 가진 선생은 늘 세상을 바로 보았
고 앞서 보았다. 그리고 당신을 통해 살아가는데 필요한 지혜와 용기
를 얻으려는 사람들을 언제나 따뜻한 마음으로 맞이했다. 많은 이들
이 선생을 찾아와 삶의 지표와 용기와 희망을 얻고 돌아갔다. 선생은
선각자요, 만인의 스승이었다.

그리고 돌아가신 뒤 더욱 많은 이들의 스승이 되었다. 내가 살아온
푸른평화 21년은 무위당 장일순 선생님의 삶을 모시는 그저 한 포기
풀과 같다.

2011. 6. 6.

0교시 수업

　7월 일제고사를 앞두고 어느 학교 6학년은 이름도 이상한 0교시 수업을 한다는 이야기를 들었다.

　선생님도 죽을 지경이다. 누가 6학년 담임을 맡으려고 하겠는가? 평균점수를 잘 받아야 학교 순위도 높아지고 교장의 포지션도 높아지고 자금지원도 늘어난다고 하니 오늘날 이 나라 전체는 학력신장이라는 목표에 목을 매달고 있다. 날이면 날마다 두려움이 우리에게 속삭인다.

　'뭔가 해야 한다. 시험성적이 점점 떨어지고 있다. 만약 그렇게 되지 않으려면 더 노력해야 한다. 무슨 조치를 취해야 한다'

　전에는 생각지도 못했던 어린 나이에, 아무런 방어능력이 없는 취학 이전의 어린이들에게까지 학습훈련을 억지로 떠먹이고 있다. 유치원부터 고등학교까지 되어 있는 한 재단의 유치원원장님이 이렇게 말한 적이 있다. "왜 우리 유치원이 고등학교의 진학목표에 맞춰져야 합니까?" 강제에 기초한 교육을 작동시키는 수단 역시 원료 공급은 두려움이다.

충분히 가르치지 않는 교사의 잘못이다. 충분히 공부하지 않는 학생의 잘못이다. 충분히 보살피지 않는 부모의 잘못이다. 충분히 높은 잣대를 정하지 않는 국가의 잘못이다. 책망게임이 돌고 돈다. 두려움이 마구 속삭인다. 두려움이란 무서운 놈이다. 두려움은 돌고 돈다. 그것은 자신의 꼬리를 삼키는 뱀의 이미지와 똑 같다. 어디서 시작하여 어디서 끝나는지도 알 수 없다. 이 사악한 고리의 희생자는 어린아이다. 두려움은 쉽게 감염된다. 배움에 대한 아이들의 천성은 질식 당하고 만다.

장일순 선생님의 메시지는 이러하다.
"가르치지 말라! 풀이 가르치더냐?"
우리가 참으로 두려워해야 할 것은 두려움 바로 그 자체다.

2011. 6. 13.

마을로 간 神父

마을이 세계를 구한다는 간디의 말은 마을에다가 세계를 건다는 말이다. 왜냐하면 도시 없는 농촌사회는 지속 가능한지만 농촌 없는 도시사회는 지속 불가능하기 때문이다.

간디는 만일 마을이 멸망한다면 인도도 멸망할 것이라고 주장했다. 스와데시, 즉 자치경제의 지지자로서 자치경제의 핵심은 마을 공동체다. 결국 간디의 비전도 국민국가가 아니라 마을공동체였으며 마을에 살면서 자기 땅에서 스스로 손노동(일례로 농사짓기, 물레 돌리기, 소금 만들기와 장 담그기 등)을 중심으로 제 땅에서 제 발로 살아가는 자립, 자치, 자율 연합체였다. 그 비전은 개인의 자립이나 가족의 자립이 아니라 마을의 자립이었고 '마을 공화국'이었다.

이번에 산자연학교 공동체가 충남 홍성 풀무공동체에 간 이유가 바로 여기에 있다. 그리고 지금 중등과정에 농사와 인문학을 공부하는 큰 꿈은 문화 창조 인문과학이자 문화주권 인문학문이다. 인간다운 삶의 가치는 문화 소비자나 문화 수용자의 역할에 만족하지 않고 스스로 제 발로 문화를 창조하고 타고난 문화의 주권을 누리는 것이다.

경제논리로 당장 빵을 주고 돈을 줘야지 무슨 시와 철학이 밥 먹여 줘? 그러나 도시 빈민 노숙자들은 인문학 강좌를 듣고 스스로 삶의 길을 찾기 시작하였으며 소외되고 무너진 인문학에 희망을 주지 않았는가! 우리 시대에 이렇게 자살자가 많은 것은 돈이나 위신 문제가 아니다. 인문학적 지식이 가난하기 때문이다. 달리 말하면 물질적 풍요가 아니라 인문학적 깨우침의 풍요가 진정한 부라는 것이다. 자살예방은 빵이 아니라 삶의 의미를 찾는 데에 있다.

내가 사는 마을에는 경찰관이나 판검사가 전혀 없어도 치안이 유지되고 범죄가 일어나지 않는다. 서로 안면을 열고 살기 때문이다. 담장이나 삽짝조차 없다. CCTV 한 대도 없다. 경찰관이나 법조기관이 몰려있는 대도시에는 흉악한 범죄가 더 빈번하게 일어난다. 우리 마을엔 재벌이나 기업도 없고, 노숙자도 실업자도 없다. 풀이라도 뽑아야 하고 산에 땔감도 주워야 한다. 빈부 차는 있지만 차별은 없다. 금력이나 권력이 지배하는 도시의 삶의 체계와는 달리 여기 마을에는 신뢰성과 협동성의 가치가 지배한다.

마을입구에는 한 10년 전에 폐교가 하나 있었다. 동네 사과창고였으며 운동장에는 온갖 삽풀이 우서셔 있던 이곳이 지금 새로운 학교로 변신하고 있다. 더 중요한 것은 이 학교가 새로운 가치의 발전소로 가동되고 있다는 사실이다. 귀농가족이 이 학교를 찾는다는 것은 희망의 징표이다.

2011. 6. 20.

이제 우리에겐 최종 서명만 남았다

역사 속에서 지금 우리에게 머무르는 이 순간은 어떻게 정의될까? 또한 우리는 지금 이 시대에 한 種이며 한 인간으로서 경험하고 있는 것에 대해 어떻게 이름 붙일 것인가? 확실한 것은 인간 역사에서 기나긴 단계의 끝에 다가서고 있으며 어쩌면 새로운 여정의 출발점인지 모른다는 점이다. 심하게 아파봐야 건강이 소중한 것을 아는 것처럼 마침내 인간 문명의 마지막 날이 되어서야 겨우 생태의식에 도달할 것인가? 인간을 진정으로 행복하게 해주는 것이 무엇인가 하는 문제가 자꾸 거론되고 있다는 사실은 인간이 이제 거의 소진 상태에 이르렀을지도 모른다는 점을 암시한다.

문제는 모든 인간이 공통으로 공유하는 것이 무엇인가 하는 점이다. 생태학적 관점에서 볼 때 답은 분명하지만 우리는 제대로 인식하지 못하고 있다. 그 중 하나가 핵발전소에 대한 우리의 착각이다. 일본 후쿠시마원전 사건 이후 우리가 변한 것이 무엇인가? 경주 감포에 가보면 변한 것이 하나도 없음을 느낄 수 있다. 일본하고 불과 몇 시간 거리인데도 우리는 여전히 핵발전소가 잘 돌아갈 것이라고 착각하고 있다. 감포 주민 중에서 불과 몇 명만이 양남 입구에서 반핵평화운동을 하고 있다. 정부가 원전이 그렇게 좋은 것이라고 선전을 해대는데 청와대에 핵발전소를 하나 지으면 어떨까? 왜 핵발전소는 외진 곳에 세울까? 그리고 1호기, 2호기, 3호기, 4호기, 5호기, 6호기라고 하지 않고 신 1호기, 신 2호기, 신 3호기라고 할까? 사람들에게 발전소가 많아 보이지 않도록 하는 속임수가 아닌가?

솔직히 말해보면 인간, 정신, 에너지를 하나로 묶어 생각할 때 인류의 미래나 인류의 종말은 하느님의 계시나 인간의 영감이 아니라 에너지원에 달렸다는 사실을 명심해야 한다. 우리가 나이를 먹어갈 뿐 젊어질 수는 없다. 우리가 잘 살게 되면 될수록 개인적인 것이든 집단적인 것이든 쓰레기를 늘려가는 덕에 우리가 이만큼 누리고 산다는 사실을 깨닫게 된 것은 아주 최근의 일이다. 핵폐기물이든 음식쓰레기든 더 늦기 전에 증가하는 엔트로피에 족쇄를 채우는 최우선 과제를 안고 있다.

해운대에 가보면 그 많은 쓰레기에 우리는 질려 버린다. 화려한 아파트 지하탱크에 모아두는 생활폐수나 인분뇨를 바다에 방출하지 않으면 어떻게 할 것인가? 학교급식마다 내다버리는 진밥을 받아주는 업자도 없다. 날이 가면 갈수록 방탕해지는 뷔페잔치는 엔트로피만 양산해 낸다. 왜관 미군부대에 은폐된 고엽제도 큰 문제지만 전국에 매일 논과 밭에 뿌리는 제초제도 고엽제만큼 심각하다.

이제 우린 사느냐 죽느냐 최종 서명만 남은 셈이다.

2011. 7. 4.

요석궁주 스토리

지금 경주에는 요석궁 부근의 월정교 복원이 한창이다. 이 월정교는 원효대사가 요석궁주와 인연을 맺기 위해 일부러 남천물에 빠졌던 다리다. 필자의 어머니는 나를 데리고 분황사에 갈 때 마다 모전석탑 안의 원효스님 이야기를 해 주셨다.

경주 반월성 바로 밑에 교동에는 원효대사의 아들 설총선생이 어린 시절 살았던 요석궁이 있다. 지금 경주의 요석궁은 대중음식점으로 변하였지만 요석이라는 말은 요석궁주의 요석이다. 일반적으로 원효가 중생구제를 위하여 파계의 길을 걸었던 순교자요, 그의 아들 설총은 아버지와는 다르게 실사구시적 사고와 창의적 발상으로 유교적 교육체계를 세운 실천적 교육자로 알고 있다. 원효와 설총의 숙명적인 관계에 대해 우리가 아는 정보는 없지만 상상력을 동원할 수는 있다. 스님인 아버지와 어머니 요석궁주의 러브스토리를 아들인 설총이 어떻게 이해하고 자신의 정체성을 찾아갔는지 참 궁금하기도 하다. 희대의 고승 원효를 아버지라고 부르지 못하면서 이두를 집대성하고 국학을 세운 유학의 종주로 설총을 평가하지만, 부자관계의 그늘이 불교에 회의를 느끼게 하였는지 모른다. 아니면 어머니 요석궁주가 아버지의 종교학보다는 현실적인 인생길을 설총에게 코치하였을까?

경산에도 여기저기 흩어져 있는 설총과 설총의 어머니에 대한 스토리가 적지 않다. 왕재, 반룡사, 불광사, 여천동, 유곡동, 도동서원 등 사실도 사실이지만 중요한 것은 스토리다. 약초를 찾듯이 스토리를 찾아내는 것이 문화적 콘텐츠다. 우리가 주목해야 할 스토리는 원효나 설총보다도 요석궁주다. 원효를 원효답게 설총을 설총답게 재창안한 사람이기 때문이다.

그녀 역시 예수의 어머니 마리아처럼 아버지 없는 자식을 낳은 미혼모의 삶을 살 수 밖에 없었다. 평생 주홍글씨를 가슴에 달고 살아야 했던 비련의 여인이며 어머니다. 율곡을 낳은 신사임당에게는 칭송이 따르지만 설총의 어머니 요석궁주는 역사의 뒤안길에 묻혀 인고의 세월을 견뎌야 했다. 그녀는 시대의 정치적 희생양이 되었음에 분명하다. 원효가 파계한 이유는 그 시대에 절박한 정치적 이유가 있었음을 추측할 수 있다.

그녀가 설총의 어머니가 되었다는 사실은 그녀의 훈육관, 모자관계, 여인 요식궁주를 통합한 아름다운 한국의 어인임에 틀림이 없고 한국 여성주의 시원이기도 하다. 5만원 지폐에 등장하는 신사임당보다 요석궁주가 더 공감적인 인물이 아닐까?

국채보상운동의 서상돈을 연극화해본 경험도 있고, 성프란치스꼬를 오페라로 만든 경험도 있는데 우리 요석궁주를 뮤지컬로 만들고 싶다.

2011. 7. 11.

하이브리드 아이덴티티

하이브리드가 뜨고 있다. hybrid라는 말은 혼혈, 잡종이라는 뜻이다. 나무로 말할 것 같으면 연리지다. 서로 가까이 있는 두 나무가 자라면서 하나로 합쳐지는 현상을 蓮理라고 부르는데, 두 나무의 뿌리가 이어지면 연리근, 서로의 줄기가 이어지면 연리목, 두 나무의 가지가 서로 이어지면 연리지라고 한다. 서로 다른 것이 섞이면서 새로운 가치를 창조하는 것이 하이브리드다.

하이브리드 차도 나오고 자전거도 나온다. 연비도 줄이고 환경도 살리고 화석연료도 덜 태우고 '꿩 먹고 알 먹고'다. '하이브리드 아이덴티티'가 대세다. 비빔밥처럼 비비고 섞는 다양성의 세대다. 나는 섞인다, 고로 존재한다. '야이, 잡놈아 잡년아'라는 욕은 더 이상 욕이 아니다. '잡'은 창조적 자아, 하이브리드 자아, 공감적 자아라고 할까? 통계에 의하면 역사상 처음으로 남녀평등, 장애인·동성연애자의 권리와 동물의 권리를 옹호한 어떤 세대보다 지금의 세대가 더 관대한 편이다.

우리 시대의 가장 큰 질병은 외로움과 소외다. 어릴 때부터 아이들이 자주 전학을 간다. 돈 따라 학군 따라 가족이 아이들이 유목민처럼 부유한다. 소속감이 없어 더욱 외롭고 소외된다. 사람들이 뿌리내릴 곳이 없다. 핵가족과 핵시대가 역사적으로 겹치게 된 것은 우연이 아니다. 일본에서는 고독사라는 말도 있다. 자살의 문제는 외로움과 문화적 자폐증의 문제다.

그렇다면 공동체가 우리를 구원할까? 산자연학교는 공동체를 지향한다. 같이 먹고 자고 공부하고 놀고 싸운다. 공동체는 늘 갈등이 있기 마련이다. 하지만 싸우더라도 '품위 있게 싸우는 법'을 배우는 중이다. 하이브리드 자아는 다른 사람의 상황을 자신의 것으로 만드는 것이다. 슬플 때 같이 슬퍼하고 화가 나거나 두려움에 사로잡히면 그 감정을 우리가 받아 준다. 확장된 자아다. 공동체란 '다른 사람의 상황을 자신의 상황으로 만드는 행위'다.

그런 점에서 산자연학교는 경쟁력 있는 학교다. 날마다 비벼대고 섞이고, 서로의 것을 '자신의 것'으로 만들어가는 성장통을 일용할 양식으로 살기 때문에 내공이 세고 심리적 에너지가 빵빵하다. 지구 서바이벌에서 누가 살아남을 것인가? 하이브리드 아이덴티티를 가진 아이들이 아닌가. 사회학 교수 찬퀵빈은 "진정성을 확보할 수 있는 것은 내가 너에게서 나의 일부를 확인하고 너는 내안에서 너의 일부를 확인했기 때문"이라고 했다. 자아도취에 빠진 사람, 반사회적 이상성격자, 자폐적 불구자, 독불장군은 설 자리가 없어진다. 섞고 접속하고 접촉하고 하이브리드 하라!

2011. 7. 18.

이야기가 우리를 구원한다

예수님이 무슨 종교를 발명하였거나 교리를 구축하지 않았다. 예수님은 하느님에 대한 이야기를 우리에게 해 주었다. 80년대 우리에게 희망이 되었던 만화 '미래소년 코난'은 분명 스토리가 있었다. 요즈음 만화 예컨대 '원피스'는 스토리는 없고 에피소드만 잔뜩 진열해놓아 텅 빈 이미지만 요란하다.

요즘 아이들에게 무슨 말을 할라치면, 무조건 "알았어!"하고 고개를 흔들어 버린다. 아이들 머릿속에 스토리는 없고 리모컨과 수십 개의 채널과 이미지, '득템하삼'만 있다. 이야기가 죽어버린 시대다. 그러나 인간은 선천적으로 논리적이지 않다. 인간은 본래 스토리를 이해하도록 되어 있다.

스토리의 적은 무엇인가? 텔레비전 토크쇼다. 쇼는 서로의 속물 됨을 까발린다. 마치 동물원에 온 것 같다. 우리는 연예인의 까발림을 낄낄대며 즐긴다. 프랑스 철학자들은 리얼리티 쇼를 현대판 동물원이라고 말한다. 사람이 구경거리가 되었다는 것이다. 우리는 24시간 사생활을 생중계하다시피 구경시키고 구경 당한다. 이야기가 사라진 우리 시대의 자화상이다.

아이와 부모의 대화를 들어 보자. 부모의 머릿속에 스토리가 없기 때문에 대화가 아니라 문제해결만 해주게 되고, 그러다 보니까 아이들의 이야기를 원천적으로 봉쇄해 버린다. 그것은 마치 의사가 차트만 보면서 환자의 이야기를 막는 것과 같다. 영국의 샤른 박사는 의학에 '이야기 치료운동'을 도입하였다.

신라인의 사랑이야기를 하고 싶다. 진부한 이야기 같지만 인간의 진실을 담고 있는 영원한 이야기다. 처용의 이야기는 용서라는 사랑의 이야기다. 용서는 또 다른 부처님과 예수님의 이름이다. 용서는 우리의 일용할 양식이다. 우리 사회는 담벼락만 있지 용서의 브리지 즉 다리가 없다.

또 하나는 선묘낭자의 사랑이야기다. 의상대사와 선묘낭자의 이루어질 수 없는 사랑의 이야기는 오늘날 영주 부석사의 부석 밑에 깔려 있다. 이루어질 수 없는 것과 이룰 수 있는 것은 무슨 차이가 있는가? 이루어질 수 없는 것을 가지고 이룬 사랑의 이야기는 늘 신선하고 새롭다. 프로이드는 이것을 승화라고 표현하였다.

마지막 이야기는 요석궁주의 이야기나. 헤어진 사랑의 이야기다. 이별에서 끝났는가? 아니다. 사랑의 이야기는 오늘날 계속된다. 요석 궁주는 유교(설총)와 불교(원효) 그리고 아버지 무열왕(왕실) 그리고 백성들 사이 사면초가에서 자신의 이야기를 만들어낸 주인공이다. 괴테의 말처럼 구원은 여성의 이야기에서 온다. 이야기가 우리를 구원할 것이다. 그 다음 차례는 나 자신이다.

2011. 7. 25.

시민연대가 희망이다

일본은 네 개 지각 덩어리의 접점에 위치에 있는 나라다. 우리가 도착한 날 요코하마에도 미진이 있었다. 3·11 대지진 이후에 일본은 겉으로 보기엔 평온한 것 같지만 여전히 우울과 불안이 느껴졌고, 걱정이 많아 보였다. 나리타공항도 한산하고 면세점도 문을 많이 닫은 상태였다. 김해에서 나리타로 가는 비행기 좌석은 듬성듬성 비어 있었지만 나리타에서 김해로 가는 비행기는 손님으로 꽉꽉 찼다. 여전히 방사능에 대한 공포 때문에 일본에 안 간다는 이야기다. 실제로 후쿠시마의 방사능은 지구를 10바퀴 반이나 돌았을 것이다.

일본은 세슘빗물에 젖은 볏짚을 먹은 소의 오염문제로 뒤숭숭하였다. 지금 일본은 방사능에 얼마나 오염되어 있을까? 미래의 후쿠시마 아이들이 걱정이다. 무색, 무미, 무취의 방사능 동위원소에 아이들은 끊임없이 피폭당할 것이다. 당장 현실적으로 생각해보더라도, 우선 일본경제가 예전처럼 돌아가지 않을 것이다. 만약에 일본경제가 파탄나면 벼랑 끝에 몰려 있는 미국의 달러경제가 붕괴할지 모르고, 한국경제도 마찬가지다.

대지진이나 원전보다 더 큰 일본의 문제는 자살 문제다. 1년에 3만 명이나 자살을 한다. 이번 쓰나미 참사로 인한 사망자 수가 2만 2000명(행방불명자 포함)인데 반해 자살자 수가 3만 명인 것은 문제가 아닐 수 없다. 우리가 도착한 그날도 지하철에 자살자가 있어서 차가 연착하였다. 요코하마 미나미 지하철역에서 자발방지용 철책을 보았다. 지하철로 뛰어들지 못하게 하기 위해 지하철이 도착하면 자동문이 열려 승객이 탈 수 있도록 아예 막아 놓았다. 또 한 가지 놀라운 것은 자살예방용 거울도 지하철 안에 있었다. 하도 신기해서 휴대폰 사진에 담았다. 자살하기 전에 거울을 보고 한 번 더 생각해 보란 말인가?

국가에 대한 일본 국민의 불만은 거의 하늘을 찌를 상태지만 시민운동은 활발하게 전개되고 있다. 코베생활협동조합이 참 좋은 사례다. 주민주의에 의한 지역공동체운동이다. 지난번 대지진 때에 각 푸른평화 매장에서 모금한 18만 엔을 요코하마 유메 코프에 전달하였다. 우리들끼리 연대하고 협동하는 시민운동이야말로 미래를 창조하는 희망이다. 우리가 국가와 자본의 폭력에 대응하기 위해서는 단결하고 연대하는 것이 최고의 복지다. 따로 의지할 데가 없으니 국가더러 반값 등록금제를 실시하라고 하는 것이다. 이제 중요한 것은 각각이 자주나 독립을 유지하면서 동시에 협동적인 연대를 하는 것이고 이것이 최고의 복지다. 일본 후쿠시마의 핵발전소가 터지면서 남은 사람은 지역민뿐이었다. 언론도 뺑소니쳤다. 지금도 후쿠시마의 어머니들이 국회의사당에서 데모하는 이유가 무엇이겠는가.

2011. 8. 15.

'오체불만족' 오토다케의 자존감

1976년 4월 6일, 불에 놀란 것처럼 울어 대며 한 아이가 이 지구상에 태어났다. 건강한 남자아이였고 평범한 부부의 평범한 출산이었다. 단 한 가지, 그 아이는 팔과 다리가 없었다. 이제 막 출산의 고통에서 벗어난 산모에게 너무 큰 충격이 될 것을 걱정한 병원 측에서 황달이 심하다고 둘러내는 바람에 어머니와 그 아이는 한 달이 넘도록 만날 수가 없었다.

드디어 모자간의 첫 만남이 이루어지는 날이 찾아왔다. 어머니는 그날 병원으로 오던 중에야 비로소 자신의 아이가 황달이 아니었다는 말을 들을 수 있었다. 그때 어머니는 곁에서 보기에 민망할 정도로 불안하고 초조한 모습이었다. 그러나 모자 상봉의 그 순간은 정말 상상 밖이었다. "어머, 귀여운 우리 아기" 한 달이나 만날 수 없었던 아들을 비로소 만날 수 있게 되었다는 기쁨이 어머니에게 무엇보다도 컸다. 오체불만족의 오토다케 이야기다. 오토다케는 부모님의 사랑을 통해 팔과 다리보다 더 좋은 자존감을 갖게 되었다. 오토다케가 부모로부터 받은 자존감은 장애를 극복할 수 있도록 만들어 주었고 왕따를 당할 수 있는 환경을 사랑받을 수 있는 환경으로 만들었다.

내가 아는 적지 않은 부모들은 아이들의 자존감을 키우기는커녕 오히려 자존감을 파괴하고 있다. 인간으로서 가져야 할 소중한 가치가 있다면 바로 자존감이라고 생각한다. 이 자존감은 누구보다도 가족에 의해 형성된다. 방학 중에 아이들을 학원에서 레저타운으로 돌릴 것이 아니다. 자녀들의 자존감을 높여주는 것은 돈이나 값비싼 선물이 아니다. 아버지의 따뜻한 눈길과 부드러운 어머니 목소리, 함께하는 시간들이 결정한다.

특히 자녀들의 자존감은 자녀를 사랑하는 아버지의 마음에서 출발한다. 아이의 단점을 이해하고 수용할 뿐만 아니라 위로와 축복의 기도를 할 줄 아는 아버지는 자녀들의 삶에 행복한 미소를 새겨 줄 수 있다. 자신을 축복으로 느끼지 못하는 아이들이 다른 아이들을 축복으로 받아들이지 못함을 많이 보아왔다. 좀 다른 아이들을 무시하고 멸시하는 아이들이 자신의 자존감에 문제가 있다는 걸 알기까지는 얼마나 많은 시간이 걸리는지 모른다. 아버지들이여! 칠월칠석날 자신들의 아이를 밤하늘의 견우와 직녀만큼 가슴 깊이 만날 때 자존감은 믿음 안에서 회복되어 간다.

2011. 8. 22.

빡시게 돌려 달라

　교육현장에서 겪는 가장 황당한 주문은 아이들을 빡시게 돌려 달라는 것이다. 아이들에게 자유를 준다거나 여지를 주면 무슨 큰일이 날 것처럼 생각한다. 그런 교사들은 무엇을 가르쳐야 한다는 강박관념으로 가득 차 있다. 유치원에서 종교교육에 이르기까지 심지어 교회의 신앙학교마저도 자유선택이 강제로 바뀌고, 어린이 위주는 교사위주로, 협동은 경쟁으로, 혼자 추구할 기회는 강제로 함께 하기로, 자율은 타율로, 탐구는 암기로, 발견은 이미 배선된 인공 세트로, 자기평가는 등급매기기로, 상상력은 의무로 바뀐다. 교사가 다 해 버리면 아이들이 스스로 창조적으로 할 여지가 없다.

　아이들을 운동장에 자유롭게 풀어 놓으면 어떻게 될까? 멀뚱하게 가만히 있을까? 선생님의 지시를 기다릴까? 절대 아니다. 스스로 자전거를 타고 놀거나, 그네를 타거나, 바둑이에게 가거나, 토끼에게 풀을 주거나, 여치를 잡아 난리를 피거나, 수돗가에서 물로 장난을 치거나 등등 온갖 일이 다 벌어진다.

　배우고 성장하려는 아이들의 타고난 욕구에 대한 확신이 중요하다.

모든 아이들은 배우고자 하는 내적 욕구를 갖고 있다고 믿는 것. 따라서 그 욕구를 창조한 활동과 실제 경험을 통해 북돋아주는 것이 교육의 의무다. 배움이란 잠재능력의 자연스런 전개다.

빡시게 돌려야 한다는 생각을 가진 교사상과 자유선택과 자유의사가 최상의 미덕이 된다는 생각을 가진 교사상은 하늘과 땅 차이다. 이 차이는 인간본성에 대한 큰 차이다. 전자는 경쟁이고 후자는 공감이나 협동이다. 후자는 아이들 각각은 모두 배우고 성장하고 지식을 쌓고 유능하고 실제적이 되고 싶어하는 타고난 욕구를 지니고 있다는 굳건한 신념에 기초한다. 아이들에게 필요한 것은 충분한 자극이 되는 환경뿐이다. 우리의 역할은 아이들의 본성의 시간표 안에 있는 신성의 불꽃을 잘 태울 수 있도록 부채질하는 것이다.

최근 떠오르고 있는 장이론과 새로운 생물학에 따르면 모든 인간의 지식은 사실상 내재적인 것으로 우리가 학습이라 부르는 것은 실제로는 내면 깊숙이 묻혀 있는 진화의 축적물이 환경의 적절한 단서에 반응하여 안에서 밖으로 펼쳐지는 과정이라고 말한다. 그러므로 빡시게 돌리는 것은 진화의 종말이다.

시난번 무위당 전시회 때에 경신에 오신 이현주 목사님의 강연이 생각난다. 이 목사님이 지금까지 목회에서 가장 잘못한 것은 자신이 너무 가르치려고 했다는 것이다. 그것도 죄짓지 말라, 즉 두려움에 기초해서. 한때 가톨릭에서 죄냐, 아니냐를 신앙생활의 기초로 삼은 것처럼.

2011. 8. 29.

제2의 종교개혁

우리 사회는 종교 피곤증을 앓고 있다. 어느 종교는 정당을 만들었다고 한다. 언젠가 길은 로마로 통하고 한국의 권력은 소망교회로 통한다는 외국뉴스를 접한 적이 있다. 이런 시대의 표징을 읽은 조계종 화쟁위원장 도법스님이 평화선언을 준비하고 있다. 내가 도법스님을 만난 것은 1996년 실상사에서였다. 선우도량 수련결사장에 나를 강사로 초대한 것이다. 나는 실상사 대웅전에서 '불교의 불상생에 대한 그리스도교적 명상'이란 주제를 발표했다. 이웃종교에서 배울 진리가 없었다면 이런 행보는 불가능하다.

그리스도교도 하느님 진리의 일부분이지 전부는 아니다. 젊은이들은 교리를 식상하게 생각한다. 오히려 자신의 영적 여정에 관해 스스로 탐구하기를 더 좋아하는 것 같다. 아군과 적군, 신자와 이방인, 불교와 그리스도교를 갈라놓는 종교적 교리적 전례적 장벽이 무너지고 있다는 의미다.

이번 불교참회선언은 그리스도교의 종교개혁에 버금간다고 본다. 지금부터 500년 전 비텐베르크의 작은 마을에서, 아오스딩수도회의 수사이며 사제이자 신학자인 마르틴 루터는 95개의 반박문을 통해 독일 땅 위에 종교개혁운동을 일으켰다. 이 종교개혁의 결과로 그리스도교는 가톨릭과 프로테스탄트 그리스도교라고 알려진 개신교로 나누어지게 되었다. 다른 역사적인 사건들처럼 종교개혁은 다양한 힘이 복잡하게 얽혀서 만들어낸 산물이라고 생각한다. 우선 교육받은 엘리트 계층의 등장, 근대 민족국가의 등장, 무엇보다도 인쇄술의 혁명이다. 인쇄술의 발명으로 지식과 정보에서 나오는 힘과 인식을 일반 시민에게 효과적으로 나누어줄 수 있었다. 인쇄된 최초의 책은 성서였고 나라마다 토착의 언어로 번역되어 퍼졌다.

놀라운 것은 오늘날에도 비슷한 현상이 나타나 새로운 변화를 예고하고 있다. 역설적인 것은 그 멸망의 중심에 엔트로피와 잘못된 종교가 힘을 발휘하고 있다는 사실이다. 인쇄혁명은 1960년에 일어난 전자혁명, 근대 민족국가의 등장은 민족국가의 쇠퇴와 다국적 글로벌 기업의 등장, 서양종교 그리스도교의 타락과 무능, 깨어난 학문 즉 천문학과 신과학 그리고 코스모폴리탄적 의식의 등장이 그것이다. 달라이라마가 지적했듯이, 특정종교를 초월한 정체성에 이르는데 가장 큰 장애물은 '자신의 신앙 선동과 맺은 질못된 관계'이다. 예컨대 가톨릭 안에는 마리아신심, 성체신심, 성인신심, 죄신심 등이 해당된다.

불교의 이번 선언은 조직 종교의 허울 좋은 치장으로부터 참된 영성으로 우리를 다시 한 번 이끌어줄 새로운 종교개혁, 근원적인 변혁을 요구하고 있다.

2011. 9. 12.

백설공주 이야기

남자들은 거울을 볼 때마다 자신은 늘 잘났다는 착각에 빠진다고 말한다. 그러나 여성들은 거울을 볼 때마다 자신이 살이 찌고 있지는 않을까 두려움에서 벗어날 수 없다고 한다. 남자는 자아의 병적인 확장이 문제고, 여성은 자아의 병적인 축소가 문제라고 생각한다.

우리가 잘 알고 있는 백설공주 이야기에는 새로 들어온 왕비가 백설공주를 유혹하는 3가지 장치가 묘하게 사용되고 있는데 그것이 바로 끈, 빗 그리고 사과다. 사과는 구약성경 창세기에도 등장하는 아담과 하와를 유혹하는 열매로 흔히 알려져 있다. 사과의 의미 즉 오늘날 다이어트부터 시작해서 거식증에서 이르기까지 무엇을 먹느냐는 첨단의 과제가 되고 있다. 무엇을 먹을까 하는 문제는 비만, 환경, 식량, S라인, 식품첨가물, 아토피, 슬로우 푸드 등 지역적 문화적 정체성의 문제에 직결되어 있다. 여성에게 사과는 생식과 미모 그리고 몸의 문제다.

머리빗은 어떤 의미가 있을까? 남자들도 성형을 하는 시대에 여성들은 이런 사회적 억압에서 엄청난 스트레스를 받는다. 유혹은 늘 그렇듯이 약점을 파고든다. 예쁜 끈의 의미는 패션에 대한 욕망이다. 여성에게는 유독 끈이 많다. 머리끈에서부터 여성의 옷엔 조이기도 하고 풀기도 하는 수많은 끈이 있다. 오늘날 중고등학생들의 교복은 초미니다. 귀걸이, 목걸이, 매니큐어, 패디큐어. 일반적 아가씨들의 수준에 능가할 정도로 화려하고 관능적인 옷차림을 하고 있다. 치장하는 것이 오늘날 여자가 되는 일이라고 믿고 있다. 왜 그럴까? 그것은 바로 광고나 텔레비전, 영상매체를 통해 교육받고 학습된 것이다.

모든 생명은 극대화가 아니라 최적화하는 경향이 있다. 극대화는 중독의 또 다른 이름이다. 오직 인간만이 중독된다. 모든 약이 그렇듯이 약은 다른 의미에서 독이다. 좋은 것이 너무 많으면 좋은 것이 결코 아니다.

일곱 난장이는 백설공주에게 문을 열어주지 말라고 당부하는데 공주는 왜 매번 문을 열어 주는가. 문을 열어주는 의미는 바로 공주의 외로움 때문이라고 생각한다. 공주만 외로운 것이 아니라 외로움은 누구나 느낀다. 외로움의 차이는 자신의 문을 여는 사람과 자신의 문을 닫아버리는 차이가 아닌가?

떼이야르 드 샤르뎅 신부님은 원시인류가 거울을 치음 보았을 때 문명이 한 발자국 나아갔다고 증언한다. 거울이 주는 의미는 자아의 확장과 축소를 성찰하라는 것이다. 스티브 잡스는 이런 말을 했다. "지난 33년간 나는 매일 아침 거울을 보면서 스스로에게 이렇게 물었다. 만약 오늘이 내 인생의 마지막 날이라면, 그래도 오늘 하려던 일을 하고 싶을까?"

2011. 9. 26.

달콤하고 씁쓸한 엔트로피의 법칙

대구세계육상경기 개막식이 끝난 뒤 경기장 안에 산더미를 이룬 쓰레기를 보고 경악을 금치 못했다. 보현산 천문대 올라가는 길의 아름다운 계곡물에는 피서객이 버린 쓰레기가 둥둥 떠다닌다. 우리가 사는 동네 과수원 구석구석에 농약병들이 여기저기 나뒹군다. 학교마다 학생들이 내버린 물건들은 주인이 있어도 찾아가지 않는다. 매일 엄청난 양의 에너지를 소비하며 살기 때문에 나중에 우리가 지불해야 할 '엔트로피' 청구서의 금액은 계속 늘어날 것이다.

엔트로피의 법칙은 순수한 예술이며 경탄할만한 개념이다. 동시에 공포의 대상이다. 지상에서의 삶이 유한하다는 것을 인정하기 힘든 것만큼이나 물리적인 세계가 언젠가는 배터리가 나가듯이 수명을 다하고 사라져버릴 것이라는 사실을 인정하기란 어렵다. '뭐 괜찮겠지! 기술이 낙원으로 인도하겠지! 뭐 어찌 되겠지!' 이런 사람들의 망상을 뒤엎은 것이 엔트로피의 법칙이다.

아인슈타인은 엔트로피를 '모든 과학에 있어 제1법칙'이라고 주장하였다. 엔트로피라는 단어를 만든 사람은 독일의 물리학자 열역학의 아버지 루돌프 클라우지우스(1822년 1월 2일~1888년 8월 24일)였다. 열역학 제1법칙, 우주의 에너지 총량은 일정하다. 에너지 보전의 법칙이다. 이 법칙만 있다면 만고 땡이다. 그러나 2법칙이 우리의 급소를 찌른다. 열역학 제2법칙, 엔트로피의 총량은 증가한다. 에너지가 한 상태에서 다른 상태로 변하면 일정액의 벌금을 낸다는 것이다.

흘러간 물은 두 번 다시 물레방아를 돌릴 수 없는 것처럼 한 번 태워버린 석유는 두 번 다시 같은 일을 할 수가 없다. 에너지는 절대 공짜가 없는 것이다. 쓰레기는 소비해 버린 에너지다. 오염, 혹은 쓰레기란 엔트로피의 또 다른 이름이다. 재생 불가능한 에너지가 엔트로피다. 여기에서 중요한 점은 지구상의 물질적인 엔트로피는 끊임없이 증가하며 언젠가는 극대점에 도달할 것이라는 무시무시한 사실이다. 극대점이란 파산선고이며 죽음이다. 지금 우리는 극대점에 서서히 가까워지고 있다. 고 에너지 사회는 곧 부도나거나, 파국으로 치닫는다.

우리의 제 2천성인 엔트로피의 법칙은 누구라도 싸워서 당할 자가 없다. 우리가 살아온 과거와 우리가 살아가야 할 미래는 모든 사건에 영향을 미친다. 우리는 저마다 연결고리에 속한다. 살면 다 살고 죽으면 다 죽는다.

인간이라는 종이 살아남기 위한 유일한 희망은 지구에 대한 폭력적인 행위를 멈추고 자연과 공존하는 길을 모색하는 것이다. 이것은 엔트로피의 법칙을 이해하는 데서 시작된다.

2011. 10. 3.

경산의 시민후보

지금 우리 사회는 새로운 기운이 바닥에서 치고 올라오고 있다. 늘 민심은 본능적으로 움직인다. 자발적 참여는 풀뿌리 운동이다. 바닥에서 일어나는 운동은 어떤 조직이나 정당도 이길 수 없다. 박원순과 안철수의 아름다운 동행이 바로 그런 사례다. 민주당이나 한나라당도 아래로부터의 운동은 당할 수가 없다. 면역체계가 유기체를 존속시키는 내부 방어체계이듯이 우리가 스스로 예방접종을 하고 있는 셈이다. 시민들의 연대와 소통이다. 우리 경산도 이번 기회에 정치가들을 진단하고, 정당 정치가들의 꼼수를 정리할 절호의 기회가 왔다.

기존의 방식은 무너질 수밖에 없다. 돈이나 조직보다 더 센 사회적 네트워크가 있기 때문이다. 아래로부터의 힘은 자발적 풀뿌리들의 접속성이며, 바로 진정성이다. 기존의 정치는 무너지게 되어 있다. 툭하면 나라와 민족을 위해서, 지역을 위해서 목청을 돋우었지만, 결국 자신의 잇속만 차리고 있다는 것을 우리는 알고 있다. 부산은행 사건이 그 허위와 위선을 증거한다. 부산 민심은 거센 파도처럼 면역체계가 움직이고 있다.

지금 우리 사회 현상은 세 가지가 가장 큰 문제이다. 먼저 소통성의 문제다. 불통과 권위주의에 얼마나 우리는 피곤해 있는가? 두 번째는 공공성의 상실이다. 피죤의 비리에 눈감은 MB의 공정사회란 얼마나 저질인가? 세 번째는 경쟁의 신자유주의에 따른 물신숭배와 소비주의다. 돈이면 된다는 논리 속에 인간은 상실되고 우리들의 교육은 전혀 경쟁력이 없는 경쟁으로 아이들만 몸과 마음이 황폐화된다.

　여전히 한나라당만 쳐다보는 구닥다리 정치가를 과감하게 우리 시민들이 삭제해 버리자. 새로운 판, 새로운 에너지, 새로운 통찰력, 새로운 비전을 가진 리더를 밀어주자. 잔머리를 굴리는 꼼수 정치가가 아니라 국민에게 웃음과 감동을 주는 경산시민 후보를 팍팍 밀어주자. 최상의 방법은 옥수수 씨앗은 옥수수를, 정의는 정의를, 친절함은 포용성을 낳는다는 에머슨의 도덕률을 기억하는 것이다. 정의의 활은 우리에게 있다. 쏘면, 투표만 제대로 하면 된다.

　분자 생물학자인 말론 호글랜드는 모든 생물의 공통되는 특징 중에 첫 특징은 '생명은 아래에서 위로 형성된다' 는 것이다. 아래에서 위로 흐르는 운동은 이데올로기가 아니라 아이디어와 스토리다. 스토리는 진정성을 제기하고 사람을 해방시키지만 이데올로기는 정당화하고 인간을 경계한다. 우리는 박원순과 안철수의 스토리를 지지한다. 한 사람의 스토리는 전체의 부분만을 나타내기 때문에 각자의 스토리가 합쳐질 때 지혜가 형성된다. 내년 선거는 우리의 스토리를 만들 때다.

2011. 10. 17.

지진보다 더 무서운 天震

작년과 올해 기후변화를 실감한다. 고추잠자리가 어디 갔노? 고추잠자리가 떠야 김장배추를 심을 수 있는데 말이다. 벌은 다 어디 갔노? 벌들이 수분을 하고 수정을 하는데 벌 같은 미물들이 사라지고 있다. 미물을 우습게 보다가는 큰코다친다. 누런 들판에 메뚜기가 눈에 들어오지 않는다. 빈곤과 기후변화는 별로 관련이 없어 보이지만 둘은 공통의 뿌리가 있다.

기후변화로 작년부터 수확량이 팍팍 감소하고 있다. 적어도 30% 정도 깨와 콩, 쌀과 과일이 감소하고, 무엇보다도 식량안보와 식량주권의 위기가 닥친다. 올 여름 밤하늘에 별을 제대로 본 날이 4일 정도밖에 안 된다. 일조량도 적고 햇살이 예전 같지 않다. 가을가뭄도 가뭄이지만, 때깔을 좋게 하려고 사과나 고추에 착색제를 쓴다. 착색제는 발암물질이다. 지진은 어디로 피할 수 있지만 하늘의 천진인 기후변화를 누가 막으랴!

후쿠시마 핵발전소 사고로 도쿄사람들이 크게 깨달은 것이 하나 있다. 왜 고통은 멀리 후쿠시마 사람들이 받고, 도쿄사람이 후쿠시마 핵발전소에서 생산한 에너지를 사용하느냐는 것이다. 서울시내 한복판에 핵발전소를 지을 수 없는 까닭은 아는가? 핵에너지는 서울 사람이 사용하면서 울진과 영광, 경주와 울산에 핵발전소가 있지 않은가! 핵폐기물만 하더라도 이미 우리는 인류의 전멸을 예고하는 엔트로피의 수치를 손에 받아 들었다.

물질과 에너지 흐름을 가속한다고 해서 영혼이 고양되는 것이 아니다. 부처는 강가에서 고요히 강물이 흘러가는 소리를 듣다가 그것과 하나가 되고 깨달음에 도달했다. 깨달음이란 뭔가를 '해야 하는' 강박관념을 지닌 서양의 종교보다는 뭔가를 '체험하는' 동양의 종교에 가깝다. 서양은 끊임없이 자연을 조작하고 개발해야 진리에 도달한다고 생각한다. 그러나 동양은 자연과의 일치를 통해 진리에 도달할 수 있다고 가르쳐 왔다. 전자는 에너지 흐름을 확장했고 후자는 에너지 흐름을 최소화하였다. 비록 서양이 기술적 통찰력의 축복을 받았지만 그 축복이 자아 통찰력으로까지 이어지지는 않는다. 스페인 산디에고 올레길을 가기 위해 비행기를 타야 깨달음을 얻는 것은 아니다.

하늘의 뜻을 이해하고 땅에 그 달력을 심는 것이 왕이며 부처이며 메시아다. 미래학자는 지금의 학교는 곧 사라질 것이라고 진단한다. 자연에 역행하는 학교는 아이들을 바보로 만들어 버리기 때문이다. 궁극적인 계명이나 도덕률은 가능한 한 에너지를 적게 쓰는 것이다. 사랑은 반 엔트로피의 삶이며 전우주적 생성과정이 궁극적 선이라는 믿음에 대한 선언이다.

2011. 10. 24.

치료와 학교

섬머힐은 자유학교다. 시험도, 숙제도, 성적표도, 정해진 시간도, 커리큘럼도 없다. 심지어 공부를 할 것인지 혹은 놀 것인지를 정하는 것 또한 아이들의 몫이다.

문제아는 없다. 문제가 있는 아이가 있다면 그것은 학교의 탓이거나 공감해 주지 못하는 부모의 탓이다. 우리들은 아이에게 꼬리표를 붙인다. 자폐증, 행동과다, 주의력결핍, 아스퍼거장애 등 이런저런 병리학적인 꼬리표를 마구 붙인다. 부모들도 그런 범주로 아이들을 규정지어 버린다. 최근 심리학에서는 이러한 용어를 사용하지 않는다. 그런 꼬리표가 병을 만든다는 것이다. 표준치 속에 아이들을 맞추려는 사회의 요구를 무시해야 할 때다. 섬머힐처럼 그 아이만의 고유하고 색다른 개성과 독특한 발전시간표를 참고 견디며 관대하게 보아야 한다.

과수원 사과밭에 가보면 사과나무에 돌을 매달아 놓은 것을 볼 수 있다. 사과나무가 자라지 못하도록 해 인간이 마음대로 사과를 딸 심사로 돌을 매달아 놓는다. 무거운 돌을 잔뜩 매달아 놓는 것은 마치 아이들이 이런저런 병리학적 상태에 있다고 선언하는 것과 무엇이 다르겠는가? 가뜩이나 상처받기 쉬운 아이들에게 그 무슨 엉터리 같은 짓인가. 물론 아이들은 집중을 못하고, 에너지가 넘치고, 수업준비도 하지 않고, 협동심이 부족하고, 잘 싸우고, 충동적이고, 공격적이고, 빈둥거리고, 쓰기나 읽기에서 별 진전이 없고, 기록하자면 끝이 없다. 아이들이 왜 이럴까? 아이 중심이 아닌 부모나 학교 중심이라서? 놀이를 통한 체험중심이 아니라 시험을 통한 학력중심 때문에? 타고난 자질을 아이들 스스로 이끌어 낼 수 있도록 필요한 것을 공급하지 못하는 이유 때문이 아닐까?

산자연학교는 특수학교가 아니다. 치료의 학교다. 왜냐하면 모든 아이들은 특수하고, 또 모든 아이들은 문제를 가지고 있고, 인간 역시 문제를 가지고 있다는 점에서 특수하다. 문제아를 위한 학교가 아니다. 우리는 아이들이 진짜 문제점을 해결할 수 있도록 도와줄 것이라는 것이다. 흔히 산자연학교에 자유방임 학교라고 레벨을 붙이는데, 주류의 교육방법론을 무시하는 것이 아니라 인간의 발달은 직선적인 발달과정이 아니다. 아이들의 고유한 성장 과정을 존중하자는 것이다. 그래서 우리는 비인가를 고집한다.

산자연학교를 방문하는 사람들이 한결같이 하는 말이 있다. "애들이 모두 어쩜 저렇게 눈이 반짝이고 생동감이 있습니까?" 이유는 단 하나다. 긍정적인 분위기 속에, 자연 속에, 나날 속에서 일어나는 아이들의 '스스로' '현장 속에서' 자유의 춤판을 기꺼이 받아들이는 믿음이다.

2011. 10. 31.

선행학습은 안 된다

독일에서 유학할 때 틈이 나면 독일의 교육현장을 살펴보았다. 프라이부르크의 생태학교와 자연학교, 슈투트가르트의 발도로프 학교, 브레맨의 킨드가튼, 함부르크의 대안학교 등을 견학하고 직접 찾아보기도 하였다. 스위스 바젤의 쾨테아눔을 체험하였다. 독일남부 생태도시 프라이부르크에서는 자연학교와 숲학교를 방문하였는데 학교라는 건물은 아예 없고 사무실과 다만 교육자재를 보관하는 작은 창고를 본 적이 있다. 유치원은 무슨 건물이 아니라 숲 자체였다, 자연학교도 산 자체를 자연학교로 삼는 것이었다.

반면에 우리나라의 유치원을 보라! 얼마나 건물이 좋은지 심지어 옥상에도 수영장을 만든다. 독일은 이미 교실에서 실시하던 학습교육의 단점을 파악하고 연구한 결과다. 우리는 유치원에서부터 영어교육을 너도나도 하는데 독일에서는 초등학교에 들어가면 그저 아이들을 지켜보며 더디더라도 아이들 스스로 자기만의 방법을 찾는 것을 중요하게 여긴다. 예를 들면 알파벳을 배우고 몇 가지 단어를 익히는데 1년이 지나고 1부터 20까지 덧셈, 뺄셈을 수없이 반복하는데 또 1년이

316

지나간다고 한다. 절대로 하면 안 되는 것이 선행학습이다. 우리의 현실하고는 정반대다.

우리 학교 주위에는 과수원이 많다. 지금 과수원 바닥에는 금박지가 깔려 있다. 금박지 물결이 과수원마다 번쩍거린다. 뿐만 아니라 사과가 빛깔 좋게 잘 익으라고 사과 잎을 따서 햇살이 잘 통하도록 해준다. 소득의 입장에서 보면 금박지를 깔고 사과 잎을 따주는 것이 당연하다고 생각한다. 사과가 보기에 좋아야 하니까 말이다. 그러나 사과나무 자체에 그렇게 하는 것이 좋을까? 사과나무가 결국에는 조로하지 않을까?

당장 수입 때문에 당장 점수 때문에 선행학습을 하고 선수학습을 하면 좋을지 모른다. 소득이 높아지고 점수가 올라가는 것이 경쟁력 있는 교육일까? 인생의 더 멀리 더 깊이에서 보면 결국은 나무가 망가지고 아이가 더 외로워지고 의존적이 되고 스스로 할 수 있는 자생력이 떨어진다. 선행학습은 다른 아이들이 질문할 기회를 빼앗는 것이고 또한 교사의 수업권을 침해하는 엄청난 짓이다. 사교육을 많이 받는 학생일수록 그 아이는 불행해질 수밖에 없다.

배출구는 두 가지가 있는데 하나는 창조적 배출구, 또 다른 하나는 파괴적 배출구이다. 자발성은 창조적 배출구를 열고, 사교육같은 수동성은 결국 파괴적 배출구를 찾게 만든다. 학교는 무조건 자유로워야 한다.

2011. 11. 7.

산자연학교의 드림

현재 경제는 3층 구조로 되어 있다. 맨 바닥에 농업이 있고, 공업이 그 위에 있으며, 서비스 분야가 꼭대기를 차지하고 있다. 각 분야에 재생 불가능한 에너지를 쏟아 부어야 돌아가는 고엔트로피 경제구조다. 그러나 앞으로 트렌드가 될 저엔트로피 경제구조에서는 이 3층 구조가 거꾸로 될 것이다.

도시 규모든 산업생산 및 서비스 분야든 중앙집중식이든 수송방식이든 생존하려면 무조건 축소될 것이다. '탈집중화'와 '지역화'가 쓰나미처럼 일어날 것이다. 다국적 기업은 무너지고 너무 크고 너무 많은 에너지 시스템과 너무 전문화된 생산방식은 지역화 되고 소규모화해 막다른 골목에 다다를 것이다. 교외 쇼핑센터는 문을 닫아야 하지 않을까? 대단지 아파트나 주상복합건물과 고층 아파트는 슬럼화 되고야 만다. 저엔트로피 경제는 필요한 것만, 삶을 유지하는데 기본적으로 필요한 것만 생산할 것이다.

한 마디로 지금의 삶과 반대로 가면 될 것이다. 세계화보다는 지역화와 지역공동체, 자본집약적인 것보다는 노동집약적, 물물교환과 수

리센터의 부활과 마을장터의 부활, 단순하고 값싸고 민주적 생태적이고 자유로운 '중간기술'이 각광받을 것이다. 소규모 지역영농은 좀더 경제적인 대안이 될 것이다. 인류역사상 현대사회 이전의 모든 사회가 그랬듯이 다가오는 태양 에너지 시대에는 생태농업에 기반을 둔 삶이 사회의 근간이 될 것이다. 로마가 하루아침에 망하지 않았던 것처럼 도시에 살던 대규모 사람들이 농촌으로 이동하는 것도 점진적으로 서서히 이동할 것이다. 깨인 사람은 제2의 탈출을 감행하고 있다. 왜 떠나지 못하는가? 기존의 시각에서 생각하는 버릇을 버리지 못했기 때문이다. 또 기존의 교육관은 오늘날 이 3중 위기를 극복하는데 필요한 열정과 신념을 불어넣지 못한다.

"동틀 때와 해질녘, 여명과 어스름이 나타나는 하루의 순환이 있다. 이 하루의 순환이 의식이 깨어나는 신비한 시기, 꿈이 야기되는 밤으로부터 공동체를 이끌어 내는데, 인간 공동체는 밤의 꿈을 통해 길잡이를 제공받고는 한다. 또한 태어남과 성숙과 죽음이, 겨울의 동지, 봄의 쇄신, 여름의 충만, 가을의 추수에 반영된 각 생명 형태의 계절적 순환 형태로 찾아온다. 마지막으로 태양을 도는 지구의 운동에 따른 행성 차원의 순환이 있다. 지금 우리는 제2의 탈출을 이루도록, 진동하는 우주적 전례로서의 온 창조계로 귀환할 소명을 받았다"(토마스 베리, 그리스도교 미래의 지구의 운명)

산자연학교에서는 하루와 계절과 행성 차원에서 나타나는 삼중의 우주론적 순환으로 살아간다.

2011. 11. 14.

지구우주선

    사과 추수가 끝난 후 사과 때깔 좋아지게 하려고 사용했던 은박지를 이제 마구 태운다. 아니면 그냥 논둑에 처박아둔다. 이런 방법은 자연에서 결코 찾아볼 수 없는 문제해결 방법으로 어리석은 인간이 사용하고 있다. 자연은 정보뿐 아니라 '모든 것'을 '재활용'한다. 자연에서는 쓰레기가 없고 그냥 버려지는 것은 하나도 없다. 모든 과정은 순환적이고 물질과 핵, 분자의 모든 요소가 재사용되며, 새로운 생명의 흐름에 재활용된다.

    지구우주선이란 개념을 도입해 보자. 지구우주선이 엄청나게 잘 설계되어서 그 우주선을 타고 최소 2백만 년을 여행한 인류가 여태껏 우주선을 잘 타고 있다는 사실을 우리는 깨닫고 있는지? 이 지구우주선을 어떻게 설계했기에 2백만 년이나 40억년 동안 생명체를 지탱할 수 있는가? 그 우주선에는 비상구가 없다. 빛은 외부에서 제공받을 수 있다. 우주선이 지구를 떠나 100년 뒤에 안전하게 돌아오기 위해서는 누굴 태울 것인지, 의사소통구조는 어떻게 할 것인지 등을 생각해야 했다. 승객들이 모두 살아서 건강하고 행복하게 돌아오기 위해 우주선 안에 식량과 깨끗한 물, 약초, 섬유를 100년 동안 제공할 생태계도 조성해야 했다.

이 우주선, 즉 노아의 방주에 누굴 태울 것인가? 승객들 중에 많은 사람들이 예술가, 음악가, 배우, 스토리텔러이어야 한다고 결정했다. 왜냐하면 100년을 견디려면 승객들이 문화를 소비하는 것이 아니라 문화를 '창조'할 필요가 있기 때문이다. '패턴을 위한 해결책'은 자원과 물자가 부족한 곳에 실질적인 접근법이다. 자연은 순환하고 건강한 사회도 그러하다. 단순한 해결책이 아니라 인간의 삶이 자연처럼 우아하고 검소하고 다양하고 풍부한 사회를 적극적으로 그려 보는 것이다. 결코 무한한 지구가 아니다. 이 지구우주선은 이제 인간의 개발신화 때문에 목적지도 없이 우주공간을 질주하는 좁고 자폐적이고 제한되고 복잡한 우주선이 되고 있다.

지구우주선에 독성이 강한 환경호르몬을 발생시키는 제품들이 들어온다면 우주선 내의 작은 환경에 엄청난 해악을 끼칠 것이고 그 안에 승선한 사람은 서서히 죽을 것이다. 만약에 다양한 해초를 우주선에 실어서 우주선 표면 토양의 거름으로 사용한다면 그 해초로 인해 균류와 다른 곰팡이, 박테리아, 벌레, 자그마한 동물들이 함께 승선하게 된 셈이다. 결국 이 우주선 안에서는 유기농법을 기반으로 하는 정의롭고 생태적이고 다양한 종이 존재하는 생태계를 만들어 내고, 모든 요소가 재사용되고 재활용되도록 변화하지 않겠는가!

2011. 11. 21.

크리스마스 선물

우리는 너무나 자연스럽게 인연이 닿아서 어디에서 인연이 시작되었는지 잘 모른다. 어느 날 삶의 현장에서 만남이 시작되었다. 참으로 우리의 만남은 우연이 아니다. 유태인 철학자 마르틴 부버가 말한 것처럼 모든 '만남은 은혜' 이다. 우린 그런 은혜를 누리면서 경계가 넓어졌다. 마치 꿀벌과 꽃처럼 산자연학교에서 만나기도 하고, 반룡사 왕재길에서 만나기도 하고, 무위당 장일순 전시회의 공개강연에서도 만나고, 요석궁주를 위한 스토리텔링에서도 만나고, 군위 지보사 문수스님의 다비식에서 만나고, 대안학교 공청회에서도 만나고, 곡차를 마시면서 만나기도 하고, 민중들의 아픔과 고통 속에서 만나기도 하고, 최근에는 경산삼성병원에서도 우린 만났다. 혜해스님과 내 이야기다.

모든 만남에서 그렇듯이 발효과정이 있고 리추얼이 있고 애티튜드가 있다. 서로의 다름을 존중하고 배려하고 때론 깊은 공감을 통해 우리는 만나왔다. 종교의 외피는 다르지만 진리는 경계가 없다고 생각한다. 다른 것을 통하여 본질을 통찰하라!

난 불교를 통하여 그리스도교의 본질을 성찰하지 않을 수 없었다.

왜냐하면 붓다 없이는 그리스도인일 수 없었기 때문이다. 말할 수 없는 것은 침묵을 지키면서, 그 침묵은 또 다른 응시이며 그 시선을 통해 진리의 지평을 넓혀가는 것이 만남의 힘이라고 생각한다. 가짜 종교는 다름을 배척하고 소통의 문을 닫아 버리고 공존이 아닌 독존으로 바벨탑을 높이 올린다. 2011년은 종교계가 갈등과 비리로 얼룩진 한 해였다. 종교가 사회를 걱정한 것이 아니라 이 사회가 거꾸로 종교를 걱정하였다. 참 종교는 '사회적 공감력'의 안테나라고 생각한다. 종교가 소셜네트워크의 축이 되어야 하지 않는가?

혜해스님과 내가 함께해 565일 만에 경산삼성병원이 노사합의를 이룬 것은 어느 신문에서 보도한 것처럼 '상처뿐인 타협'이 결코 아니다. 이 합의는 양보와 발효과정의 인내, 그리고 아우름의 폭에서 나왔다. 정의는 꼼수를 허락하지 않는다. 서로 공존공생하기 위해서 아쉽지만 한걸음 물러나고, 양이 다 차지 않아도 할 수 있는 만큼 요청하고, 적어도 지역사회의 공동선을 위해서 서로의 애티튜드를 공유한 것이 이번 합의의 비결이다. 승자와 패자를 가르는 이분법의 유한 게임을 넘어 공존과 공생의 무한게임을 우리는 선택하였다.

나는 이번 노사합의를 예수성탄을 앞두고 부처님이 우리에게 주신 선물이라고 생각한다. 5일 동안 병원에 입원하면서까지 노조원들과 함께 해 주시고 병원 가족들에게도 아름다운 웃음을 선사해 주신 혜해스님에게 특별히 감사드린다. 실타래처럼 꼬인 경산시의 산적한 문제도 이 선물을 모델삼아 잘 풀어갈 수 있다고 생각한다. 경산삼성병원도 이제 지역의 치료센터로 우뚝 서기 바란다.

2011. 12. 19.

요석궁주와 아유다

-제3회 반용사 대재회 학술발표문

　우리 혜해스님은 '감성적 펀치'를 아주 잘 날립니다. 역사적 사실 (fact)의 쪼가리를 잘 엮어 문맥도 그냥 문맥이 아니라 감정적 임팩트를 아주 맛있게 요리하는 비범한 능력을 타고난 것 같습니다. 역사적 팩트의 쪼가리를 모은 것이 역사책이라면 이 쪼가리에 감정처리를 한 것은 스토리입니다. 이 스토리를 이야기해주는 사람이 스토리텔러입니다. 혜해스님은 스토리텔러입니다. 그리고 버려진 왕재에 새로운 스토리를 찾아 마을 공동체를 다시 일으킨다는 것은 새 인문학문의 희망으로서 '마을문화와 민속학'을 구상('무형문화유산의 보전과 전승방향의 재인식' 임재해 안동대 교수 참고)함으로써 지역경제에 활력을 불어넣는 조명탑입니다.

　인간은 선천적으로 논리적이기보다는 스토리를 이해하도록 되어 있습니다. 스토리는 하이터치이며 하이콘셉트입니다. (다니엘 핑크, 〈새로운 미래가 오다〉 참고)

　역사의 팩트를 찾으려면 이제는 어려울 것이 없습니다. 의자왕과 계백에 대해서, 왕재에 대해서, 대야성전투에 대해서, 선덕여왕에 대해서, 제 29대 태종 무열왕에 대해서, 처남 매부지간(뒷날 사돈지간)인 김춘추와 김유신에 대해서, 연개소문에 대해서, 얻고 싶은 정보는 인터넷 검색창을 두드리면 빛의 속도보다 빠르게 정보를 얻을 수 있습니다. 이렇게 팩트를 얻다보니, 그 가치가 이만저만 떨어진 것이 아닙니다. 불과 얼마 전만 하더라도 도서관에서 끙끙대며 찾지 않았습니까? 이제 휴대폰에서 즉시 정보를 얻을 수 있습니다. 바야흐로 정보시대는 끝난 것 같습니다.

요석궁주에 대한 역사적 사실이 있나 없나를 찾고 싶은 사람은 구글 검색창을 두드리면 됩니다. 주로 좌뇌형의 사람입니다. 정보시대에 적합한 업무들입니다. 팩트를 찾아내고, 논리를 시도하고, 감정을 배제하고, 사실에 판단을 중지합니다. 요석궁주라고 말을 하면 즉시 역사적 증거가 없다고 단언하는 학자가 많습니다.

스토리는 그렇지 않습니다. 정보와 지식, 문맥에다가 감정을 하나의 치밀한 패키지로 압축합니다. 요석궁주는 팩트보다도 하이터치, 즉 스토리입니다. 현대는 '이야기의 힘'(토크쇼)에 주목하는 시대입니다.

팩트와 스토리의 차이를 예로 한 번 들어 봅니다. '여기가 왕재다' 팩트입니다. '여기 왕재에 요석궁주의 애간장이 끊었다' 스토리입니다. 삼국유사를 바탕으로 한 문화콘텐츠 소스는 무궁무진한데 우리의 스토리와 상상력이 부족하지 않나 하는 생각이 듭니다.('밥을 짓는 인문학' 대구경북여성사회교육원)

뭐 재미있는 이야기가 없어?

우리 마음에는 이야기를 통해 세계를 설명하려는 경향이 있습니다. 휴대폰 없이도 훌륭했던 사회는 존재했지만 스토리가 없었던 시대는 존재하지 않습니다. 대기업도 스토리 즉 설화나 민담, 전설, 설화, 영웅담을 사냥하러 다닙니다. 왜냐하면 소비자들이 디자인이나 물건의 질보다는 스토리를 소비하려는 욕구를 인지했기 때문입니다.(롤프 엔센 〈드림 소사이어티〉 참고)

농업시대에는 소가 중요한 소스였습니다. 산업시대는 석유가, 정보시대는 컴퓨터가, 다음 시대에는 무엇이 중요한 소스가 되겠습니까? 돈? 철강? 아닙니다. '스토리'입니다. 21세기의 원자재는 스토리입니다. 스토리는 국적이나 전통과 계급에 구애받지 않습니다. 푸치니의 나비부인 같은 오페라는 아주 급수가 낮은 오페라입니다.

한류는 전 세계를 누비고 신경숙 님의 〈엄마를 부탁해〉는 뉴욕타임스 책 목록에도 올라갑니다. 스토리란 '가치에 대한 진술'이며 과학적 진리에 적용되는 기준에 영향을 받지 않습니다. 이야기는 온 우주에 관한 것이자 우리는 누구냐는 것이며, 너는 누구이며 요석궁주는 누구이고 우리에게 어떤 의미가 있느냐는 '스토리'는 치료요법으로도, 교육소스로도, 뮤지컬로도 활용됩니다.(드라마 선덕여왕, 원효 뮤지컬을 보십시오. 정호완 교수의 '삼국유사 문화사업의 과제' 참고)

결론적으로 첫째, 요석궁주 아유다는 '스토리의 힘'입니다. 저는 김종국 박사님의 논문을 통해서 요석궁주의 이름이 '아유다 공주'라는 것을 알게 되었습니다. 김종국 박사님과 혜해스님과의 작업을 통해서 요석궁주의 이야기에 공감하면서 그녀의 생애와 삶을 이해하게 되었습니다. 저는 여기에 감히 또 다른 면을 생각해 보고자 합니다.

요석궁주의 언니(이복언니)가 '고타소랑공주'(보종의 딸 보량, 즉 보라 공주의 딸)입니다. 김춘추가 이 공주를 아주 애지중지하였는데 선덕여왕 11년 642년 대야성을 백제가 침공하여 내부분열(불륜)로 성이 함락되자, 대야성의 도독 김품석은 아내와 자식과 함께 자결합니다.(신영란 저, 〈제왕들의 책사〉)

사위와 딸 그리고 손자까지 잃은 김춘추가 백제에 대한 복수의 칼을 갈지 않았나하는 생각이 듭니다. 딸과 사위와 외손자를 잃은 김춘추의 반응에 대해 '삼국사기'는 이렇게 기록했습니다. "온종일 기둥에 의지해서 눈도 깜박이지 않았고 사람이나 물건이 그 앞을 지나가도 알지 못했다. 얼마 후에 '슬프다, 대장부로서 어찌 백제를 멸하지 못하겠는가'라고 말했다" 이는 백제와 신라의 관계가 악화되는 수준을 넘어 '신라가 백제를 멸망시킬 결심을 했다'는 뜻입니다.(출처 삼국사기, 죽죽열전) 개인의 복수심에 당나라를 끌어들였는지, 혹은 오늘 날처럼 국내 정치적인 문제를 외세의 도움에 의해서 해결하였는지 모르지만, 대단한 지략가이며 외교가임에 틀림이 없습니다. 요석궁주의 이버지 김춘추는 신라 제29대 태종 무열왕입니다. 어쩌면 요석궁주와 원효의 사건도 그런 김춘추의 궤적으로 보아야 이해할 것 같습니다.

두 번째는 삶의 자리(sitz in leben)입니다. 하나의 실타래가 전체를 풀어가듯이 말입니다.

저는 고향이 경주입니다. 저는 어릴 때부터 만년에 분황사에 지낸 원효크스님 이야기를 들었고, 설총은 경주보문에 무덤이 있지요. 요석궁주에 대한 이야기도 알았습니다. 그냥 이루지 못한 사랑, 금지된 사랑, 신라 골품제를 깬 애절한 사랑, 즉 러브 스토리로만 알고 있었습니다.

이번에 반룡사를 방문하면서 새롭게 요석궁주를 알아가기 시작하였습니다. 한 사람을 이해하기 위해서는 고향과 시대 배경을 아는 것이 아주 중요하듯이 원효큰스님이나 아들 설총에서 분리하여 요석궁주의 사회적 심리를 이해하는 것은 쉽지 않습니다.

김춘추의 둘째 딸이라는 점이 그녀의 삶의 자리입니다. 삼국통일 전 폭풍전야 같은 시대의 한복판에서 선덕여왕에서부터 진덕여왕을 지나 아버지가 진골로서 왕이 되는 데까지 '비주류' 김춘추가 당나라 간 외교 술수와 백제의 이간질을 이용하는 모든 과정을 요석궁주가 모를 리 없었을 것입니다. 아버지의 복잡한 여자관계, 성골과 진골의 계급적 관계와 근친상간, 왕실의 불륜과 계약 결혼 등 백제와는 사돈의 나라에서 원수의 나라로 늘 전쟁 중이었습니다. 당나라에 대한 신라의 수난과 치욕, 고구려와 백제 등 삼국통일 전 신라는 사면초가 상태였습니다.

요석궁주가 이러한 상황을 깊이 통찰하고 있었다고 봅니다. 아유다 공주의 삶의 자리를 이해해야 요석궁주를 이해할 수 있습니다. 역사의 맥락, 이른바 시대적 상황과 배경을 통합적으로 이해할 필요가 있습니다. 우리는 요석궁주의 내밀한 것은 모릅니다. 삼국유사에 나오지 않고, 대체로 역사는 남자와 왕 중심의 기록이 대부분입니다. 신라 십현에는 설총이 나오지만 어머니 요석궁주는 나오지 않습니다. 많은 역사적 사실이 그렇듯이 땅속에 묻혀 우리가 발견하기를 기다리고 있습니다. 하지만 그 시대 상황은 이해할 수 있습니다. 삶의 자리를 모르고서는 그 이야기를 이해하기 어렵습니다. 요석궁주의 삶의 자리는 혼란과 전쟁의 시기였습니다. 백제와 신라, 고구려와 당나라 3각 4각의 관계에서 특히 화랑, 어린 청소년들이 전쟁터에 나가게 되어 백성들의 원한과 비참함이 극에 달했습니다. 또한 왕실불교와 서민불교의 괴리를 우리가 모른다면 설총의 어머니 아유다를 이해할 수 없습니다.

예수의 어머니 마리아는 그냥 한 마을의 처녀였습니다. 마굿간에서 예수를 낳았습니다. 이 팩트는 원효탄생과 비슷합니다. 두 분이 탄생할 때 유성이 등장하지요. 마리아와 아유다는 '싱글맘'이며 '미혼모'입니다. 동정녀 마리아는 훗날 여러 신화들을 참고하여 붙인 것입니다. 마리아의 삶의 자리도 아유다처럼 로마지배 하에 폭력과 암흑의 시기였습니다. 신라가 당나라를 불러들인 결과 우리나라 한반도가 축소되었다는 비판을 늘 받습니다만, 아유다 시대에는 당나라, 마리아 시대에는 로마로부터 끊임없이 침략을 받고 있었습니다.

이런 상황에서 대승불교이자 호국불교인 원효큰스님은 자신이 이 시대에 무엇을 해야 하는지를 잘 알고 있었으리라고 생각이 듭니다. 그리고 민중이 고통을 받는 상황에서 불교는 민중의 벗이 되지 못하고, 궁중에서 사원 안에서만 귀족에게만 머물러 있을 때 무애가를 부르며 저자거리로 육화(치장의 불교에서 현장에 임장하는 불교)한 '바보원효'는 십자가에 처형된 예수의 삶과 다를 바가 없습니다. 당시 골품제 신라사회는 원광圓光과 자장慈藏의 교화에 큰 영향을 입었으나 왕실을 중심으로 하는 귀족불교와 서민불교 사이에는 여전히 괴리가 있었습니다. 이러한 때 혜공·혜숙惠宿·대안大安 등이 서민 속으로 깊이 파고들어가 그들에게까지 불교를 일상생활화 시켰습니다. 원효 역시 이들의 뒤를 이어 당시의 스님들이 대개 성내의 대사원에서 귀족생활을 하고 있었던 것과는 반대로 지방의 촌락, 길거리를 두루 돌아다니며 무애호無碍瓠를 두드리고 '화엄경'의 '모든 것에 걸림 없는 사람이 한 길로 생사를 벗어났도다' 라는 삶을 실천하였고, 예수 역시 법에 묶여있는 하느님을 사람들 속으로 모시기 위하여 자신이 법을, 안식일 법을 파괴하였습니다.

마리아를 노래하는 '마니피캇'(manificat)이란 노래가 있는데, 제정 러시아시대에는 '혁명가' 라 하여 부르지 못하게 하였습니다. 성경에는 예수의 아버지는 등장하지 않고 양아버지 혹은 성령이 잉태한 아이라고 말하고 있습니다. 성경에 등장하는 마리아에 대한 팩트(마르코복음은 거의 나오지 않고 루카복음은 앞부분만, 마태오복음에도 족보에만)도 얼마 되지 않습니다. 천주교는 마리아를 믿는 종교가 아닙니다. 사실 예수의 이야기지만 마리아의 이야기가 오버되어 있는 실정입니다.

한국에서는 원효큰스님, 대학자 문장가인 설총 이야기는 나오지만 상대적으로 아유다 이야기는 아주 적습니다. 반면에 천주교에서는 요셉의 이야기는 양부로서 등장하고, 아들만큼 마리아는 거의 신심의 대상이 되다시피 하고 있어 문제의 소지가 있습니다. 원효의 아내 아유다, 설총의 어머니 아유다 스토리가 나오지 않는 이유는 고정관념이나 선입견 때문이 아닌가 생각이 듭니다. 화폐 5만원권 신사임당보다 설총을 설총답게, 원효를 원효답게 큰스님으로 방향 지을 수 있는 균형감각과 내공은 대단하다고 생각합니다.

저는 단순히 아유다를 '현모양처'라는 어머니상이라고, 마리아를 하느님의 뜻에 순종하여 인고의 삶을 살아가는 '착한 어머니상'이라고 생각하지 않습니다. 그들의 '삶의 자리'에서 볼 때 오히려 자주적이고 상황을 정확하게 꿰뚫고 자신이 무엇을 해야 할지를 깨닫고(김춘추 왕실, 원효 불교, 아들 유교) 자신의 뜻을 걸어가는, 요즈음 용어로 페미니스트(feminist)가 아닌가하는 생각이 듭니다. 요석궁주 아유다는 시대의 상황, 즉 삶의 자리에서 총체적으로 통찰하고 자신의 삶을 리드한 분이라고 생각합니다. 어느 쪽에도 치우지지 않는 중용으로 삼국통일의 길, 원효큰스님의 구도의 길, 아들 설총의 학자의 길, 세 가지 길에 대한 역학을 창조한 어머니라고 생각이 듭니다. 왕실과 민중의 벗, 그리고 통일이라는 역사적 소명을 이루기 위해서 공주로서, 불자로서, 어머니로서, 원효큰스님의 보살로서 자신의 길을 끝까지 간 여인이라고 말입니다.

세 번째로 원효, 일연 그리고 최제우 세 분의 공통점은 영남사람입니다. 원효와 일연은 고향이 경산입니다. 최제우는 경주입니다. 원효는 삼국통일을, 일연은 삼국유사를, 최제우는 동학을 창조했습니다. 물론 삼국통일은 어느 한 사람의 작품이 아니라 문무왕, 김유신, 김춘추, 선덕여왕, 문희, 부러지지 않는 절개 화랑 죽죽 등 여러 사람의 공동작품이지만 무엇보다도 원효큰스님이 가장 큰 영향을 끼쳤다고 생각합니다. 그리고 요석궁주입니다.

저는 이 세 분이 우리나라의 성인이라고 생각합니다. 세 분의 공통점이 하나 있다면 시대 말기에 등장한 분입니다. 삼국시대 말, 고려 말, 조선 말기입니다. 풍전등화의 시대에 낮은 사람들의 고통에 공감하고 낮은 자를 배려한 분입니다. 높은 경지에 오를수록 더욱 낮아진 분이십니다. 변증법적 정반합의 길을 통합하고 자유롭고 누구나 가까이할 수 있는 진리, 농사꾼이나 하급기술자 심지어 동물도 가까이 할 수 있는 진리는 원효가 만들어낸 작업입니다.(중세 프란치스꼬의 동물에 대한 태도) 이 점은 예수와 꼭 같습니다. 마굿간에서 태어나고, 민중과 함께하고, 낮은 자에서 함께한 '바보 원효'와 '십자가의 어리석음 예수'. 그리고 지배종교와 싸우고 파문을 당한 예수 역시 이스라엘 종교에서 '파계한 메시아'입니다. 진리의 탈 엘리트화입니다. 예수는 하느님의 율법이나 이스라엘의 귀족에서 하느님을 민중에게 돌려주었고, 원효 역시 사원불교에서 저자불교로 민중에게 부처님을 돌려주었습니다. 한 진리의 다른 모습이 원효와 예수입니다.

한국에 화엄경을 연 분은 의상대사입니다. 일반사람들이 화엄경을 이해하긴 어렵습니다. 원효의 도반이자 라이벌인 의상대사의 영주 부석사 선묘낭자의 사랑이야기를 잘 알고 있습니다. 일연의 '원효불기'에서 신라불교를 대표하는 세 분인 의상에게 법사, 자장에게 율사, 그리고 원효에게는 성사聖師라는 호칭을 붙였는데 왜 일연은 원효에게만 성사라고 하였을까요?(고운기 저, 삼국유사 참조) 왜 의상이나 자장에게 성사라고 하지 않았을까요? 여기에 요석궁주의 맥이 있다고 생각합니다. 참으로 '일연이 발견한 원효'입니다. 스님의 단순한 여자관계로 요석궁주를 바라보는 것은 참으로 소탐대실입니다. 고고한 학승만으로, 폐쇄적인 선승만으로가 아닌 모두의 스님, 무엇에도 얽매지 않았던 인간 원효를 가장 잘 바라본 이는 아마도 일연이며 그리고 누구보다도 요석궁주가 아니겠습니까?

결론으로 들어가 역사적 사실의 힘보다는 '스토리의 힘'이 더 중요하다는 것을 지적해 보았습니다. 요석궁주 스토리는 흩어져 있는 역사적 팩트에 감성을 더해 우리에게 또 다른 해석의 가능성을 준다는 생각이 듭니다. 멀리서 님을 애타게 바라보고 수동적으로 자신의 삶을 살아가는 비련의 여성이 아니라, 시대의 현장에서 처한 자신의 상황을 창조적으로 선택한 결과가 해동불교의 자랑인 원효, 이두 유학자 설총이라고 생각합니다. 인간적으로 인간 원효를 원망만 하고 한탄만 했더라면 지금의 원효, 설총이 우리에게 다가오지 않았으리라고 말입니다.

석가모니의 어머니와 예수의 어머니 마리아는 서로 다른 차원의 시공간을 가집니다만 예수의 어머니 마리아는 팩트보다도 신심의 과잉된 지금의 모습이 아닌가 생각이 듭니다. 한국의 어머니상인 신사임당을 보아도 아버지에 대한 이야기는 없고 오직 아들 율곡에 대한 이야기만 있습니다. 그런 의미에서 신사임당과 요석궁주는 다른 경지의 어머니상입니다. 그런 해석은 그 시대의 삶의 자리에서만 가능합니다. 설총의 어머니와 원효의 아내 요석궁주에 대해 우리가 가지고 있는 '안경과 무거운 갑옷'을 벗고 좀더 '진정성'을 가지고 '치장과 장식'을 넘어서 좀 더 적극적인 해석이 필요한 시대입니다.

지금은 어느 한 부족, 어느 한 나라, 어느 한 대륙의 종말이 아니라 행성전체의 종말이 걸려있는 '생태대'(토마스 베리 〈그리스도교의 미래와 지구의 운명〉 참고) 말기시대입니다. 종의 절멸과 숲의 파괴, 토양의 유실과 공기와 물의 오염, 오존층이 얇아지는 것과 같은 모든 일이 우리의 '경제적 탐욕'에 의해서 일어나고 있으며, 행성지구가 40억 년 전보다 더 전에 존재한 이래에 이 행성에 가해진 가장 심각하고 파괴적인 일입니다. 요석궁주와 마리아가 새로운 메시아와 통일을 창안했듯이 이 시대의 삶의 자리에서 생명의 이야기, 새로운 스토리를 창조하는 과제가 우리에게 주어져 있다고 확신합니다.

지금 가톨릭은 마리아를 지구 어머니로 확대하려는 신학적 작업을 하고 있습니다. 왜냐하면 종교의 웰빙은 지구행성 공동체의 웰빙에 의존하고 있기 때문입니다. 반룡사에 세워진 요석궁주의 상이 이 우주에 거룩하지 않은 것이 없다는 부처님의 깨우침을 상기시키고 있다고 느껴집니다. 오늘 이 말씀이 천주교와 불교가 연대하여 우리 식의 영성이 '한류처럼' 서방세계로 흘러들어가 '새로운 지구통일'에 전파되기를 발원합니다. 제가 공부한 서방은 이제 동방, 불교의 영성으로 치유될 때라고 생각합니다.(폴 니터 〈붓다 없이 나는 그리스도인일 수 없었다〉 참고)

오늘 이 거룩한 자리에 초대받게 되어 돈관스님 그리고 혜해스님, 불자님들에게 깊이 감사드립니다.

지성을 만나는 즐거움

  이 책에 실린 글은 2007년 3월부터 2011년 12월까지 풀뿌리 지역언론인 경산신문에 연재된 '정홍규 칼럼'과 '오산에서 온 편지'에 수록된 정홍규 신부님의 칼럼이다.

  장장 만 4년 9개월간 한 주도 빠짐없이 칼럼을 연재해온 신부님의 지구력도 지구력이지만 정치 사회 문화 교육 환경 산업 등 우리 사회의 전 영역을 넘나드는 신부님의 왕성한 지적 호기심과 학문적 깊이, 필력에 감탄을 금하지 않을 수 없다. 생명과 소통 융합을 화두로 과거와 현재, 미래의 동서양과 지구, 전 우주를 종횡무진하는 신부님의 글을 읽고 있으면 최근 젊은이들이 열광하는 나꼼수 비견하는 통쾌함을 느낀다.

  책을 읽노라면 그간 정홍규 신부님이 관심을 기울여온 로컬푸드, 작은 은행, BMW(생물활성수), 109배 수행법, 대안학교, 전통시장, 유전자변형, 공정무역, 기후변화, 생태주의, 슬로시티, 생물 다양성, 프로슈머, 무상급식, CAS(공동체지원농업) 등에 대한 이해와 공감이 깊어지고 스스로 실천을 다짐하고 있는 자신을 만날 수 있다.

  신부님은 전 지구적 기후변화와 생명, 우주적 질서에 대해서도 독자들의 깊은 성찰을 요구했지만 지역정치에도 쓴소리를 아끼지 않았다. '막

다른 골목에서 정의를 묻다(2011.4.25일자)'에서는 경산시의 정의구현을 위해 시장이 도덕적 책임을 지고 물러나기를 권해 지역사회에 큰 파장을 불러일으킨데 이어, '경산의 시민후보(2011.10.17일자)'에서는 여전히 한나라당만 쳐다보는 구닥다리 정치가를 과감하게 시민들이 삭제해 버리고 우리의 스토리를 만들자고 선언해 지역정치권을 술렁이게 만들었다.

정홍규 신부님은 '정홍규 칼럼' '오산에서 온 편지'로 한국지역신문협회가 선정하는 2010 올해의 기자상 칼럼부문 최우수상을 수상한 것에서 알 수 있듯이 소통하는 사제, 지속가능한 환경과 대안교육자뿐만 아니라 칼럼니스트로도 훌륭한 역할을 수행해 왔다. 이 책을 통해 천주교 사제 정홍규, 환경 및 교육운동가 정홍규, 칼럼니스트 정홍규의 참모습을 만나보기를 바란다.

2012년 1월
경산신문 발행인 최승호